世界遺産と天皇陵古墳を問う

今尾文昭
高木博志　編

思文閣出版

序

アジア・太平洋戦争をへた戦後考古学・歴史学は、津田左右吉《つだそうきち》以来の記紀神話の史料批判や文化財として天皇陵を考えることを学問的な営為としてきた。なかでも陵墓となる古墳（天皇陵古墳）に対して、考古学や歴史学の一〇学会（現在、一六学協会）による一九七六年五月に始まった陵墓公開運動は、皇室用財産として閉ざされた宮内庁陵墓から文化財として市民に開かれた巨大古墳を取り戻す運動であった。

その一つの象徴が、戦後考古学の成果にもとづいた現在の陵墓比定への森浩一による疑義の表明であり、つづいて提出された現行の陵墓呼称から日本考古学における通常の遺跡命名法による古墳呼称への言い換えである。これは、記紀系譜にもとづく陵墓の存在を前提に、『延喜式』記載の陵墓名を採用して体系づけた近代国家による陵墓制をほぼ踏襲した戦後のありかたに対する根本的な批判となる。森による仁徳《にんとく》陵を大山《だいせん》古墳、応神《おうじん》陵を誉田山《こんだやま》古墳と地名で呼ぶ提案は、考古学・歴史学の学問上の到達点にもとづく合理的なものであったため、たちまちに学界はもとより広く市民に支持され、教科書記述にも反映をみることになる。

しかし二一世紀に入り持ちあがった、天皇陵古墳を含む「百舌鳥《もず》・古市《ふるいち》古墳群」の世界文化遺産登録を目指す活動では、関連機関においてその構成資産名が、森提案による天皇陵古墳の呼称方法の妥当性およびその定着する実態を考慮せず、一方的に「仁徳天皇陵古墳」「応神天皇陵古墳」などと決められた。これは当該する陵墓（天皇陵古墳）に対して文化財保護法による史跡指定を行ない保存施策を講じた上で、世界遺産登録を図るというものではなく、国有財産法の皇室用財産として宮内庁が管理する現行施策において恒久的な陵墓の保護等が満たされているという認識に立ったものである。ついては、陵墓の文化財的性格は文化財保護法上の「埋蔵文化財包蔵地」にとどまるという見解が導かれることになる。文化財保護法では、文化財の定義のうち古墳などの遺跡で「わが国の歴史上又は学術上価値の高いもの」を記念物とし、文部科学大臣は、なかでも重要なものを「史跡」、特に重要なものを「特別史跡」に指定することができる。構成資産となる百舌鳥・古市古墳群の天皇陵古墳は、この要件を満たしていないのだろうか。陵墓に文化財としての性格を認めるならば、その実質化ともいうべき史跡に指定され、顕彰の対象になるものと考える。さらに古墳群としてとらえるのであれば、周辺開発に対して許認可権が行使される史跡指定が必須だろう。「仁徳天皇陵古墳」「応神天皇陵古墳」などといった呼称の背景には、このように指定行為をとらないといった問題点がある。

さらに、「百舌鳥・古市古墳群」の世界遺産登録が五世紀の倭国王墓となることを根拠とする一方で、宮内庁による現行の陵墓比定と折衷させたかのような表記は、戦後、構築してきた日本考古学・歴史学の学知を否定するばかりか、市民や世界に対する誤った情報発信につながる危険性すらある。「天皇」号が五世紀には存在しないこと、現行の陵墓比定に多くの誤りがあることは、研究者の間では広く共有されていたはずである。わが国の国家形成史を歪曲した責任は、将来にわたって問われるものとなろう。また、これは明治期以来の宮内省（庁）管理の陵墓の「秘匿性」を温存することにもつながる。陵墓の体系とは、「万世一系」の記紀系譜を視覚化したものであり、「仁徳天皇陵古墳」「応神天皇陵古墳」という呼称は、記紀系譜にもとづき仁徳陵・応神陵と呼ぶことと本質的に変わらない。それはわが国によるアジア・太平洋地域への侵略と植民地化の反省の上で、アジア各地域の人々との歴史観の共有化をめざすという立場を明確にした呼称として「アジア・太平洋戦争」と呼ぶのか、大東亜共栄圏の構築過程における欧米諸国からの祖国防衛のための聖戦と位置づけて「大東亜戦争」と呼ぶのかに、同質の課題として受け止めるべきではないだろうか。

本書は、考古学、歴史学研究者として世界遺産登録活動により表面化した天皇陵古墳呼称問題を看過せず、直視し、何が問題であり、どうすれば未来につながるかを問う一書として企画した。記紀系譜への批判を回避した天皇陵古墳の表記を問題視し、世界遺産登録の問題を相対化する視点から、これからの天皇陵古墳の在り方について考古学・歴史学・ジャーナリズムから考えてゆきたい。

なお、挿図となる写真や図の掲載については多くの機関や関係者にご協力をいただいた。また英文要旨の作成については、ジェニファー・シャンムガラトナム氏、ジョン・ブリーン氏に、さらに刊行については、思文閣出版の田中峰人氏のお世話になった。ここに厚くお礼を申し上げたい。

二〇一六年一一月一五日

今尾文昭
高木博志

〔凡例〕

一、原則として一八七三年一月以降を西暦であらわし、それ以前は元号での表記を主とした。

二、参考文献は各章の末尾に一括掲載した。

第I部　呼称問題

考古学者・森浩一（一九二八～二〇一三）
（同志社大学歴史資料館蔵）

第1章 天皇陵古墳をどのように呼ぶか
――森浩一の軌跡と先駆的役割――

今尾文昭

はじめに

仁徳陵から大山《だいせん》古墳へと呼称を変えたのが、考古学者の森浩一であったことは、考古学や古代史に関心をよせる市民のあいだでは、よく知られている。

大阪府堺市にある大山古墳は、仁徳天皇陵として認められてきた歴史があったが、森の提言は、妥当なものとして受け入れられ、報道機関をはじめ研究論文や自治体の報告書などを含む各種出版物、教科書においても比較的すみやかに表記変更が進んだ。ただし、実際は大山古墳の単独表記に一元化されたわけではなく、「仁徳陵」あるいは「仁徳陵古墳」との併記が採用された。つまり、現陵墓にかかわる便宜的呼称を括弧内に表わし、その前に「現」ないしは「伝」を付けることで、森の提言と従来の呼称との間を埋める配慮がなされた。これは、読者や教育現場における混乱を避けるための対応であったわけで、被葬者が想定されているかのような予断を与える呼称方法を、もはや採用しないという森の提言の本質部分についての共通理解が得られ、定着したと評価できるものであった。

一方、仁徳陵は古代エジプトのクフ王のピラミッドと古代中国の秦始皇帝陵に比肩する「世界三大墳墓（陵墓）である」といった喧伝が、行われており、広く社会に浸透している。観光などの情報を提供する上でのわかりやすいキャッチとして、これは有効なフレーズとなっている。

観光媒体を通じて喧伝される内容について、学問至上主義をふりかざして特定の見解を強要するような傲慢が学界にあってはならないが、学知の到達点をわかりやすく市民に説くことが重要であることはいうまでもない。とりわけ観光資源としての側面が強調される機会の多い著名な文化遺産については、丹念にその資産の文化的価値たるゆえんが歴史的に解説されなくてはならない。

さて、大山古墳と呼称しようが、仁徳陵と呼ぼうが、百舌鳥・古市古墳群のユネスコの世界文化遺産採択への地元の期待に、文化遺産の観光資源化があることは否定できないだろう。行政機関が観光施策とは位置づけていないといった見解を示そうが、過去一五例の日本における世界文化遺産登録が地元にもたらした効果は、観光による地域振興において集約がなされ、数値化されてきた。この点をいま、世界文化遺産登録の趣旨から遊離したことだと問うことに意味がないとはいわないが、ひとまずは世界文化遺産登録への動きが、考古学や歴史学の課題や成果を広く発信する奇貨としたい。

百舌鳥・古市古墳群の世界文化遺産登録は、いうまでもなく宮内庁陵墓となる天皇陵古墳がその構成資産の中心であり、現陵墓と文化財の関係性が、管理面や運用面において問われることは避けられないだろう。

その整合的対応のひとつとなるのだろうか、たとえば大山古墳に対しては「仁徳天皇陵古墳」という国内推薦の暫定リストにおける構成資産名に一本化されて、現在、登録準備が進められている。構成資産名が決められた経緯を私は知らないが、森の提言とは異質のものであることはもとより、古墳と陵墓というふたつの側面（高木博志「近代の文化財行政と陵墓」などで指摘される近代以来の「開かれた文化財」と「秘匿された文化財」という二つの系統）を負わされた大山古墳（現、仁徳天皇陵――括弧内は現在の陵墓名にもとづく便宜的呼称）の現状と課題をかえって判かりづらくするものとなる。この曖昧性は、理念上の違いを認めた上でその間隙を実態面において埋める当事者の努力（たとえば、二〇一二年一二月に、墳丘を管理する宮内庁と周濠部分を所管する堺市が、実質的な共同調査を実施した際に、陵墓域外からとはいえ市民見学会を催行した土師《はぜ》ニサンザイ古墳〈東百舌鳥陵墓参考地〉の事例）の将来的な可能性を狭め、「自主規制」という箍《たが》をはめることになりかねない。すなわち、背反した現況を長期固定化させるに都合のよい呼称となることをおそれる。

そこで、この機会に際して、一九六〇年代半ばから七〇年代半ばに森浩一が、宮内庁による陵墓比定から導かれた呼称に違和感を抱き、天皇陵古墳としての適正な呼び方を模索して、曲折と逡巡を経ながら仁徳陵から大山古墳へと呼称を変更した軌跡をたどることは、少なからず今日的に意味のあることだろう。まず、森の提言の前史となる一九七〇年代はじめまでの、学界における仁徳天皇陵への認識について簡単に触れておこう。

一　仁徳天皇陵は絶対という認識

(1) 戦　前

考古学の発達が充分でなかった時期とはいえ、歴史学者の喜田貞吉《きださだきち》は「古墳墓年代の研究」(『歴史地理』第二四巻第三・五・六号、第二五巻第三~六号、一九一四~一五年)において、年代の基準となる古墳に選択した七基の古墳・古墓のひとつに箸陵《はしのはか》、応神《おうじん》天皇陵、安閑《あんかん》天皇陵、聖徳太子墓、小野毛人《おののえみし》墓、天武持統合葬陵とともに仁徳天皇陵をあげた。

一九七〇年代はじめに発刊された考古学史上の重要著作を編んだ論集の編者小林行雄は、「結論的にいえば、喜田が論証しようとしたのは、古墳の様式論ではなく、その絶対年代論であった。すなわち、ある時代にある様式の古墳があったことを例示しても、ある様式がいつからいつまで継続したかという問い方は避けた。しかも、例示する古墳の年代決定には、文献重視の態度を譲らなかった」(小林「古墳文化編年論」)と喜田の論文を解説する。つまり小林は、型式編年により相対的に遺物、遺跡の新古を決定する考古学の方法を喜田は認めなかったと評した。

考古学の高橋健自《たかはしけんじ》は、古墳時代の葬法をめぐり同世代の喜田と論争を展開したが、『古墳と上代文化』(雄山閣、一九二四年)に「仁徳天皇陵の如き、極めて明確なる御陵を基準として無名の古墳の年代を推考し、多くの無名の古墳の外形内容を研究したる知識を以て陵墓の未詳なるを考察するのは必要なる事項である」と記し、仁徳陵が、ほかの古墳の判定基準となるという認識を示す。また「歴代の山陵中に科学的に研究すれば積極的証拠の乏しいのも少からずあるであらう。けれども誉田八幡宮の所在と共に知られたる河内の応神天皇陵と、大仙陵の称を以て著名なる和泉の仁徳天皇陵との両陵は毫も疑を容るべからざる正確な山陵である」と記す。つまり、陵墓のうちで応神陵と仁徳陵についての治定は、ゆるぎなく正しいものと考えていた。当時の一般的理解といってよいだろう。

浜田耕作《はまだこうさく》は、「前方後円墳の諸問題」（『考古学雑誌』第二六巻第九編、一九三六年）に挿図として「前方後円墳形式発達推測図」を掲げた。掲載の古墳の所在地として大和、和泉、河内を明記するも、陵墓名の記載はない。春成秀爾《はるなりひでじ》は、製図が小林行雄によるものだろうと推測するとともに、無記名の陵墓を浜田の論考から導きだした（春成「記紀と考古学の相克――小林行雄」）。すなわち、古期（景行陵・日葉酢姫陵）、最盛期（仁徳陵・履中陵）、後期（敏達陵・欽明陵）の墳形を典型例として浜田は挿図に示したのである。もっとも、ここで注意したいのは挿図中で最古期としたのが陵墓ではない丹後、讃岐の二墳（網野茶臼山古墳・石船塚古墳）になっていることである。浜田は本文中にこの二つの古墳名をあげていないが、最古式の前方後円墳については「未だ後円丘と前方丘とが各独立の意義を有する二者の連続した合成墳（compound monud）であると云ふ感じは与へられず、後円丘が依然として古墳の主要部であつて、前方部は全く其の附隷的のものであると見られるのである」と、その墳丘形状による特徴をあげることで、前方部の発達という型式学の手続きによって編年する考古学の視点を明確に打ち出す。

しかし、この考古学の方法論といわば同居するかたちで、史的理解において陵墓の存在と前方後円墳の発達を連結させた歴史認識を示した解説もある。ほぼ同時期になるが考古学の後藤守一《ごとうしゅいち》は、駒井《こまい》和愛《かずちか》、江上波夫《えがみなみお》と共著となった『東洋考古学』（世界歴史大系2、平凡社、一九三四年）において「日本考古学」を概論するが、「仁徳天皇御陵及附近の古墳」の図を掲載し、「（略）墳丘には埴輪円筒列を繞し、威儀儼《げん》として四方を払ふの概あり、これが最高頂に達した応神・仁徳天皇時代には、墳丘大小参差して平原に立ち、まことに皇威四方に光被するのがあつたのである」と説く。古墳を単独ではなく、しかも当時の宮内省により陪冢《ばいちょう》指定外とされた古墳（たとえば掲載図中にある「赤畑」と記された古墳は紆余曲折の結果、一九二〇年に史蹟名勝天然紀念物法による史蹟に仮指定された塚廻古墳のことであろう）をも含み、全体を古墳群としてとらえている点は、今に通じる視点だが、『古事記』『日本書紀』に記された聖帝である仁徳天皇の仁政と百舌鳥古墳群にある最大規模の前方後円墳の存在をつなぐことに対する学問的な逡巡は見えない。時局の作用および配慮があったものと憶測するが、少なくとも記述からは後藤が、仁徳天皇について人物の実在と「記紀」に記された事績、さらに陵墓の存在について疑いようのない史実と認識していたものと見てとることができる。

(2) 戦　後

喜田、高橋、浜田、後藤の学問上の立脚点は、それぞれ異なるものだったが、大山古墳が仁徳陵となることに疑念が抱かれることはなく、現治定は絶対であった。戦後となり、古墳の隆盛に対する学問的評価を「記紀」にみる天皇の治世と直截に結ぶことはなくなった。とはいえ、一九六〇年代半ばに刊行された森浩一著『古墳の発掘』（中公新書）でも、先の喜田説に言及した上で応神陵と仁徳陵についいては「ほとんど疑問がない」という判断を示している。森は次節に触れるように同書中で、欽明陵の現治定に疑問を表明したわけであるが、この段階ではまだ応神陵と仁徳陵の治定については、検討が不要と考えていたのである。しかし、同書の刊行以降、森は被葬者を追究する前提に先入観を抱かせる陵墓名による天皇陵古墳の呼称とは決別することとなる。

とくに、仁徳陵を五世紀前半とする年代観から、大山古墳の実年代を考古学の成果において検証する作業に着手する。藤間生大『倭の五王』（岩波新書、一九六八年）による大山古墳の允恭《いんぎょう》陵説（五世紀中葉に中国王朝の宋から叙正された「済」の王陵）に触発されたと記すが、円筒埴輪の編年観や前方部石室（竪穴系の石槨）の出土遺物、長持形石棺、またボストン美術館所蔵資料などを用いて大山古墳の実年代を五世紀後半以降へ下降するといった年代観を導く（森浩一『巨大古墳の世紀』岩波新書、一九八一年）。そして、ついに、近代考古学の大前提であった大山古墳を仁徳陵とする絶対的な認識から、離別したことを表明する。

それは、一九六〇年代半ばから七〇年代半ばまでの約一〇年間において、天皇陵古墳をどのように呼ぶのが適切かの逡巡を経た後のことであった。現治定への疑問に始まり、呼称法の変更、真の被葬者を追究するという森浩一の学問姿勢の方向性からすれば、当然ともいえる帰結であったろう。

この間には一九七二年の高松塚古墳壁画の発見があり、それにともなう陵墓問題の顕在化があった。もっともこの時に起きた陵墓問題は陵墓の保存問題や公開問題よりも、主眼は陵墓の中心埋葬施設の発掘調査を要求したものであった。陵墓については、学問上の治定根拠を必要とする遺産だという理解が広く認知されていたのであろう。陵墓も発掘調査の対象であるという意見が保守政治家や保守系知識人からも堂々、提出された。民族の遺産として発掘調査をして被葬者を明らかにすることが、要求されたのである（今尾文昭「埋蔵文化財行政と宮内庁陵墓」）。

森の提言への注目と賛同もこういった社会情勢と無関係であったわけではない。また、列島開発にともなう発掘調査の増大と社会的注目の高まり、それらの副産物として考古学従事者の増員と古墳文化に関わる諸要素の研究の発展があったことも連関した。

次節において天皇陵古墳の呼称をめぐる森の軌跡を、一九六五年段階に戻ってたどることとする。

二　現治定への疑問

「タブーの天皇陵」という刺激的な見出しを付けた一節を設けた『古墳の発掘』（中公新書）が刊行されたのは一九六五年四月のことであった。森はアジア・太平洋戦争の敗戦から二〇年を経てもなお、天皇陵への学術的研究がほとんどなされていないことについて、次のように記している。

私が常々ふしぎに思うことは、戦後は古代史研究にたいして政治的束縛がなくなったとか、天皇関係の文献批判が自由におこなわれるようになったとかいわれているけれども、実際は天皇陵に関してはいまだに、わずかに宮内庁蔵の墳丘実測図や墳丘の航空写真が各種の刊行物に掲載される程度で、古墳研究者による天皇陵への積極的な取組みはおこなわれていないという事実である。

（中略）つまり、古墳時代の天皇陵御治定のことは考古学的に検討されたことではなかった。だから、この御治定には、こんにちの学問水準から見ると、批判の余地があるのは当然のことであり、これを批判することは国民にたいする研究者のはたすべき義務でもある。

戦時中は学徒勤労動員に費やされたというが、徴兵が間近いという覚悟のなかで寸暇を惜しむかのように、堺市近傍の遺跡探訪を続けた。森は、自主的な考古学体験を蓄積するなかで敗戦から戦後復興期を経て、社会変化にともない陵墓といえども普通に学問の対象となり、治定への議論が学界内に勃興することに期待を抱いていたのであろう。しかも本書は、一般教養書としては自身にとって初めての単著であった。当時、森は三七歳であった。「タブーの天皇陵」は、学界内部はおろか社会に対しても覚悟を持って、設けた一節ではなかったかと推測する。

ところで、森といえば、天皇陵古墳の公開を求めて社会的発言を続けてきた考古学者だとみられている。発言は、現陵墓を管理する宮内庁への直言とも受け止められてきた。しかし、「タブーの天皇陵」の一節は、天皇陵古墳を非公開としてきた陵墓の管理方針への批判というよりも、端から宮内庁陵墓をタブー視して、その学術的検討を怠ってきた学界内部への焦燥感の表明の方が、強く述べられている。とくに学問上の発達に照らして、現況の治定について無批判な姿勢を示すことは、国民に対する研究者としての義務不履行だと主張する。

森には、陵墓の現行の治定に対して糾《ただ》すべき学問上の動機があった。具体例として、墳丘の全長三一八メートル、後円部にある横穴式石室の現長二八・四メートルの古墳時代後期では、列島最大の前方後円墳となる奈良県橿原市見瀬《みせ》丸山《まるやま》古墳（古墳範囲が奈良県橿原市見瀬町、大軽町、五条野町にまたがる。後円部は五条野町にあるため、のちに森は五条野丸山古墳と改称する）が天皇陵でないことがあろうかと疑問を呈し、これを真の欽明陵とする考えを述べる。

丸山古墳は、文久の修陵に際しては、天武・持統天皇を合葬した檜隈大内陵《ひのくまのおおうちのみささぎ》とされた。ところが、一八八〇年（明治一三）六月になって、京都の栂尾山高山寺《とがのおさんこうざんじ》の方便智院にもともとは蔵されていた『阿不幾乃山陵記《あおきのさんりょうき》』が田中教忠《たなかのりただ》によって発見され、その記事内容の検討から翌年二月に檜隈大内陵は奈良県高市郡明日香村の野口王墓《のぐちのおうのはか》古墳に改定された。いわゆる治定替えである。丸山古墳の方は、宮内省から「当省見込之場所」となるも「其儘差置」かれたのち一八九七年（明治三〇）の御陵墓伝説地への編入を経て陵墓参考地となるが、指定は横穴式石室を中心に後円部最上段の範囲に留まった。兆域の確定としては不十分なものであったが、丸山古墳は将来において被葬者を特定する対象として、正式な陵墓に準じたものと位置づけを改められたのであった（山上豊「明治三〇年代の「陵墓」治定をめぐって」）。

当然の帰結として、森の提案は同時に現治定の陵墓に対して変更をせまるものとなる。現治定の欽明陵は、南へ七〇〇メートル離れた高市郡明日香村平田に所在し、近世地誌類や山陵絵図に「梅山」「石山」「猿山」などと称された墳長一四〇メートルの後期の前方後円墳だが、この古墳について同書で示した森の代替案は、宣化陵であった。

「タブーの天皇陵」の最後は、陵墓と古墳研究の接点について方向性を示した一文で締められる。

今日の陵墓問題にも関わる内容である。

私は、ここでも不備な資料で話をすすめてきたが、要は、各天皇陵には考古学的にもっとも可能性のある古墳、できれば断定のできる古墳を治定することが、学問の発達した現代にふさわしいということである。考古学者が疑問をいだいている古墳が天皇陵に指定されているのでは、国民としては、いかにりっぱな拝所を設けてあっても、なにか割切れない気持ちがのこる。率直にいえば、すでに天皇陵や陵墓参考地になっている古墳を、いまや調査することが必要な段階にきているのではなかろうか。調査とはいうものの、埋葬施設の発掘をすぐにやるべしと提案しているのではない。墳丘になかばあらわれている埴輪や露出している石材を調べてその資料を公開するだけでも、どれほど学問的に有意義なことであろうかと思うのである。

現治定の妥当性を戦後考古学などの学知において問いかけ、時に本当の被葬者が別にいる可能性を主張する。そして、学術的妥当性にもとづいた治定に変更するように宮内庁に求めている。

一九六〇年代なかばの本書の刊行は、敗戦後も深く刺さった「棘」として、天皇陵古墳の問題がほとんど手つかずにあることを広く市民に啓蒙することになる。しかも、同書中には「古墳の破壊」の一章に著された戦後の復興期から高度経済成長期にかかる列島の乱開発で、危機に瀕した古墳の保存問題がとりあげられており、陵墓問題と連鎖的に語られた。それだけに、現実的で緊急度の高い社会問題であるという認識につながった。

三　天皇陵古墳に向けて考古学からの呼称

（1）呼称変更の提唱

森が陵墓名の便宜的呼称である「仁徳陵」といった呼称が不適正であると世に問うのは、『シンポジウム古墳時代の考古学』（学生社、一九七〇年六月）のなかでの発言が最初だろう。序文の日付は六九年一〇月とある。関係箇所を引用しておこう。

天皇陵の問題に入るのですが、こういうことを一つ提案したいのです。つまり、われわれが「仁徳陵」とつかう場合は、暗に何か、仁徳天皇の陵墓だとみられているような発言になる。だから、それが考古学的に疑問のある時は、「仁徳陵古墳」とうしろに古墳をつければよかろうと、だから天武・持統の場合は、ほとんどうたがいがないので、その場合は天武・持統陵でよかろう。その方が考古学者が崇神陵とみとめたなどと誤解されないから、ごめんどうですが、多少なりとも疑問をもっているものは「古墳」とつけていただきたいのです。

シンポジウムは、森が司会をした。東京で一回、長野で二回にわたり収録された。東洋史の重鎮でもあった三上次男以外の出席者は、関東から甘粕健、大塚初重、九州から小田富士雄、岡山から間壁忠彦といった森とほぼ同世代の全国各地で活躍する古墳研究者であった。

森は本書の編集者でもあった。提案以降の出席者の発言には、陵墓呼称のあとに「古墳」が付けられている。森提案の現陵墓の呼称変更は、たちまち広く支持されることとなる。たとえば、一年後に発表された石部正志・田中英夫・堀田啓一・宮川徏「古市・百舌鳥古墳群における主要古墳間の連関規制について」（『古代学研究』第六〇号、一九七一年）は、両古墳群における超大型前方後円墳と周辺の古墳の配置関係を検討した論文だが、大山古墳は仁徳陵古墳（以下、「仁徳陵」と略す）、誉田御廟山古墳は応神陵古墳（以下、「応神陵」と略す）などと記している。

ここで見過ごせない点がある。森が、呼称問題に際して例にあげたのが、欠史八代につづく第一〇代の崇神陵とした点である。前著（『古墳の発掘』中公新書、一九六五年）では、欽明陵の現治定への疑問を表わし、丸山古墳を欽明の真陵とすることを主張したが、陵墓そのものの呼称変更へ注意が及ぶことはなかった。ところがシンポジウムでは、「一部の人が敗戦以来も考えているひとつの側面は、神武から開化まではダメだという場合の防波堤として、せめて崇神から後は信じたいという……」、さらには「政治上の大権力者がいたことが、考古学的に言えても、それが、必らずしも特定の人物とは結びつかないとおもいますけれどもね」と述べている。崇神陵については「ハツクニシラス」の諡号に合致した内容が備わる古墳編年上の相対的位置にないことを強調する。すなわち前方後円墳の成立を「記紀」に示された崇神の国土統一の事績に結び付け、以降の「記紀」の記載に信頼性を与えるという立場に対して、現治定の奈良県天理市行燈山古墳は最古式の前方後円墳とは認められないという考古学上の検証を披瀝した上で、特定人物に直結する崇神陵から離れ、考古学の評価を盛り込める崇神陵古墳へと呼び方を変更した。

現治定への懐疑、曖昧さや旧態を墨守する現況の打開が、現陵墓による便宜的呼称に「古墳」を付けた真意であり、それが疑問のあがる天皇陵全体に及ぶことを意図していたことがよくわかる。

『シンポジウム古墳時代の考古学』刊行直後も、天皇陵の呼称についてのこだわりを示す一文がある。「失われた畿内の古墳」（『歴史読本』一九七一年六月。のちに同名タイトルで『古墳文化小考』三省堂新書、一九七四年に再録）に「見瀬丸山古墳がなにゆえ欽明陵であるかという根拠はここでは省くけれども、もしそうだとすると当然問題になるのは欽明陵古墳（古くは梅山といったので以下梅山古墳の名称を使う）はいつごろの古墳かということである」という断りを括弧内に記す。森が天皇陵も現陵墓名ではなく、近代以前の古称によるという考古学の一般的な遺跡呼称方法を採用した初期の事例としてあげておきたい。

(2) 適正な呼称の模索

欽明陵を梅山古墳の名称で呼んでから、およそ一年半後に、仁徳陵に対する適正な呼称を引き続き模索していたことを示す文章がある。「天皇陵への疑惑」（『流動』一九七三年一月号。のちに同名タイトルで『古墳文化小考』三省堂新書、一九七四年に再録）である。

古墳の研究というと、すぐ発掘かとおもう人があるが、発掘は医学でいう解剖に相当し、墳丘の土の盛り方や、葺石の大きさや種類を見るだけでも、多くのことがわかるのである。たとえば日本最大の前方後円墳として知られている、大阪府堺市にある大山陵（仁徳天皇の陵に治定されている）でも、墳丘の上に立って実際に見た研究者はおそらく十名前後ではなかろうか。草刈りや植木の手入れには毎年多数の人たちが入っていることを考えれば、いかにきびしく学問の世界と遮断し、隔離しているかがわかるだろう。

「仁徳陵古墳」とは表記しないで、『流動』誌上の引用部分では「大山陵」とする。これには一九七〇年代はじめ、当時は、応神陵が誉田御廟山《こんだごびょうやま》古墳（森は誉田山古墳と呼称）であることに信頼をよせ、ついで仁徳陵もほぼ大山古墳で良いのではないかと森が判断していたことに基づき、自身の現治定への信頼度に応じて呼称を区別しようとしていたのではないだろうか。ただ、「大仙陵」を採らず具体的名称を「大山陵」としたのは後述する梅原末治による呼称が影響したものと推測する。

同書では、天皇陵の呼称について次のような言及もある。長くなるが引用しておこう。

結論を先にいえば、宮内庁が決定している天皇陵関係の古墳のうち、私の判断で納得がいくのは三陵（再録では二陵――筆者）だけで、のこりはそう判断する決め手が弱いか、あるいは明らかに違っていると考えられるのである。したがってわれわれは、疑問のある古墳にたいしては、たとえば、宮内庁が継体天皇陵に治定している古墳、という意味で〝継体陵古墳〟のように表現している。ただこの表現法で困るのは神武陵などのように、古墳でなく、幕末に造営された墓の場合であって、うっかり神武陵古墳とは書けないので〝現神武陵〟とでもするのが一案である。

被葬者の実在を前提とした天皇陵呼称方法の矛盾を指摘したものである。

ついで、「仁徳陵古墳で考えたこと」（『古墳文化小考』三省堂新書、一九七四年。初出は同名タイトル『古代史講座』第八巻月報、学生社、一九七三年）に、

【初出時の本文】その当時には大山陵には仁徳天皇が葬ってあることを疑う人などはなく、文字通り仁徳陵であって、今日のわれわれのように被葬者への疑問を直接表現するために仁徳陵古墳などと書く人は誰もいなかったわけである。

【再録時の前文】あまりにも大きな対象にはあまりにも少しのことしか考えられないのではないだろうか。私が大山陵古墳に接して十数年たってから最初に疑問をもったのはこの古墳の三重の周濠についてであった。この短文は大山陵古墳との出会いやその後の思索の経過をまとめた。

とあり、初出の一九七三年二月に「大山陵」（ただし、右部分の一カ所やタイトルには「仁徳陵古墳」の呼称を残す）と呼ぶも、翌年の一九七四年六月の再録時には、とくに前文を付けて「大山陵古墳」と記している。天皇陵をどのように呼称するかの模索がつづいていた。そして、特定固有の被葬者名を避けた「大山陵古墳」の名称にいたる。だが、そこに留まることはなかった。

（3）大山古墳へ

天皇陵古墳に向けての考古学からの呼称の到達点を示す著作として、一九七六年五月に『カラーブックス考古学入門』（保育社）と同年六月に『古墳と古代文化99の謎』（サンポウ・ブックス）が刊行される。両書には「天皇陵古墳の考古学的名称の対置私案」の表が提示された。『古墳と古代文化99の謎』のまえがきには、「思いきって陵墓名はやめて、ふつうの遺跡の命名法に従った。大山古墳、これが仁徳陵のことであり、そのほか聞きなれない古墳名が随所にあらわれる。おそらく考古学として、この当然の実行をした最初の書物になったと思うから、〝はて、どこの古墳か〟という戸惑いをあえて甘受していただける人だけが本書を読んでほしい」と記す。ようやくにして落ち着きどころの良い呼称法にたどり着いた森の感慨が遺憾なく表われている。

私は、学生として両書刊行前に天皇陵古墳の名称に関しての同志社大学での森の講義を受講する機会があった。その時に使用された配付資料を手元に保管しておいたのでここに掲載しておこう（図1）。手書き原稿をB5判用紙の青焼きにしたもので、タイトルは「天皇陵古墳の考古学的名称の対置表私案」とある。下半には、

①いずれも後に古墳を付けて、坂上山古墳のようにする。
②同名の古墳名が多い時は、大字や小字名を冠し、見瀬丸山古墳と区別するため、高鷲丸山古墳とした。
③実際に使う時には古市城山古墳のように連続する。
④孝元以前、元明以降は二基の前方後円墳ほか古墳については未検討。
⑤このうち被葬者がほぼ確実と考えられる天皇陵古墳は※印（天智→御廟野古墳、天武・持統→野口・王墓古墳――筆者）、その他については『古墳の発掘』（中公新書、一一版以降）の表を参照のこと。
⑥古文献・古地図で、より表現力の豊かな名称があればおきかえてよいが、あくまでも研究の便宜上の名称であり、普通の古墳の名称使用の慣習にしたがいたい。

と名称を決める約束事を明記した。ここにあがる『古墳の発掘』の一一版は一九七二年六月の刊行で、森は同書の初版で仁徳天皇陵の治定に「ほとんど疑問がない」としたが、この重版以降（三〇版まで刊行）は「妥当なようではあるが、考古学的な決め手を欠く」と評価を改めたことを、後年の自著（『天皇陵古墳への招待』筑摩選書、二〇一一年）に紹介している。

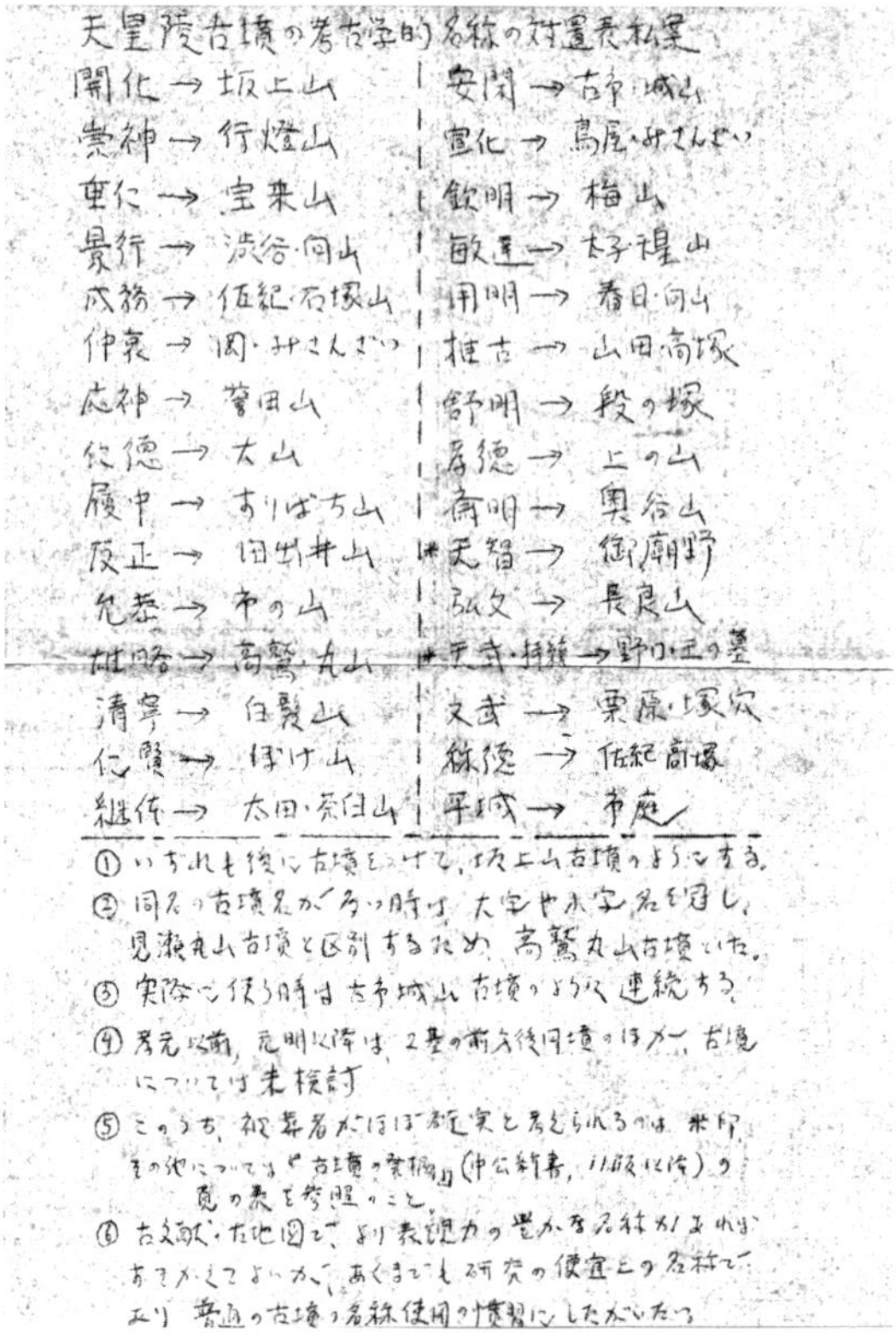
天皇陵古墳の考古学的名称の対置表私案

開化→坂上山	安閑→古市城山
崇神→行燈山	宣化→鳥屋・みさんざい
垂仁→宝来山	欽明→梅山
景行→渋谷・向山	敏達→太子西山
成務→佐紀・石塚山	用明→春日・向山
仲哀→岡・みさんざい	推古→山田高塚
応神→誉田山	舒明→段の塚
仁徳→大山	孝徳→上の山
履中→すりばち山	斉明→奥谷山
反正→田出井山	*天智→御廟野
允恭→市の山	弘文→長良山
雄略→高鷲・丸山	*天武・持統→野口王の墓
清寧→白髪山	文武→栗原・塚穴
仁賢→ぼけ山	称徳→佐紀高塚
継体→太田・茶臼山	平城→市庭

① いずれも後に古墳をつけて、坂上山古墳のようにする。
② 同名の古墳名が多い時は大字や小字名を冠し、見瀬丸山古墳と区別するため、高鷲丸山古墳とした。
③ 実際に使う時は古市城山古墳のように連続する。
④ 孝元以前、元明以降は、2基の前方後円墳のほか、古墳については未検討
⑤ このうち、被葬者がほぼ確実と考えられるのは*印、その他については『古墳の発掘』（中公新書、11版以降）の　頁の表を参照のこと。
⑥ 古文献・古地図で、より表現力の豊かな名称があれば、おきかえてよいが、あくまでも研究の便宜上の名称で、より普通の古墳の名称使用の慣習にしたがいたい

図１　講義で配布された「天皇陵古墳の考古学的名称の対置表私案」

なお、配布資料には空欄があり、敏達を「太子・天皇山」、称徳を「佐紀高塚」と筆者がペンで書き加えている。講義中の指示にもとづくものである。敏達→太子・天皇山は、刊行本では「太子・西山」に変更されている。ほかにも修正された古墳名称があり、天皇陵古墳の名称を練っていた森の姿を知ることが出来る。

また、『古墳文化小考』は、一九七九年に『新版 古墳文化小考』と題して社会思想社の教養文庫に収められるが、その新版追記に「本書刊行から五年たったので、天皇陵の表記法など最近の私の主張から避けられない部分に加筆・補訂して〝教養文庫〟に加えてもらうことになった。天皇陵古墳名のよびかえによって、二つの文の題名を変更した」と記し「仁徳陵古墳で考えたこと」(前述)を「大山(仁徳陵)古墳で考えたこと」に、「仁徳陵古墳前方部石室の一資料」を「大山古墳前方部石室の一資料」と改題している。

森浩一は、被葬者名の確定を前提にした陵墓呼称を求めていたわけであり、それに疑念がある限り、現治定に連動する呼称を採らないとする方向性を保ちながらも、一九六九年から七六年までの間は、試行を繰り返した。けっして直線的な歩みではなく、注意深く自身の考えに適合する呼称を求め、曲折を経て「仁徳陵から大山古墳へ」とたどり着いた。だから、呼称の変更を、こういった試行に即するならば「仁徳陵から仁徳陵古墳、大山陵、大山陵古墳、そして大山古墳へ」である。

四　森の着眼

晩年の著作に、大山古墳の航空写真がはじめて公開された時は衝撃であったと記している（『天皇陵古墳への招待』筑摩書房、二〇一一年）。それは敗戦まもない一九四八年の『科学朝日』七月号に梅原末治による「世界一の大古墳・大山陵」の挿図として使用されたもので、仁徳陵の名ではなく、大山陵

図2　空からみる大山古墳（梅原章一氏撮影）

図3　大山古墳（筆者撮影）

森浩一の呼称変遷
仁徳陵（1965年）⇒仁徳陵古墳（1970年）⇒大山陵（1973年）⇒大山陵古墳（1974年）⇒大山古墳（1976年）

と表記したところに新時代の到来を感じたと記す。そして、仁徳陵古墳を大山古墳と呼ぶようになる遠因を、このときの感激に端を発していると述懐している。

ただ、一九八一年の『巨大古墳の世紀』（岩波書店）は第一章を「仁徳陵から大山古墳へ」とし、そこに、一九七六年の「天皇陵古墳の考古学的名称の対置私案」提出の先例に、奈良市佐紀町の市庭《いちにわ》古墳の命名があったと記している。『古墳と古代文化99の謎』には「消えた古墳と平城京」の項があり、次のように記す。

> 平城《へいぜい》陵古墳は円墳ではなく、元は全長二五〇メートルほどの前方後円墳で、平城京内に入る前方部が取り除かれ、後円部だけがのこったことが判明した。地上の墳丘が消失しても、濠は埋没して地下にのこるから輪郭がたどれたのである。そこでこの前方後円墳には地名をとって市庭古墳と名づけられたが、さらにその南方にもう一基の前方後円墳の痕跡があって、これには葺石や埴輪も使っており、神明野《しめの》古墳と命名された。

市庭古墳は、一九六二年刊行の『平城宮発掘調査概報Ⅲ』奈良国立文化財研究所学報一六冊の「Ⅵ考察　4結語」に、発掘調査により新たに「古墳周濠が検出され、現地形や航空写真から復原すると、現在の平城陵を後円部とした長さ二五〇メートルほどの南向きの前方後円墳があったと推定される。前方部は平城宮内となって削平されている。小字名をとってこの古墳を市庭古墳、SX249を神明野古墳と呼ぶことにする」、さらに一九七六年刊行の『平城宮発掘調査報告Ⅶ』奈良国立文化財研究所第二六冊の「4　市庭古墳」にも「市庭古墳SX500は、旧字「市庭」にあり、現在の平城陵を後円部とする復原全長二五〇メートルの南向きの前方後円墳である」とある。

かつては日本列島最大の円墳とみられたこともあったが、調査の結果、平城宮内裏北方（内裏北外郭官衙―推定内膳司など）にあたる前方部側が削平されて、周濠部分は奈良時代庭園に改変されたことが、新たに確認された。現在、治定される平城陵とは一体の前方後円墳だが、もとの前方部は現況の兆域外にある。しかも、幕末になって平安時代の平城天皇の陵墓に治定された古墳をそのまま平城陵と呼称することは不合理であり、考古学による新規の遺跡に対する命名方法が適応され、市庭古墳の名称は定着していた。森はここに着眼した。

五　森にみる「当然」と名称変更

天皇陵古墳の考古学的名称への変更は、波紋（向谷進『考古の巨星』によると、末永雅雄は陵墓の呼び名を古墳呼称とすることには慎重で、自重すべきであると意見したと記される）を含みながらも、定着をみる。森は一九七八年三月に大阪府発行の『大阪府史』第一巻を執筆する。同書第三章第二節の「古市・百舌鳥古墳群と古墳中期の文化」に考古学的名称への変更提案の妥当性を裏付ける理由を示している（傍線は筆者）。

天皇陵古墳については、それを歴史の資料とするにさいして、もう一つ別の問題がある。それはその名称に関してである。仁徳陵と書けば、誰しも堺市にあるあの超大型の前方後円墳を想い浮かべるであろうが、仁徳陵というのは先に述べたような学界で普通に行っている遺跡命名法によった用語ではなく、『皇室典範』にもとづく名称である。紫金山古墳とか和泉黄金塚といった名称には、一切〝誰の墓〟かをおもわせる言葉が入りこんでいないのに対して、応神陵とか仁徳陵となると、すべて立証ずみであるかのように人名が冠せられている。このように説明すると、全国にある十数万の古墳のなかでは、天皇陵古墳の名称だけがまったく異質であることに気づくであろう。この弊害を軽くするために、〝宮内庁が呼んでいる仁徳陵という古墳〟の意味で〝仁徳陵古墳〟の名称としても、ある種の先入観を現代社会にまき散らしていることに変わりない。

陵墓名から離れ、一九六九年に自身が提案した「仁徳陵古墳」の呼称も撤回している。そして、しかし将来の研究によって、仁徳陵には仁徳天皇を葬っていることが証明されるかも知れないから、仁徳陵でよいのではないかという意見もあるだろう。が、仮にそういうことがあったとしても、やはりその名称は適当ではない。というのは仁徳という漢風の天皇名は、古墳時代がすっかり終わった後の八世紀になってつくられた諡号である。漢風諡号の天皇名には、八世紀やそれに近いころに為政者たちの史観は反映しているかもわからないが、古墳が築かれた五世紀や六世紀を正しくいいえているかどうかも未証明のことである。さらに同じような意味で、天皇の墓を指す〝陵〟という言葉が古墳時代に行われたかどうかも未証明であり、仁徳陵などを遺跡名とすると、それらが特別の存在のような意識を生みだすのである。

仁徳陵古墳の「陵」の使用についての批判も展開する。被葬者の真正とともに陵墓制の実態検証を考慮した発言である。大山陵古墳の呼称を最終的には採用せず、大山古墳を提案した森の意図は

「陵」からの決別にあったと推測される。

このように考えて、以下、天皇陵古墳をいう場合に、たとえ長らく慣れ親しまれてきた言葉であってもそれらを用いず、（中略）考古学が普通に採用している遺跡命名法による古墳名を使うことにした。これらの古墳名は、江戸時代の地図や記録からさがしたもので、別の呼び方もたくさんあり、どの名称が妥当かの基準があるわけではないので、従来の先入観を避けるための符号とみなしてほしい。

近代を超克する打開策として、前近代の地域社会と関係性を保ち「聖域化」する以前の遺跡として、天皇陵古墳を取り扱う提案であると解説している。ただ、総称としての「天皇陵古墳」は終生、使用することになる。現在、治定の陵墓、陵墓参考地、陪冢などのうち古墳となるものを天皇陵古墳と総じて呼んだが、自身はこの総称に満足していたわけではなかった。天皇陵古墳（あるいは陵墓古墳）という総称は、造営された古墳時代にさかのぼり、元から陵墓であったという誤解を生みかねないからである。一九九六年刊行の『天皇陵古墳』（大巧社）では、〝宮内庁古墳〟と将来的に呼ぶのが一案だとした。それは宮内庁の、管理者責任を明示した名称への変更提案であった。すなわち総称についても個別天皇陵の呼称変更への基本姿勢を及ぼそうとしていたのである。森にとって「当然」のことであった。

おわりに

森が現陵墓の治定と実際の前方後円墳の量感に乖離を感じたのは中学生の頃で、具体的には、堺市の土師ニサンザイ古墳と反正陵《はんぜい》となる田出井山《たでいやま》古墳の墳丘規模の格差を日々、実感したことにあったという。関心は深まり、のちに土師ニサンザイ古墳が陵墓参考地とされた理由を求めた上で、反正陵となる可能性を示唆する（「考古学と天皇陵」『天皇陵古墳』大巧社、一九九六年）。もっとも、後年には履中陵とする考えを披瀝している（『天皇陵古墳への招待』筑摩書房、二〇一一年）から、天皇陵古墳としての呼称とは別に被葬者を推定し、現治定への疑念を止揚して、その解消を求める思考を続けていたのである。

最晩年の著作となる『天皇陵古墳への招待』の巻末には、『古墳の発掘』（中公新書、一九六五年）以来の改訂した陵墓比定試案が載る。おもうに森の陵墓への関わりは、究極的には被葬者の解明にあり、その際に桎梏となる現治定による予断をとりのぞくことにあった。『古事記』『日本書紀』にみる記紀系譜を考古学上の成果において検討し、真陵を究明することを生涯の目標とした。だから将来において適正に吟味されて、陵墓の被葬者を特定できるならば、陵墓名を改めて当てるという立場を維持したものと思われる。とくに「応神」以降の王統譜については、記紀に一定の信頼を寄せていたのではないだろうか。この点は「継体」以前の記紀系譜による大王位の職位継承には作為があり、系譜次第そのものに疑念を持つ私の立場とは異なるが、極めて平静に、考古学者として天皇陵にふつうに接しようとしたのだと理解できる。だから人物の実在性や王統譜の成否を問うことよりも、天皇陵古墳の編年上の位置や規模、内容から現治定への疑問が率直に提出された。

森以前には考古学的な根拠をあげて堂々、現治定に向けて疑念が表明されることは、茨木市太田茶《おおだちゃ》臼山《うすやま》古墳と高槻市今城塚《いましろづか》古墳の間におけるヲホド王（継体大王）の真陵をめぐる議論を例外とすれば、ほとんどなかったのではないだろうか。注意にのぼったところでは、西川宏が「陪塚論序説」（『考古学研究』三〇号、一九六一年）で陵墓に触れた箇所に「本稿では天皇陵関係の呼称は一切慣側（ママ）に従ったまでで、宮内当局（ママ）の被葬者の同定を認めたわけではない」と注釈を加えた論文や、石部正志が「百舌鳥三陵への疑義」（『古代学研究』第五〇号、一九六八年）で田出井山古墳が規模において劣るにもかかわらず反正天皇の「百舌鳥耳原北陵」とされた現治定に対する疑義の表明と『古事記』『日本書紀』『延喜式』への批判があがる程度である。とりわけ最大の前方後円墳の仁徳陵の治定を、大山古墳の帰属年代に引きつけて疑うような人物は、考古学からは出なかった。さらに考古学による呼称を、天皇陵に及ぼすという発想をもつ者はいなかった。至極、当然の扱いを述べたものであるだけに、瞬く間に社会的に認知された。

陵墓といえども、日本考古学における普通の遺跡命名法に則り呼称すべきであるという森の発言は、近代国家が選択した原則非公開の政策によって古墳から隔離し、「聖空間」の創出を頑なに貫いてきた現代の陵墓のあり方についての根源的な問いかけとなった。天皇陵古墳の呼称をめぐる提案は、近代国家が創り出した陵墓を、学界はおろか広く社会の側へ取り戻す意味をもつものでもあった。だから、現代の陵墓に「開かれた文化財」としての社会的役割が備わっていることを、多くの市民が気付く契機となった。これが、陵墓公開への要望に向かうことは必然である。

百舌鳥・古市古墳群の世界文化遺産登録が進められている。今、天皇陵古墳に向けて考古学からの呼称を提言した森浩一の軌跡とその先駆的役割に照らすならば、克服されるべき課題はおのずからあきらかだろう。しかし、当面の混乱は回避したい。それなら、たとえば〝大山古墳（現、仁徳天皇陵）〟などと表記することとし、ほかの天皇陵古墳はこれにならうものとしたい。これから二一世紀に生きる私たちが、天皇陵古墳と向き合う前提として、「天皇陵古墳をどのように呼ぶか」は試金石となる。

〔参考文献〕

今尾文昭「埋蔵文化財行政と宮内庁陵墓」（『陵墓限定公開』三〇周年記念シンポジウム実行委員会編『「陵墓」を考える』新泉社、二〇一二年）
高木博志「近代の文化財行政と陵墓」（『日本の古墳と天皇陵』同成社、二〇〇〇年）
春成秀爾「記紀と考古学の相克――小林行雄」（『考古学者はどう生きたか』学生社、二〇〇三年、初出は二〇〇二年）
向谷進『考古の巨星』（文藝春秋、一九九四年）
山上豊「明治三〇年代の「陵墓」治定をめぐって」（日本史研究会・京都民科歴史部会『「陵墓」からみた日本史』青木書店、一九九五年）

第2章　百舌鳥三陵は如何に呼ばれてきたか

久世仁士

はじめに

百舌鳥《もず》三陵とは、『延喜式《えんぎしき》』に記された百舌鳥耳原北陵《みみはらきたのみささぎ》、同中陵《なかのみささぎ》、同南陵《みなみのみささぎ》のことである。現在、宮内庁によりそれぞれ反正《はんぜい》、仁徳《にんとく》、履中《りちゅう》天皇陵に治定《じじょう》されている。三陵とも大阪府堺市百舌鳥古墳群の主要な前方後円墳である。なかでも仁徳陵（大山古墳）は日本最大の前方後円墳として誰もがよくご存じのことと思われる。本当に仁徳天皇が葬られているかどうかは、その実在性も含めて分からないというのが学会の常識となっているが、ここでは被葬者の問題には立ち入らない。

森浩一は、天皇陵古墳の遺跡名について「明治維新後法的な強制でつけられている崇神陵とか仁徳陵とかを遺跡名にすることも、考古学の基本から逸脱している。地元での呼称によって、行燈山古墳（崇神）、大山古墳（仁徳）とする方式を提唱し、考古学として一貫性を保ちたく考える」（『考古学入門』保育社、一九七六年）、「仁徳陵古墳という遺跡名ではまだ特定の被葬者をあらわす仁徳を使ってしまっている。天皇陵古墳の遺跡名をつけるとき、できるだけ近代の名称は避け、近世での土地の慣行を参考にした。その結果、大山があの巨大前方後円墳の近世での使用例があることを見つけ出しそれに従った」(『天皇陵古墳への招待』筑摩選書、二〇一一年)とした(森による呼称については第1章参照)。これには大仙古墳がよいというクレームがついたようだが、森は「江戸時代の人は『前王廟陵記《ぜんおうびょうりょうき》』以来、途方もなく大きな陵という意味で大山陵にし、そののち神秘性を加味して大仙陵となり、今では大仙町の町名まである。ぼくは遺跡名をつけるのには余分な感情が混じらない方が良いと考える」(同書)と反論している。

仁徳陵(大山古墳)には、さまざまな呼び名がある。最もポピュラーで一般に知られているのは、「仁徳(天皇)陵」である。地元の人々はいうに及ばす、研究者間でも日常の会話では「仁徳陵」で通っているのが現状である。仁徳陵は基本的に、「仁徳」と「大山(大仙)」にそれぞれ「伝」や「天皇」「古墳」などの文字が付くだけでたいした違いはないが、「履中陵」については、研究者間でも「石津ヶ丘古墳」「百舌鳥陵山《みささぎやま》古墳」「上石津ミサンザイ古墳」などとまったく別の古墳のような名称となっている。ここでは、百舌鳥三陵についてどう呼ばれてきたのか、過去の文献をたよりに探っていきたい。

一 百舌鳥耳原中陵は仁徳陵か

『延喜式』は平安中期の宮中儀式や制度のことを記した施行細則で、延長五年(九二七)に編纂された。細かな事柄まで規定されているため、古代史研究のうえで画期的な意味を持つ文献である。『延

喜式』諸陵寮《しょりょうりょう》では百舌鳥三陵について、

百舌鳥耳原中陵。　難波高津宮《なにわたかつのみや》御宇《あめのしたしらしし》仁徳天皇。在二和泉国大鳥郡一。兆域東西八町。南北八町。

陵戸《りょうこ》五烟《えん》。

百舌鳥耳原南陵。　磐余稚桜宮《いわれわかざくらのみや》御宇履中天皇。在二和泉国大鳥郡一。兆域東西五町。南北五町。

陵戸五烟。

百舌鳥耳原北陵。　丹比柴籬宮《たじひしばがきのみや》御宇反正天皇。在二和泉国大鳥郡一。兆域東西三町。南北二町。陵
戸五烟。


とあり、これをもとに宮内庁は仁徳天皇陵は百舌鳥耳原中陵、反正天皇陵は百舌鳥耳原北陵、履中天皇陵は百舌鳥耳原南陵に治定している。

はたしてこの比定は正しいのだろうか。『古事記』では仁徳天皇の陵は「毛受之耳原《もずのみみはら》」にあると記載しており、『日本書紀』では、「百舌鳥野陵に葬る」とあるだけで、古墳の特定はされていない。『延喜式』のいう百舌鳥耳原中陵がどの古墳を指しているのかについては研究者間でも決着はついていない。『延喜式』に記された兆域と、現在の仁徳、履中、反正陵の規模はほぼ一致するが、反正陵の規模が他の二陵と比べてあまりにも小さい。そこで、『延喜式』の規模（兆域）の記載が誤りであるとして北陵は現仁徳陵（大山古墳）、中陵は現履中陵（石津ヶ丘古墳）、南陵は百舌鳥大塚山古墳に比定する考えもある。また、土師《はぜ》ニサンザイ古墳を反正陵とする説もある。

このように百舌鳥三陵については、現在の宮内庁の治定と異なるという説もあるが、以下煩雑さを

避けるために、北陵＝反正陵（田《た》出《で》井《い》山《やま》古墳）、中陵＝仁徳陵（大山古墳）、南陵＝履中陵（石津ヶ丘古墳）として論じてゆくことにする。

二　百舌鳥三陵の名称

現在の（行政上の）公式な遺跡名はどうなっているのか。「大阪府地図情報システム」の埋蔵文化財の当該箇所をクリックすると、北から順に「名称（田出井山古墳）ふりがな（はんぜいてんのうりょうこふん）」「名称（大山古墳）ふりがな（にんとくてんのうりょうこふん）」「名称（ミサンザイ古墳）ふりがな（りちゅうてんのうりょうこふん）」となっており、堺市のホームページにある、古墳データベースでは、反正天皇陵古墳（田出井山古墳）、仁徳天皇陵古墳（大山古墳）、履中天皇陵古墳（ミサンザイ古墳・石津ヶ丘古墳・百舌鳥陵山古墳）とある。二〇〇二年の「堺市文化財地図」と二〇一四年発刊の『堺の文化財　百舌鳥古墳群』（堺市文化財課）では、田出井山古墳（「反正天皇陵」）、大山古墳（「仁徳天皇陵」）、ミサンザイ古墳（「履中天皇陵」）とある。

次に、小・中・高等学校の教科書を見てみよう。ほとんどの教科書で大仙（陵）古墳または大山古墳と仁徳（天皇）陵、伝または現仁徳陵などと併記されているが、大山（大仙）古墳のみで、仁徳陵とは併記されていないものもある。最近では仙の文字を使う方が多いようである。反正陵、履中陵についてては記載がない（教科書についてては第8章参照）。

三　地誌類に記された百舌鳥三陵

『延喜式』以来、江戸時代初期まで、百舌鳥三陵をはじめ陵墓について記した文献は見当たらない。陵墓への関心と研究は、文化が隆盛した元禄時代や文化・文政時代を待たなくてはならない。また、もう一つの契機は尊皇思想が高揚した幕末期である。幕府は尊皇倒幕運動の激化にともない、政治的配慮から陵墓に対して大がかりな修陵を行うことになる。陵墓の探索や考証には谷森善臣《たにもりよしおみ》など幕府側の研究者もいたが、多くは尊皇思想を持つ民間の研究者であった。次に近世の地誌類から、百舌鳥三陵に関する記載を拾ってみよう。

(1) 堺鑑《さかいかがみ》

堺の神廟、宮室、陵墓、古跡、故事、戦場、人物、名物などについて衣笠一閑《きぬがさいっかん》(宗葛)がまとめたもので、天和三年(一六八三)の自序がある。一閑は堺の郷土史家で、同書は堺最初の地誌といわれ、『前王廟陵記』よりも一〇年あまり早く刊行されている。

仁徳天皇陵
此陵ハ泉河摂《せんかせつ》ノ堺大小路《おおしょうじ》ノ東ノ町外《まちはずれ》ヨリ八町許《ばかり》離タリ世人《せにん》大仙陵ト云《いへ》リ天皇己亥《つちのとい》ノ歳ニ崩《ほう》ズ(以下略)
田出井山《たでいさん》

此陵菟道太子《うぢのたいし》ノ陵也然《しかる》ヲ誰人《たれびと》カ云習《いいならわ》シテ田出井山《たでいさん》ト云来《いいきたる》ゾヤ未《いまだ》レ見《み》二本據《ほんこを》一又三国山《みくにさん》ト名付也

(中略)又説ニ此陵ヲ推古天皇ノ陵トモ云リ両説ニシテ不《ず》レ慥《たしかならず》

ここでは田出井山古墳を菟道太子(菟道稚郎子《うじのわきいらつこ》、仁徳天皇の異母弟)か推古天皇の陵との伝承があると記しているが、履中天皇陵についての記載はない。

(2) 前王廟陵記

元禄九年(一六九六)に松下見林《まつしたけんりん》によって書かれた天皇陵に関する最初の著作である。歴代の天皇陵について『古事記』『日本書紀』『延喜式』などの文献から抜粋し、主にその所在地を考証することに努力している(原漢文)。

百舌鳥耳原中陵(以下『延喜式』の引用、中略)

古事記にいわく、毛受《もず》の耳原の上と。今、按ずるに、百舌鳥耳原中陵は、俗にいう、大山陵。泉の界《さかい》、東南にあり。(中略) 舳之松村にあり字大仙陵

百舌鳥耳原南陵(同前)

古事記にいわく、毛受《もず》と。今、按ずるに、百舌鳥南陵は、今、上石津村の北にあり。俗称擂《すり》鉢《ばち》山

百舌鳥耳原北陵(同前)

古事記にいわく、毛受野と。今、按ずるに、百舌鳥北陵は、今の楯井池、これなり。中筋村

にあり字田出井

ここでは、陵名をあげているのは、中陵のみである。南陵は俗称擂鉢山と記載されている。北陵は楯井《たてい》(田出井)という地名から、田出井山古墳であることが明らかである。

(3) 諸陵周垣成就記《しょりょうしゅうえんじょうじゅき》

幕府が行った諸陵の探索と垣の設置事業の報告書に、同事業の由来に関する記述を加えたものである。神武天皇から東山天皇までの歴代天皇の陵墓の位置を調査列挙した著であり、細井知慎《ともちか》(広沢)が編纂した。元禄一二年(一六九九)の自序がある(原漢文)。

仁徳　和泉国大鳥郡百舌鳥耳原中に葬る

和泉国大鳥郡舳松《へのまつ》村にこれあり、字は大仙陵。

百舌鳥耳原中相知らず候。廻りの池は同郡の内、舳松御陵松村、中筋村、北ノ庄御料、湊村四箇村入り合いの場所に陵これあり候、名は大仙陵、堺奉行所支配。

履中　同国同郡同所の南に葬る

同郡上石津村に陵これあり候。初は年貢地、御改より垣内計除地《かきないばかりじょち》、今御料。

反正　同国同郡同所の北に葬る

同郡中筋村、北之庄村二箇所入り合の所に陵これあり候、字は出井山、陵は堺奉行付、廻り池は中筋村領、御代官所。

ここでは、大山古墳は、大仙陵、田出井山古墳は出井山陵（田出井山の写し間違いか）と記されているが、石津ヶ丘古墳については陵名が記されていない。大仙陵は舳松・中筋・北ノ庄・湊の四か村の入合地《いりあいち》の場所にあり堺奉行所の支配地であるが、履中陵は民間の土地から一部は公有地に変更されている。これは垣の設置事業完了によるものと推測される。中筋村と北之庄村の入合地に反正陵があり堺奉行所の管轄で、周囲の池は中筋村領で代官所の管轄となっている。

（4）泉州志

撰者石橋新右衛門直之の元禄一三年（一七〇〇）の序文がある。私撰地誌で別名『泉州誌』ともいう（原漢文）。

仁徳天皇の陵大仙陵と号す。舳松領にあり。

今大仙陵とするは訛《なまり》なり。北の域、今存ずる所外堤千二百八十三間、中堤九百五十五間、山根七百六十三間、南峰の高さ十四間、北峰高さ十六間四尺、四ノ畦小塚九個。（以下略）

反正天皇の陵、中筋にあり。今戎《いまえびす》の町、湯屋の町、市の町、甲斐の町、大町、宿院町、北の農人町を割りて中筋という。

陵の辺《あたり》に楯井あり故に俗に楯井の陵と称す。或説にこれを菟道太子の墓とするは甚だ妄《みだり》なり。『諸陵式』に大山陵を中の陵とするため、北の陵は反正天皇というこれなり。北の域、今存ずる所、東の山根七十二間、西の山根七十間、総山根二百三十間、周りの池、半ばは田となり、

歎き惜しむべし。（以下略）

履中天皇の陵、上石津村の艮《うしとら》、大山陵の坤《ひつじさる》にあり。兆の域、今存ずる所周りの池の塘《つつみ》八百八十三間、山根六百三十六間、南の峯高さ十四間、北の峯高さ十六間、（以下略）

ここでは、大仙は大山の訛りであるとしている。反正天皇陵は楯井の陵と呼ばれていたようであるが、菟道稚郎子の墓ではないと明確に否定している。本書でも履中天皇陵に関して陵名の記載はない。

（5）和泉志

関祖衡《せきそこう》・並河誠所《なみかわせいしょ》により編纂された『日本輿地通志《にほんよちつうし》畿内部』（通称「五畿内志」）は畿内五か国の地誌で、官撰の日本地誌としては初めてのものである。並河らは各地を採訪し、古文書・古記録・伝承などを採録して進められ、その記述は詳細で各地の地誌編纂に多くの影響を与えている。『和泉志』はその一部で享保一八年（一七三三）に完了している（原漢文）。

百舌鳥耳原中陵

仁徳天皇　舳松村東にあり。今、大山陵と号し、兆域方囲八町。旧事記《くじき》いわく、八十三年秋八月十五日天皇崩《みまかり》、十月癸未《みずのとひつじ》朔《ついたち》己丑《きのとうし》鵙野《もずの》に葬る。（以下略）

百舌鳥耳原南陵

履中天皇　大山陵の南、上石津村にあり。陵の畔に墓あり。亀冢《かめづか》、乳岡冢《ちのおかづか》、飲酒冢《さけのみづか》等と号しあり。

百舌鳥耳原北陵

反正天皇　大山陵北にあり。中筋村に属す。今楯井原陵と称し、陵の畔に墓有り鈴冢という。

ここでは、百舌鳥耳原中陵は大山陵、北陵は楯井原陵となっているが、南陵については陵名が記載されていない。

（6）全堺詳志

『堺鑑』を補足訂正する目的で高志芝巌《たかししがん》・養浩《ようこう》により、宝暦七年（一七五七）に完成したものである。高志芝巌は、三〇年にわたって堺の惣年寄《そうどしより》を勤め、博学で知られ、多くの門人がいた。

仁徳帝　陵《ミサヽキ》　在リ二舳松《ヘノマツ》村一ニ世ニ称ス二大仙陵一ト

往昔《ヲヽムカシ》ハ大鷦鷯《ダイシヤウリヨウ》ノ陵ト称ス、此帝《ミカド》ノ諱《イミナ》ヲ大鷦鷯《ヲヽサヽキ》ト称スルヨリ、直ニ陵ノ名ニ取タル者也、延喜式ノ諸陵式ニハ、大山陵ト記ス、今ハ仙ノ字ヲ用ユ（以下略）

反正帝陵　在二中筋村一ニ、称ス二楯井《タテイ》陵一ト、俗ニ書ス二田出井《タテイ》一、仁徳帝ノ御子、履中《リチウ》ノ弟諱《イミナ》曰二瑞歯別《ミツハワケ》一ト

前鑑ニ仁徳帝御弟、菟道《ウジ》太子ノ陵也、又推古《スイコ》帝ノ陵也ト、両説ヲ挙《アゲ》タレトモ、共ニ非也、諸陵式ニ、大仙陵ヲ中陵トシ、履中《リチウ》帝ヲ南陵トシ、反正帝ヲ北陵トスト云トキハ、反正帝ノ陵タルヿ《こと》疑ナシ、（中略）御廟ハ北峯ニアリ、発掘《ハツクツ》シタル跡ト見ヘテ、南北五間半、東西四間半、深サ一間餘ノ窪《タホミ》アリ、唐櫃ハ不レ見（中略）

浩案スルニ右大仙楯井ノ二陵ハ、界府監司ノ所レ治ニ属スル故ニ、下吏《カリ》ヲシテ毎ニ巡撿《シユンケン》セシメ堅ク採樵《サイシヤウ》ヲ禁シ、遊人ノ登臨《トウリン》ヲ禦《フセク》、是ニ依テ、林木暢茂《テウモ》シ、サナガラ帝陵ノ思ヲ発セリ、履中帝ノ陵ハ、同所同郡ノ石津《イシツ》村ニ、推竝《ヲシナラヘ》テアリ、トイヘトモ、邑宰《ユウサイ》ノ支配《シハイ》ナル故ニヤラン、イツシカ村農《ソンノウ》ノ自由《ジユウ》ヲ得テ、林木モ無ク、今ハ禿山《ガブロ》ニナリ、突兀《トツゴツ》タルマテニ、牛犢《ギウトク》ノ牧場《カヒバ》トナレリ、今此書ニ、三陵ノ列ヲ備《ソナヘ》ザルヿ《（こと）》ハ、堺府ノ治《チ》ニ、与《アツカ》ラザルヲ以テ也、今姑《シバラ》ク二陵ノ末ニ記メ、諸陵式ノ列ヲ知シム

ここでは大山陵が大仙陵に変化したと記されているが、『延喜式』には大山陵と記した部分は見当たらない。他の史料によるものか、単なる間違いかとも考えられる。あるいは、現存する『全堺詳志』は写本であり、誤って写したものかもしれない。

なお、百舌鳥耳原北陵については、楯井陵（俗称田出井）と称し反正天皇陵として疑いなしとしており、菟道稚郎子や推古天皇陵説を否定している。また、履中陵については、大仙、楯井の二陵は、堺府の管轄であるが、履中陵は村の支配であるため、農民が自由にしており、樹木も伐採され禿げ山になり、牛の牧場となっていると嘆いている。陵名がないのはこれが理由とも思われ、本書でも項を起こしていない。

余談であるが、枕草子に記された鶯《うぐいす》の陵は、大阪府南河内郡太子町にある孝徳天皇陵（山田上ノ山古墳）のほか奈良若草山の頂にある鶯塚《うぐいすづか》古墳であるとの伝承があるが、本書では、「本草綱目に、古くは百舌鳥を鶯と訓じたと」とし、鶯の陵は百舌鳥の陵の事であるとしている。ただし、百舌鳥三陵

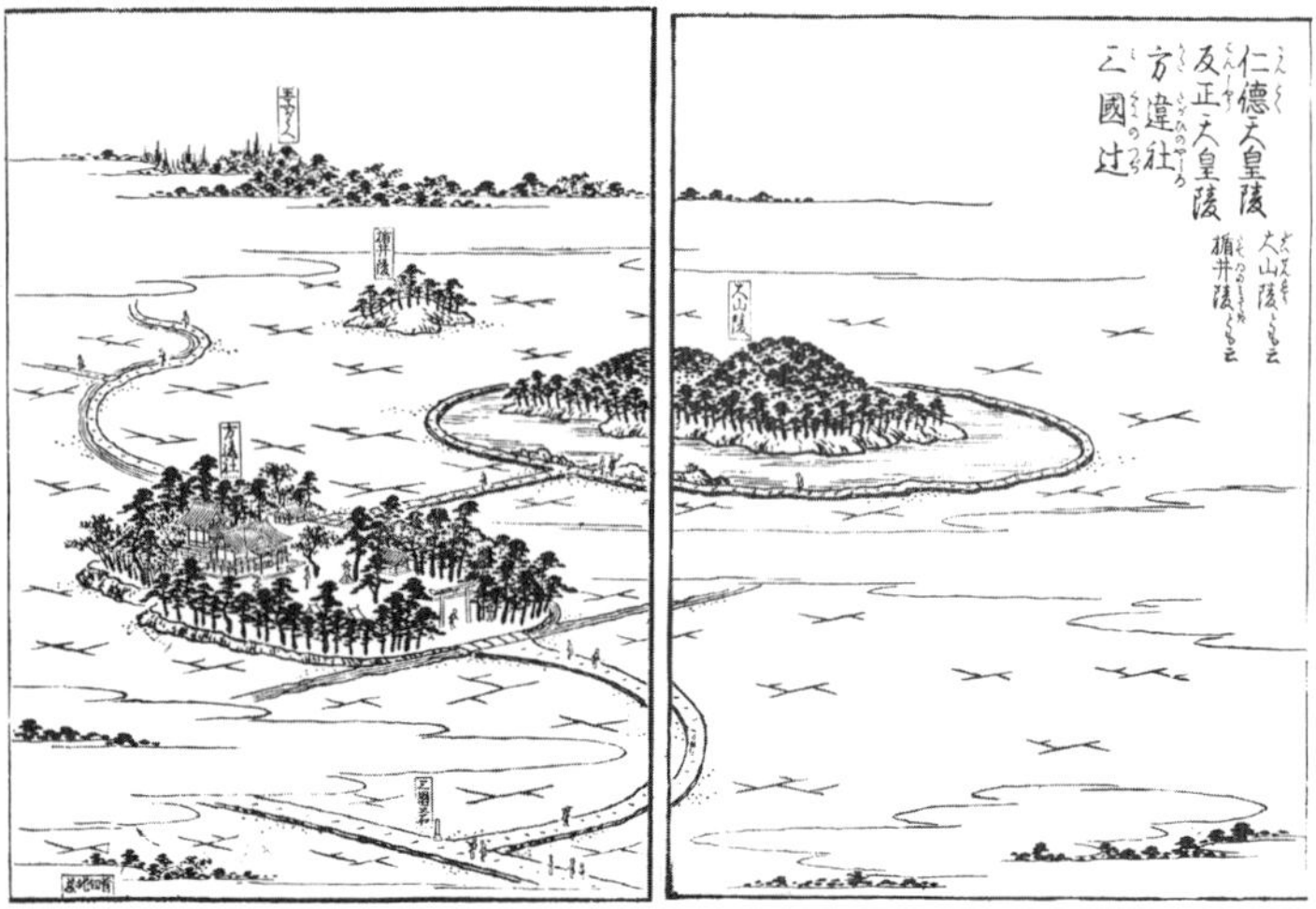

図1　和泉名所図会

この図は方違社、楯井陵(田出井山古墳＝反正陵)と大山陵の位置と方位が間違って描かれており、中央の「大山陵」とあるのは田出井山古墳で、その奥にある「楯井陵」は陪塚の鈴山古墳ではないかといわれている。

のなかのどれかは分からないとしている。

(7) 和泉名所図会(図1)

名所図会は、江戸時代末期に刊行された諸国の名所旧跡・景勝地の由緒来歴や各地の交通事情を記し、写実的な風景画を多数添えた通俗地誌で、現代でいう旅行ガイドブックのようなものである。『和泉名所図会』は、寛政八年(一七九六)に、秋里《あきさと》籬島《りとう》によって記された。

仁徳天皇陵《にんとくてんわうのみさゝき》
舳松領《へのまつりやう》にあり。大山陵《だいせんりやう》と号す。封域《ほういく》、今、存《そん》する所、外堤千二百八十三間、中堤九百五十五間、山ノ根廻《ねまはり》七百六十三間、南ノ峰《みね》高サ十四間、北《きた》ノ峰《みね》十六間四尺。四畔《はん》に小塚九箇所あり。

反正天皇陵《はんしやうてんわうのみさゝき》

北庄戎町の東、大和道《やまとみち》の側《かたはら》にあり。陵の辺《ほとり》に楯井《たてい》といふあり。故に、楯井《たてい》陵と称す。或説に、こゝを菟道《うぢ》太子陵といふは、甚《タ》妄談《もうたん》也。取《とる》べからず。［諸陵式］に、大山《せん》陵を中陵といひ、北の陵を反《はん》正天皇とす。則是なり。今存する所、山陵の根回り、東西にて二百三十間。周池、半《なかば》は田と成。歎惜《たんしゃく》すべし。

履中天皇陵《りちやうてんわうのみさゝき》

上石津《かみいしつ》村の艮《うしとら》、大山陵の坤《ひつじさる》にあり。（以下略）

ここでも、履中陵の陵名は記されていない。

(8) 陵墓志

竹口栄斎（尚重）により、寛政一二年（一八〇〇）以降に完成したといわれる。栄斎は、隠居後、奈良県の大神《おおみわ》神社の近くに居住しており、生没年や事跡は不詳ながら、相当な博学であったようである。『陵墓志』は三巻からなり、帝陵部、皇后国母部、皇子皇女部と天皇陵だけでなく皇后、国母、皇子、皇女の陵墓まで考証しているのが特徴で、各種の書物、実地調査の成果、古老の聞き書きなどをもとに『前王廟陵記』の誤脱を正して著者の考えを述べている（原漢文）。

百舌鳥耳原中陵　仁徳天皇　和泉国大鳥郡舳松《へのまつ》村東にあり。字《あざな》大山陵。

『和泉志』にいわく、大鳥郡仁徳天皇陵舳松村の東にあり。大山陵なり。

『前王廟陵記』にいわく、今按ずるに百舌鳥中陵、俗に大山陵という。泉界《さかい》の東南にあり。

尚重按ずるに、『和泉志』『廟陵記』並びに符合《ふごう》正を得る。又『御陵所考』に陵所は大鳥郡舳松《へのまつ》、
中筋、北荘、湊村四箇村入合の場あり。

百舌鳥耳原南陵　履中天皇　和泉国大鳥郡上石津村の北、大山陵の南にあり。字な陵。

『和泉志』にいわく、大鳥郡履中天皇陵上石津村にあり。大山陵の南。

『御陵所（考）』にいわく、陵所大鳥郡上石津邑にあり。

『前王廟陵記』にいわく、按ずるに百舌鳥南陵、今上石津村の北にあり。

百舌鳥耳原北陵　反正天皇　和泉国大鳥郡中筋邑の北にあり。字出井山。

『和泉志』にいわく、大鳥郡反正天皇陵中筋村にあり。大山陵の北。字出井山。

『御陵所考』にいわく、反正天皇陵所大鳥郡中筋邑北左、村入合の場あり。

『前王廟陵記』にいわく、今按ずるに百舌鳥北陵は今楯井池これなり。

尚重按ずるに諸説皆符合。此陵土俗楯井原陵と号す。廻りに池あり。楯井池という。このあたり萬代《もず》荘なり。万代《もず》これをば毛須《もず》という。（以下略）

百舌鳥耳原中陵（仁徳天皇陵）は、『和泉志』および『前王廟陵記』によると泉州堺の東南、舳松村の東にあり大山陵という。『御陵所考』では、陵の一部に舳松、中筋、北荘、湊四か村の入合地があるとしている。

百舌鳥耳原南陵（履中天皇陵）は上石津村の北、大山陵の南にあるが陵名はなく単に陵とあるだけである。

百舌鳥耳原北陵（反正天皇陵）は出井山（田出井山の間違いか）となっているが、俗に楯井原陵と呼ばれており、廻りには楯井池がある。此の辺りは万代荘であるとしている。

（9）山陵志

蒲生秀実《がもうひでざね》（君平）が近畿地方や四国地方の古墳を古代史料に基づいて実地調査し、その結果を編纂したもので、享和元年（一八〇一）に完成したといわれている。その内容は、山陵変遷論（古墳の編年）と各山陵の解説・考証であり、考古学資料としての評価も高い。前方後円の用語は、『山陵志』のなかで初めて君平が用いたものである（原漢文）。

仁徳陵は百舌鳥《もず》の耳原にあり。中陵という。（中略）

今に至るも、土人これを仰ぎ、号《なず》けて大山陵という。後世の国恤《こくじゅつ》は、おおむねその葬を火にし、あるいは塔をもって山陵に擬し、僧は喪祭を司る。倹に居るというといえども、礼これによって凶《ほろ》ぶ。それ喪祭は礼の大経なり。大山陵を仰ぎて、これを侈《おごる》というは、羊を愛するたぐいなり。ともの礼意を議するに足らざるなり。天平宝字の二年、河内を割きて、和泉の国を置き、百舌鳥もこれに隷《つ》く。古事記に百舌鳥は毛受に作る。毛受村は石津村の隣なり。

履中陵は西南にあり。南陵という。（中略）

呼びて美賛佐伊《みさんざい》となす。石津村の北にあり。

反正陵は西北にあり。北陵という。（中略）

今その溝を呼びて、盾井《たてい》の池という。盾井は丹治比《たぢひ》の訛なり。その御名によるなり。和泉界《さかい》邑《むら》東郊にあり。（読み下しは遠藤鎮雄訳編『史料天皇陵』による）

ここでは、百舌鳥耳原中陵を大山陵、履中陵をミサンザイ、反正陵の堀を盾井の池と呼んでいるが、反正天皇の名「丹比柴籬宮御宇反正天皇」からきていると記している。

（10）聖蹟図志

京都町奉行所の役人であった平塚瓢斎《ひらつかひょうさい》（津久井清影）の著である『陵墓一隅抄』の付図にあたるもので、嘉永七年（一八五四）の識語がある。諸国および山城国にある陵墓の絵図集で、陵墓の鳥瞰図に周辺の字名、寺院、古墳を記し、ところどころに解説がある。

表題には「河内国錦織部《にしごりべ》長野及黒山村百舌鳥八幡以北大山陵迠《まで》図」と記されているが、解説には「中陵　大仙陵ト称　仁徳帝」「南陵　履中帝　樹木ナシ草山ナリ　俗にスリバチ山ト云」「北陵　反正帝　田出井山ト云」と記されている。

（11）山陵考略

山川正宣《やまかわまさのぶ》によって、安政二年（一八五五）に出版された。正宣は、文人・国学者であり尊皇思想家でもある。陵墓の荒廃や名称の誤りをなげき、山陵の探索と陵墓考定の必要性を痛感し、名所旧跡や先史遺跡の破壊に対しては碑の建立や考証を行い保存方法を模索している。上帙は、第一代神武天皇から平城《へいぜい》天皇まで、五一代の天皇陵を考察し、陵名、所在国名、『延喜式』記載事項、正宣自身の考証を加えたものである。序例には、「諸家の記録を参考にし、蒲生秀実（君平）と北浦定政の説を特に重視した」と記されている。

仁徳陵（中略）

堺津の東に在、舳松村に属す、字大山陵、遶《めぐる》池二帀《めぐり》にして、方境の広大なる事、他に比類なし、此辺《あたり》すべて、大阪淀川昔曰堀江の南岸より連綿して、地基一段高きが故に、大阪より堺津を経て、南海に赴く街道より、遠望するに巍然《きぜん》たる大陵なり、履中反正亦一瞬にみゆ

履中陵（中略）

仁徳陵の南、上石津村の東に在、字みさゞい、中陵にくらぶれば、方境聊《いささか》劣れり。

反正陵（中略）

仁徳陵の北、堺津北庄《きたのしょう》摂津の東、中筋村に属す、方境南陵に等し、字盾《たて》井と云、蓋《けだし》御諱丹《た》比《ぢひ》の転語なり、宮址の丹比も、亦此地の東に隣れり。

盾井の解釈は『山陵志』と同様であるが、違和感を覚えるのは反正陵は南陵と同規模と記していることである。反正陵＝田出井山古墳とすれば、同規模の古墳は百舌鳥大塚山古墳、いたすけ古墳、乳岡古墳であり、これらの古墳が南陵の候補となる。南陵（履中陵）＝石津ヶ丘古墳とすれば、それに匹敵する古墳は、土師ニサンザイ古墳である。土師ニサンザイ古墳も反正陵の候補の一つではあるが、その場合は『延喜式』の方位と規模が間違っていることになる。ここは、著者が南陵を履中陵ではな

く別の古墳と取り違えて記したとも考えられるが、現存するのは写本のみであり、誤写ということもある。

四　絵図に表れた百舌鳥三陵

堺の市街地を描いた絵図では、元禄二年（一六八九）堺奉行によって作られ、最大級の都市図として知られる元禄の『堺大絵図』（国立歴史民俗博物館蔵）がよく知られている。この絵図は縮尺約三〇〇分の一で短辺でも四メートルを超す巨大なものである。この絵図には大仙陵が描かれているが、元

田出井山古墳	石津ヶ丘古墳
田出井	
田出井	
田出井山	
田出井 田出井山	
田出井山	
田出井池	
楯井陵(鈴山古墳？) 田出井	陵
反正天皇御陵　田出井山	陵
田出井山	
田出井山	
字田出井山	
田出山 田出井山 田出井山	摺鉢山 摺鉢山
田出井山 反正天皇御陵 反正帝陵	摺鉢山 履中天皇御陵 履中帝陵
反正天皇御陵	履中天皇御陵
楯井陵・田出池	
築山	芝山

表1　絵図に記載された百舌鳥三陵

和暦	西暦	絵図	大山古墳
寛永16	1639	寛永泉州大絵図(抄録)	大仙陵
延宝5	1677	中筋村田畑地並絵図	
元禄2	1689	堺大絵図	大仙陵
宝永元	1704	堺市古図	大仙陵
宝永2	1705	湊村絵図	大仙陵
享保年間	1716～1736	舳松領絵図	大仙陵
享保年間写	1716～1736	大仙陵絵図	大仙陵
享保13	1728	堺町絵図	大仙陵
享保15	1730	舳松陵絵図上	大仙陵池
享保20	1735	堺大絵図改正綱目	大仙陵
元文元	1736	和泉国大鳥郡中筋村絵図	
宝暦9	1759	大仙陵由緒幷間数絵図写	大仙陵
安永8	1779	和泉国大鳥郡中筋村絵図	
寛政8	1796	和泉名所図会	大山陵(田出井山古墳？)
寛政10	1798	堺絵図	大仙陵
文化2	1805	摂州泉州堺町之図	仁徳天皇御陵　大仙陵
天保5～7	1834～1836	堺絵図	大仙陵
嘉永7序	1854	聖蹟図志	大仙陵
安政2	1855	山陵図	字大仙陵
文久3	1863	順路絵図	大仙陵
文久3	1863	泉州堺絵図	大仙陵
文久3	1863	文久改正堺大絵図	大仙陵
明治5	1872	和泉堺市図	大仙陵
明治24	1891	堺市全図及商工業独案内	仁徳天皇御陵
明治34	1901	堺名勝新地図	仁徳帝陵
大正4写	1915	百舌鳥耳原三陵図	仁徳天皇御陵
昭和41写	1966	三帝陵東原天王社向井村絵図	大仙陵池
江戸中期		仁徳陵絵図	大仙陵
幕末頃？		山陵図絵(写本)	大仙陵

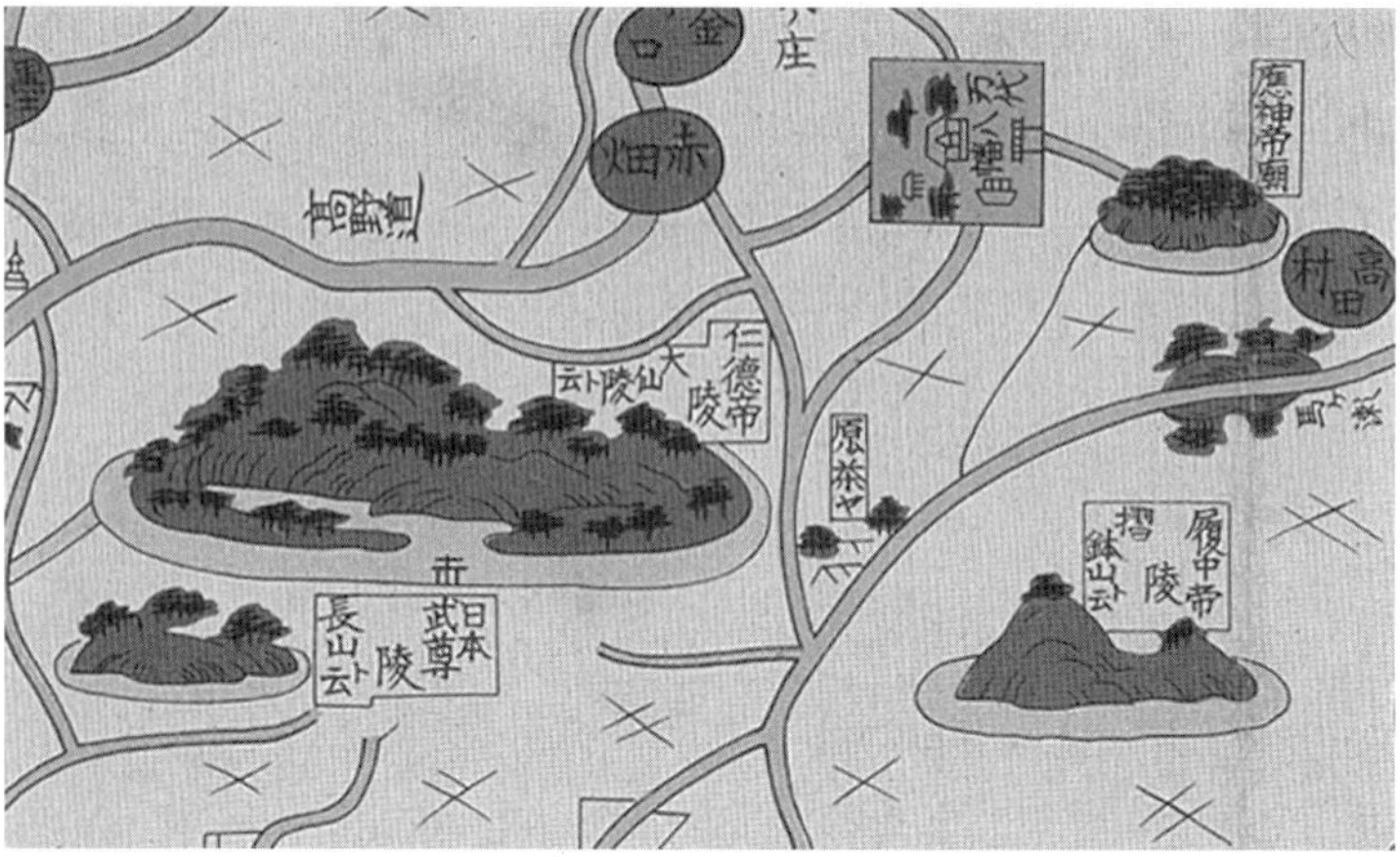

図2　『文久改正堺大絵図』部分（堺市立中央図書館蔵）

禄二年の作成当初のものではなく、のち（寛保三年〈一七四三〉頃か）に張り紙で付け加えられている。

管見するところで最も古い絵図は寛永一六年（一六三九）の『寛永泉州大絵図』であるが、それ以来、明治になるまで、ほぼすべての絵図で仁徳陵（大山古墳）について「大仙陵」と記されている（表1参照）。唯一の例外が『和泉名所図会』の「大山陵」である。反正陵（田出井山古墳）については、田出井、田出井山、田出山、田出井池とあり、地誌類に見られる楯（盾）井と記すのは、これも『和泉名所図会』と『三帝陵東原天王社向井村絵図』だけである。後者は周堀のことを田出池と記している。この図は一九六六年（昭和四一）に写されたものであり、当初の製作年代は不明である。

履中陵（石津ヶ丘古墳）については、陵名が記されていないものがほとんどである。文久三年（一八六三）の『文久改正堺大絵図』（図2）、明治五年（一八七二）の『和泉堺市図』などは、「摺鉢山」と記している。また、幕末頃に写されたと推定される『山陵図絵』には「芝山」となっている。これは前掲『全堺詳志』の記すとおり石津ヶ丘古墳は他の二陵と異なり、村の管理になっていたことによるものであろう。

文化二年（一八〇五）『摂州泉州堺町之図』は大仙陵の南に「万代《もず》御廟」が描かれており、隣接して、単に「陵」とのみ描かれた古墳がある。後者は前者よりも小さく描かれており、前者を石津ヶ丘古墳、後者を百舌鳥大塚山古墳と見ることもできるが、同時代に描かれた『堺絵図』（寛政一〇年〈一七九八〉）には、大仙陵の南に「万代ノ社」と記された古墳が描かれている。古墳に隣接して村の中に社らしき建物が描かれ「八マン」と記されている。この古墳は御廟山古墳で、社は百舌鳥八幡宮であることは明らかである。その西側に、やはり小さく「陵」とのみ記された古墳が描かれている。享保二〇年（一七三五）『堺大絵図改正綱目』には前者の位置に「万代御廟」とあり、西に隣接して「陵」が描かれている。この「陵」とされた古墳は石津ヶ丘古墳でほぼ間違いないであろう。

文久三年（一八六三）の『文久改正堺大絵図』および『泉州堺絵図』には、万代八幡に隣接して応神帝廟が描かれている。どちらの地図も、応神天皇の墓は「廟」であり、「陵」は使われていない。「廟」とは、たまや、祖先の像を安置する殿堂、やしろ、神または聖賢などを祀ったところ、殯宮《もがりのみや》などの意味がある。御廟山古墳は応神天皇の初葬の地との伝承もあるので、「万代御廟」とされたのであろう。ちなみに百舌鳥八幡宮の主祭神は応神天皇である。

五　古文書に記された百舌鳥三陵

江戸時代の古文書類には、検地、水利に関するもののほか、奉行所からの伝達や訴状、その回答書などがあるが、すべて大山古墳のことを大仙陵と記している（表2参照）。これらの文書類は公文書であり、この場合は仙の字を用いたものと思われる。なかでも元禄二年（一六八九）の「佐久間宇右衛門様　御代御公儀御触留帳」は、興味深いことが記載されているので、本題とは外れるが、紹介しておこう。これは奉行所よりの通達を常楽寺を通じて庶民に伝達した文書である。

御奉行所より仰せ渡され候ば、大仙陵の内山へ今日より当九月中まで誰にても遊山《ゆさん》に参じ候事御赦免との義に候、当分蕨《わらび》など折候て山にて料理つかまつり候ほどのことは苦しからず候、多く折り候て人々宿へ持帰候事などは無用、ならびに大酒の上けんかそのほか船渡りなど我がちにこれなきように諸事互に相たしなみ候てなぐさむべく申すべし、（以下略）

この文書は、「大仙陵に遊びに入って蕨を採り料理することはいいが、多く採って持ち帰るな」「大酒を飲んでけんかをするな」「渡し船に乗る際に先を争うことなく譲り合え」というお達しである。その三日後の文書では、「大仙陵は天子の御廟であるので弁当などは魚肉が入っているだろうから墳丘へ持ち込まず中島（中堤か）で開け」「柴などが茂っているため、たばこなど火気の持ち込みは禁止する」との触書も出されている。そのほか、大仙陵にて堺奉行所の役人が周辺の村人から酒肴の接待を受けた記録もある。当時、誰でも墳丘内に自由に出入りでき、蕨採りや柴刈り、花見など絶好の遊山場で

表2　古文書に記載された百舌鳥三陵

年代	文書	大山古墳	石津ヶ丘古墳	田出井山古墳
1652～1716	(承応～正徳)水論古書物写	大仙陵池		
1677	延宝5年11月　検地巡検につき踞尾村等覚書	大せんりやう仁徳天王	上石津陵陵山りちゆう天王	土師山山中池陵はんぜい天王
1679	延宝7年3月8日　夕雲開検地帳	みさゝきおもて		
1689	元禄2年正月　佐久間宇右衛門様　御代御公儀御触留帳	大仙陵		
1690	元禄3年7月2日　上石津村陵山芝草苅取手形		陵山	
1691	元禄4年10月　下石津村百姓訴状		陵山	
1691	元禄4年10月11日　上下石津村出入につき返答書		陵池　陵山	
1691	元禄4年10月　上下石津村諸事地下切り願		陵山	
1701	元禄14年4月　和泉国大鳥郡北庄村・中筋村・舳松村・湊村諸色覚書　和泉大鳥郡舳松村	大仙陵池	御陵山　履中天皇之御廟所	
1823	文政6年訴訟願書留帳(抄)	大仙陵山		
1834	天保5年訴訟状留状(抄)	大仙陵池		田出井池
1838	天保9年　訴訟状留状(抄)	大仙陵山		
1858	安政5年6月　上石津村村方模様書上書		陵山　履中天皇陵	
1868	慶応4年6月　去卯御年貢書上帳　泉州大鳥郡中筋村	大仙陵池		
1880	明治13年9月　狭山池水大仙陵へ通水之記	大仙陵池	履中帝陵池	

あったが、環境や資源保護にまで配慮がなされていたことがうかがえる。

六　大山陵か大仙陵か

絵図や古文書では、大仙陵と記すものが圧倒的に多いが、地誌類では、大山陵と書かれているものと大仙陵としているものに分かれる。管見するところで最も古い史料は貞享元年（一六八四）の『堺鑑』で「仙」の字を使っているが、元禄九年（一六九六）の『前王廟陵記』では「山」である。両者ともそれ以前にあった文献に基づいて書かれていることがうかがい知れるが、現在その史料は残っていない。元禄一三年（一七〇〇）の『泉州志』には、大仙陵は訛りであると記されている。

宝暦七年（一七五七）の『全堺詳志』は、『堺鑑』の不足を補い、また独自の調査によって編纂したものであり、当時は大仙陵と呼ばれていたが、旧は大山陵であると記している。ただし、この根拠は先述したように『延喜式』ではなく、ほかの史料を取り違えたものと考えられる。寛政八年（一七九六）の『和泉名所図会』や享和元年（一八〇一）の『山陵志』でも大山陵となっている。また、『山陵志』の編纂に大きな影響を与えたと思われる『陵墓志』（寛政一二年〈一八〇〇〉以後完成）も「山」の字を使っている。

「仙」とは『大漢和辞典』によると「僊」の略字で、「仙」は「人」と音符「山」を合わせた会意形声文字で、世俗から離れて山のなかにいる人を意味する。転じて天子・上皇に関するものにこの字を用いるとある。おそらく、もともとは大山陵と呼ばれてきたものが、皇室を敬い、神秘性を高める意味で仙の字を用いたのであろう。そこには、仁徳の神話に見られる聖帝のイメージが加味されているかもしれない。公文書や絵図では大仙と記したものが多いが、『和泉名所図会』など、庶民の観光ガイドのようなものには依然として大山を使用している。現在大仙古墳と呼称するものが増えてきているが、森浩一が指摘するように、余分な感情が入るような呼称はすべて排除すべきである。

七　百舌鳥三陵の呼称について

宮内庁が治定する仁徳天皇陵は、前述したように、大山古墳という名称を使うべきであるが、反正天皇陵と履中天皇陵はどうか。次にそのことを考えてみたい。

反正天皇陵は、地誌類では楯井陵、盾井山、盾井の池などと、楯（盾）井を使っているが、絵図では、圧倒的に田出井と記されているものが多い。『泉州志』や『和泉名所図会』では「陵の辺に楯井がある」と記しており、井戸または湧水などがあったので、楯（盾）井と呼ばれていたとその根拠が記されているが、なぜ田出井の字を当てるようになったのかは分からない。現在の考古学的名称は田出井山古墳で定着しているが、楯井または盾井の方がふさわしいかもしれない。

履中天皇陵については、地誌類、絵図および文書類いずれにもほとんど陵名の記載がない。これは、ほかの二陵と異なり村の管理であることに由来するからであろう。「美替佐伊《みさんざい》」「みさゞい」と記しているものがあるが、これは「陵」の訛りであり、絵図上で単に「陵」とされているのと同じである。『前王廟陵記』では俗称擂鉢山と記しており、絵図でもそのように描かれているものがある。石津ヶ丘古墳後円部の墳頂部に盗掘坑があり地元ではスリバチ山と呼ばれていたようである。また幕末頃の『山陵図絵（写本）』には、芝山と記されており、村の入会地であったことがうかがえる。

伝統的な呼び名がないのなら、遺跡名としては現在の地名をつけるのが基本である。履中陵の敷地のみが、石津ヶ丘町という地名であり、現在のところ石津ヶ丘古墳と呼ぶのが適当と思われるが「百舌鳥摺鉢山古墳」とするのも一案である。

八　古墳名に陵（みささぎ）は適当か

ここで「陵」という用語について考えてみたい。「陵」とは、本来、大きい阜《おか》、大きなつかのことであり、漢代以後天子の墓のことをさす。我が国では、律令制が確定するまでは「陵」と「墓」の区別は明確ではなかった。記紀には「垂仁天皇皇后比婆須比売命《ひばすひめのみこと》は狭木之寺間《さきのてらま》陵に葬る」（古事記）、「神功皇后は狭城盾列《さきたたなみ》陵に葬る」、「日本武尊《やまとたけるのみこと》は能褒野《のぼの》陵に葬る」（以上日本書紀）とある。また、『日本書紀』皇極元年（六四二）の条には「蘇我蝦夷・入鹿の双墓を大陵《おおみささぎ》、小陵《こみささぎ》と呼び、上宮大娘姫王《かみつみやのいらつめのみこ》が非難した」との記事が見える。ただしこれは、天皇の墓に限られる「陵」という名称を使用したことではなく墓の造営に皇族用の部民を使役したとする非難である。

『延喜式』では、歴代天皇の墓は「陵」、皇后をはじめ皇族の墓は「墓《ぼ》」となっており、天武天皇までは神功皇后を除き即位したとされる天皇に限定して「陵」が使われている。それ以後は、死後天皇の称号を贈られた草壁《くさかべ》皇子、志貴《しき》皇子のほか、藤原宮子《ふじわらのみやこ》、光明皇后といった藤原氏に出自を持つ皇族の墓も「陵」とされている。反面、『日本書紀』で「陵」とされていた日本武尊、飯豊皇女《いいとよのひめみこ》、聖徳太子などは「墓」となっている。

律令制が確立した当初は厳格に区別されていたのが、しだいに崩れ、その時々の政治的背景、特に藤原氏の影響を色濃く反映しているものと思われる。しかし、「陵」は一貫して天皇およびそれと同格の皇族の墓であると位置づけられてきたことには変わりはない。現在の皇室典範では、「陵」は、歴代天皇・皇后・太皇太后および皇太后の墓と規定されている。

古墳という用語がなかった近世以前においては、天皇陵でなくても巨大古墳のことを俗に「陵」と呼んでいたようなふしもあるが、「冢」や「廟」なども使い分けられている。古墳の名称に「陵」、「ミサンザイ」、「ニサンザイ」という用語が使われているが、考古学遺跡の名称にこの用語を使うのはいかがなものか。森浩一の指摘に基づくならば、あらゆる先入観を払拭する意味で、これもやめた方がいいように思われる。現在天皇陵に治定されている古墳でも、確実に天皇陵といえるかどうか疑問であり、大阪府岬町の淡輪《たんのわ》ニサンザイ古墳のように、明らかに天皇陵でない古墳にまで使用されている。同古墳は宮内庁の治定ですら「陵」ではなく「墓（五十瓊敷入彦命宇度墓《いにしきいりひこのみことうどぼ》）」とされており、研究者の間では古代氏族の紀氏の墓との説が有力である。

これには、現在考古学遺跡の名称として定着している部分もあり、地元で古くから呼び習わされてきた名称を尊重すべきだとの反論もある。しかし、土師ニサンザイ古墳は土師古墳、佐紀陵山古墳は佐紀古墳、鳥屋ミサンザイ古墳は鳥屋古墳でも差し支えはないのではないか。ただし、岡ミサンザイ古墳などは、岡古墳という別の古墳があるので、仮に岡1号墳などとして区別する必要があるが。

また最近、宮内庁が治定する履中陵に、上石津《かみいしづ》ミサンザイ古墳という名称が新たに登場してきた。拙著『百舌鳥古墳群をあるく』でも指摘したとおり、「ミサンザイ」や「ニサンザイ」は「陵」が訛ったものである。上石津というところにある陵という意味であり、これでは固有名詞というより一般名詞に近く遺跡名としてはふさわしくない。百舌鳥陵山古墳も同様である。「履中陵」は見てきたように固有の陵名はなく、単に「陵」と呼ばれてきたものであり、新たにつける考古学遺跡の名称にわざわざ天皇陵をイメージするものは避けるべきである。

おわりに

「世界遺産暫定一覧記載資産候補提案書」(二〇〇七年)は、「反正陵古墳(田出井山古墳)、仁徳陵古墳(大山古墳)、履中陵古墳(ミサンザイ古墳)」とされていたものが、二〇一五年三月の推進本部会議に提出された「世界遺産登録推薦書原案」では、「反正天皇陵古墳、仁徳天皇陵古墳、履中天皇陵古墳」となり、括弧内の古墳名は削除されている。

陵墓古墳の名称は、『古事記』『日本書紀』『延喜式』などをもとに江戸時代末から明治にかけて付けられたもので学術的に確定されたものではない。そもそも天皇の名称は七世紀以後に使われはじめたもので、それまでは大王《おおきみ》とは呼ばれていた。それぞれの実在性はさておき、応神はホムタワケ、仁徳はオオサザキなどという名前がある。これが固有名詞かどうかは研究者によって諸説が出されているが、仮にそのような大王がいたとしても、現在宮内庁が治定している応神天皇陵や仁徳天皇陵は確実にそれらの人物の墓であるという証拠はない。したがって古墳の名称に○○天皇陵などとすることは誤解を生むことになる。

陵墓関係学会（陵墓の保存と公開を求める一六学協会）では、「世界遺産と陵墓呼称問題を考える学習会」を継続的に開催してきた。それぞれ研究者によって主張が違うため考古学遺跡としての古墳名がまちまちである。このことに関しては統一すべきという意見と、必要はないという意見がある。被葬者の固有名詞を冠した古墳名の根拠が疑わしいものであることについては一致しているが、なかなか名称を統一するのは困難なようである。生物学など自然科学分野では、統計学的に処理するのに利便性があるなどの目的で学名を統一する方向で進んでいるようであるが、そのためだけに統一するのなら遺跡番号を付ければよい。墓誌を副葬する風習のない日本の古墳で、被葬者を特定することは容易ではない。仮に世界文化遺産登録申請にあたって当面古墳名称が必要とあっても○○天皇陵古墳では世界に通用するとは思えない。当面は、かつて森浩一が付したように百舌鳥○号墳（『古代学研究』『日本考古学年報』『和泉考古学』ほか）などとしておき、考古学遺跡の名称はもう少し時間をかけて議論すべきではなかろうか。

〔参考文献〕

廬田伊人編集校訂『大日本地誌体系三五　五畿内志・泉州志』第二巻（雄山閣、一九七一年）

石部正志「百舌鳥三陵への疑義」（『古代学研究』五〇、一九六八年）
遠藤鎮雄訳編『史料天皇陵』（新人物往来社、一九七四年）
久世仁士『百舌鳥古墳群をあるく――巨大古墳・全案内――』（創元社、二〇一四年）
森浩一編『考古学の先覚者たち』（中央公論社、一九八八年）

第II部 歴史のなかの天皇陵古墳

允恭帝
恵我長野北陵　荒蕪
河内國志紀郡國府村

允恭帝　荒蕪図（『御陵画帖』国立公文書館蔵）

第3章　古市・百舌鳥古墳群の王陵の被葬者

岸本直文

はじめに

三世紀中頃の箸墓《はしはか》古墳（現ヤマトトトヒモモソヒメ墓）は二四七年頃に没した卑弥呼墓であり、三世紀後葉と推測する西殿塚《にしとのづか》古墳（現継体正妃手白香《たしらか》皇女墓）は第二代倭国王となった台与墓、四世紀前葉の行燈山《あんどんやま》古墳（現崇神陵）は三一八年没とみられる崇神墓、五世紀前半の誉田御廟山《こんだごびょうやま》古墳（現応神陵）は四三七年没の反正《はんぜい》墓、五世紀中頃の大仙古墳（現仁徳陵）は四五四年没の允恭《いんぎょう》墓であると論じたことがある。また六世紀以降の陵墓について、ひとつひとつ現在の治定に対しコメントした。今回は、古市・百舌鳥古墳群の倭国王墓について、その被葬者をひととおり考えてみたい。

一　古市・百舌鳥古墳群の倭国王墓の相対順

古墳時代は、新たな倭国王が即位すると、新仕様の倭国王墓を築造し、その基本設計にもとづく相似墳を規模の序列をつけて築造することを繰り返した時代である。これを前方後円墳共有システムとよんでいるが、この原理から、倭国王墓は同時代最大規模墳でなければならない。

倭王権は二人の王からなる祭政分権王政と考えられ、そのため倭国王墓には二系列があり、神聖王墓である主系列墳と、執政《しっせい》王墓である副系列墳からなる。主系列墳は箸墓古墳以来の墳丘長二〇〇歩を標準規模とし、副系列墳は佐紀陵山古墳から一五〇歩を標準規模とする。五世紀前半から中頃にかけては、標準規模を超えて上石津《かみいしづ》ミサンザイ・誉田御廟山・大仙古墳の三大古墳が造営される。この間、古市・百舌鳥古墳群中に標準規模またはそれに近い前方後円墳が併存するが、これは王墓とみなさない。そして大仙古墳の後は、標準規模に基本的に戻る。よって、上石津ミサンザイ古墳の前と大仙古墳の後は、標準規模を基準に同時代最大規模墳を王墓とみる。

具体的には、主系列墳は仲津山古墳（二一〇歩二九一メートル）→大仙古墳（三六〇歩＊五四〇メートル）→土師《はぜ》ニサンザイ古墳（二〇〇歩＊三〇〇メートル）→軽里大塚《かるさとおおつか》古墳（一四〇歩＊二一〇メートル）→ボケ山古墳（八〇歩＊一二〇メートル）であり、副系列墳は津堂城山《つどうしろやま》古墳（一五〇歩二〇八メートル）→上石津ミサンザイ古墳（二八〇歩三八八メートル）→誉田御廟山古墳（三〇〇歩四一六メートル）→市野《いちの》山《やま》古墳（一五〇歩＊二二五メートル）→岡ミサンザイ古墳（一六〇歩＊二四〇メートル）である（＊は一尺二五センチの南朝尺）。

これらの埋葬順序は埴輪から明らかにされている。現在、古市・百舌鳥古墳群の六世紀前半までの埴輪は一〇期に区分されている。須恵器は、倭国王墓そのものから出土した資料は限られるが一定の資料はあり、また王墓以外において埴輪との組み合わせが確認できる資料がある。これらにより、古市・百舌鳥古墳群の王墓を順序づけられる（図1）。

二　四世紀末から五世紀前半の年代の枠組み

古市・百舌鳥古墳群の埴輪による一〇期区分は、第1期から第8期の古墳時代中期、第9期と第10期の後期であるが、その暦年代はいつになるのかを検討する。

(1) 陶質土器と馬具の年代観（図2）

まず古市・百舌鳥古墳群の開始期から前半期についてである。韓国・金海市にある大成洞古墳群は、倭国と密接な関係にあった伽耶《かや》諸国のひとつ、金官国の王墓群である。三世紀後葉に始まり四世紀を中心に大型木槨《もっかく》墓が営まれ、五世紀に入る頃に衰退する。王墓が途絶するのは、四〇〇年に、倭軍に囲まれた新羅を高句麗好太王が五万の兵を送り撃退し、そのまま金官国を攻撃したことが好太王碑にあり、これによる打撃と理解されている。木槨墓には多くの陶質土器が副葬され、これを申敬澈はⅠ段階からⅥ段階に編年する。Ⅵ段階の標式資料が、大成洞古墳群最後の王墓である1号墳と、洛東江をはさんだ釜山広域市の東莱・福泉洞31号墳である。福泉洞古墳群では五世紀の墳墓が引き続き築造されており、31号墳のあと、21号墳→10号墳→53号墳と推移する。以下、わかりやすいように21号墳段階をⅦ段階、10号墳段階をⅧ段階として便宜的に記述することにする。

倭における最古の陶質土器は、岸和田市持ノ木《もちのき》古墳の資料であるが、これは伽耶の陶質土器編年Ⅵ

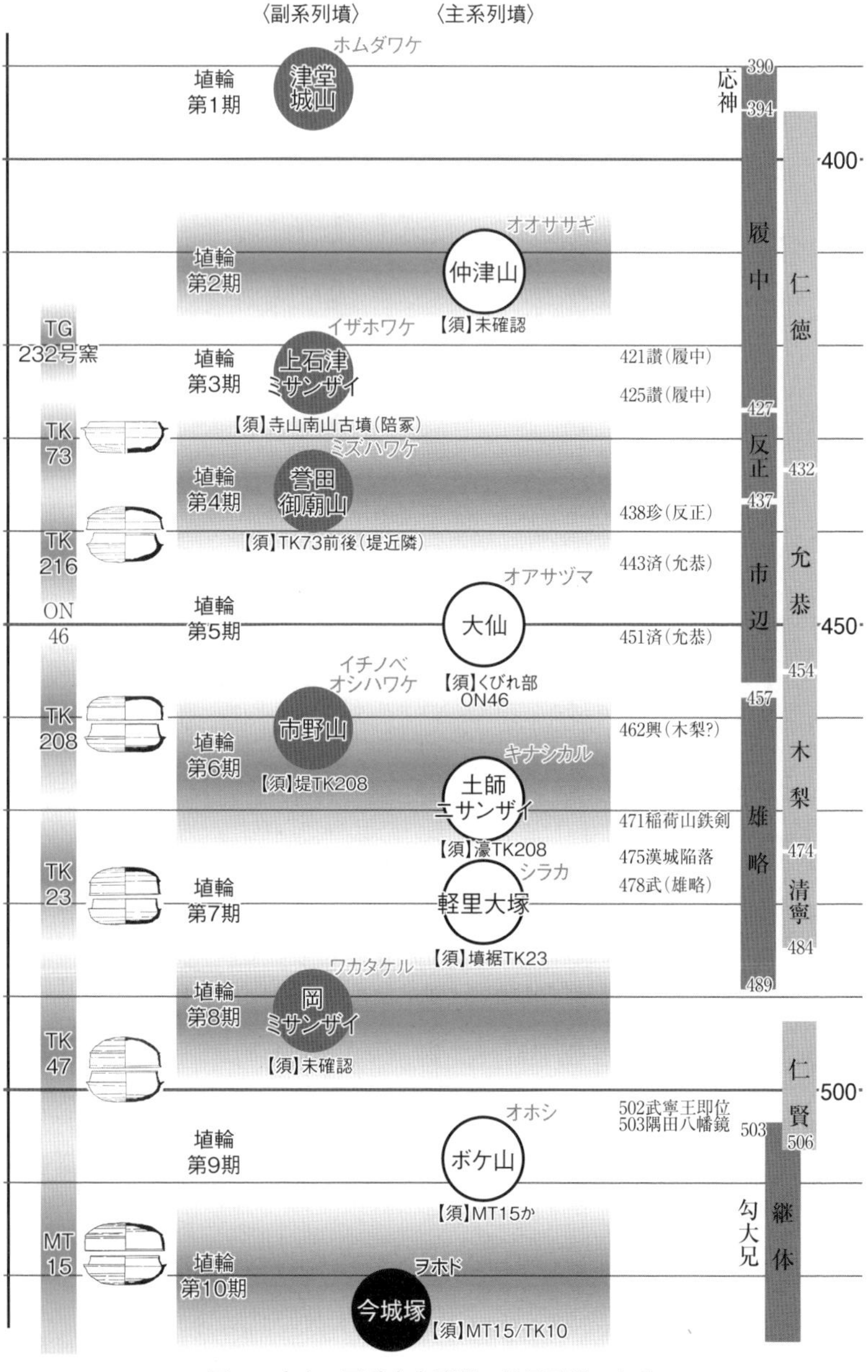

図1　古市・百舌鳥古墳群の倭国王墓の年代

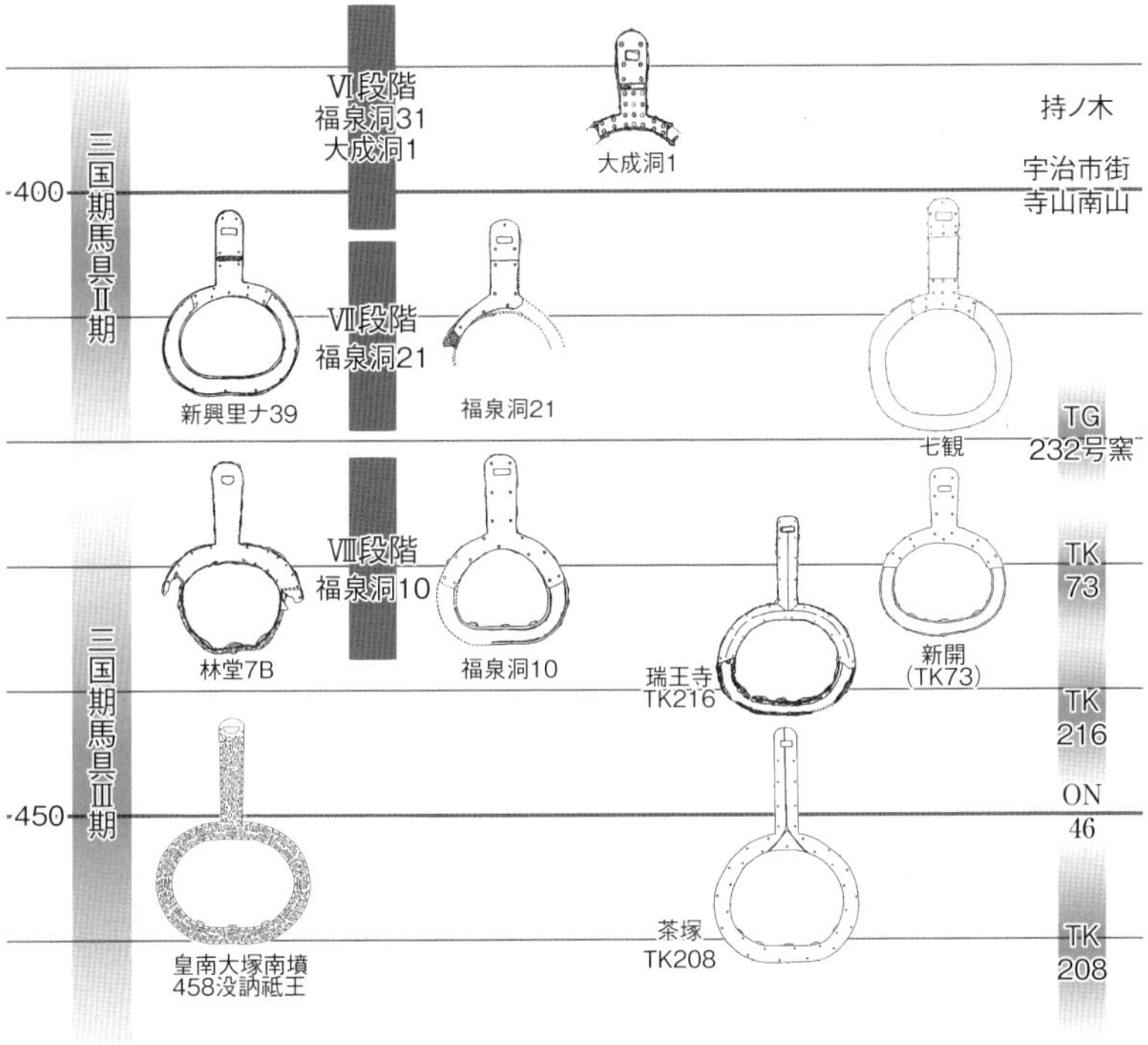

図2　陶質土器・須恵器と馬具の対応関係と暦年代

段階にあたる。宇治市街遺跡の資料もⅥ段階に近いが、器台はⅦ段階の福泉洞21号墳例に類似しやや時期が下るという。酒井清治によれば、持ノ木古墳と宇治市街遺跡の資料群は、金官伽耶の陶質土器と対比できるものが多いが、後続するTG232号窯（堺市大庭寺遺跡）の資料は、咸安を中心とする金海より西部の技術系譜とみられ、さらに半島西南部の栄山江流域の坏も含まれ、Ⅷ段階の福泉洞10号墳より古く、Ⅶ段階とⅧ段階の間に位置づけられるという。以上のように、持ノ木古墳、宇治市街遺跡、TG232号窯の資料はそれぞれ段階差があり、Ⅵ段階からⅦ段階末までの時期に対応する。

そしてＴＫ73型式は、坏や𤭯《はそう》が増加し、栄山江流域の技術系譜とみられ、窯体構築方法を含め、倭王権が陶質土器生産を本格化させる次のインパクトになる。

墳墓の築造順序を決める土器編年に暦年代を与えることのできる資料が馬具である。中国東北部から朝鮮半島・倭国において、基本的な推移は共通し、諫早直人はⅠ期後半を四世紀中葉から後葉、Ⅱ期を四世紀末から五世紀前葉（四二〇年前後）、Ⅲ期を五世紀中葉とする。

とくに年代の絞り込まれているⅡ期が重要である。この時期に踏込鋲《ふんごみびょう》のない輪鐙《わあぶみ》ⅠＡが現れるが、Ⅵ段階の大成洞1号墳、Ⅶ段階の福泉洞21号墳、そして上石津ミサンザイ古墳の陪冢《ばいちょう》である七観《しちかん》古墳から出土する。Ⅵ段階とⅦ段階の二時期が、Ⅱ期馬具の副葬時期（四世紀末から五世紀前葉）であるので、Ⅵ段階は四世紀末を含む四〇〇年前後に、Ⅶ段階は五世紀前葉にあてることができる。

よって持ノ木古墳の資料は、四世紀末を含む四〇〇年前後になり、四世紀後半に食い込むことはない。宇治市街遺跡は五世紀初頭となろう。そして次のＴＧ232号窯はⅦ段階とⅧ段階の間に位置づけられ、三国期馬具編年のⅡ期とⅢ期の境界にあたるので、四二〇年前後となる。

Ⅲ期馬具になると踏込鋲のある輪鐙となる。Ⅲ期でも古相のものがⅧ段階の福泉洞10号墳および倭の新開《しんがい》古墳（ＴＫ73型式）から出土し、ＴＫ216型式期には福岡・瑞王寺《ずいおうじ》古墳から大伽耶系統の断面五角形のⅡＢの輪鐙が、ＴＫ208型式期の山梨・茶塚古墳から同じ系統の後続するⅢ期後半の輪鐙が出土する。そして、四五八年に没した新羅・訥祇王の墓とみられる皇南大塚南墳から、Ⅲ期後半の輪鐙が出土している。したがって、馬具Ⅲ期は倭のＴＫ73型式～ＴＫ216型式～ＴＫ208型式と重なりをもち、四二〇年代から五世紀中頃にかけての時期に比定できる。

（2）古墳時代中期の開始年代

古墳時代中期は、津堂城山古墳の出現を画期とする。ここまで、四世紀末から五世紀中頃までの須恵器の年代観を整理したが、これにより城山古墳の年代を直接導くことはできない。

上石津ミサンザイ古墳の陪冢である寺山南山古墳（埴輪からするとミサンザイ古墳と同時期）から出土した高坏の蓋は、宇治市街遺跡の資料に近似し、伽耶の陶質土器のⅥ期ないし後続する時期で、五世紀初頭と推測される。同じミサンザイ古墳の陪冢である七観古墳から、諫早Ⅱ式の踏込鋲のない輪鐙が出土している。ただし、Ⅱ式でも柄がやや長く新しい様相をもち、副葬時期は下限年代（四二〇年前後）に近いか、さらに下降すると考えられ、そもそも七観古墳は、埴輪からするとミサンザイ古墳の一段階あとの第4期＝TK73型式期に位置づけられている。

TK73型式期は、上石津ミサンザイ古墳の一世代あとの誉田御廟山古墳の時期に相当し、ここまでの検討から四三〇年前後から四三〇年代頃と推測される。したがって、ミサンザイ古墳はその一世代前であり、五世紀前葉とみることが妥当である。よって、さらに一世代前の執政王墓である津堂城山古墳の年代、すなわち古墳時代中期の開始年代は、さかのぼって四世紀後葉であろう。

以上、半島陶質土器のⅦ段階とⅧ段階が馬具のⅡ期からⅢ期への変化に対応し、それが四二〇年前後と考えられることから、TG232号窯やTK73型式および古墳の年代を推測した。

（3）大仙古墳の年代

大仙古墳からＯＮ46型式の須恵器が出土しており、これはＴＫ208型式の古相に相当し、ＴＫ216型式との間に位置づけられる。大仙古墳の前の誉田御廟山古墳がＴＫ73型式期で、大仙古墳のあとの土師ニサンザイ古墳と市野山古墳がＴＫ208型式期である。

すでにふれたように、三国期馬具Ⅲ期後半の新羅・皇南大塚古墳は四五八年没の訥祇王墓であると考えられ、山梨・茶塚古墳の輪鐙が同一段階でＴＫ208型式の須恵器を出土しており、ＴＫ208型式期の年代の一端が四五〇年代頃にあると考えられる。ＴＧ232号窯が四二〇年前後に、後続するＴＫ73型式とＴＫ216型式が五世紀前半に位置づけられ、ＯＮ46型式の年代、すなわち大仙古墳の年代は、およそ四五〇年前後と考えることができる。ＴＫ208型式は四五〇年代を含む第３四半期であろう。

（4）大仙古墳以降の須恵器の暦年代

これに後続するＴＫ23型式およびＴＫ47型式以降の年代観にもふれておく。高句麗が百済・漢城を攻め落とす四七五年前後に来倭した百済王族の墳墓とみられる柏原市高井田山《たかいだやま》古墳、四七一年銘の鉄剣を出土した埼玉稲荷山古墳から、ＴＫ23型式からＴＫ47型式にかけての須恵器が出土しており、安村俊史はＴＫ23型式を四七〇年代〜四八〇年代、ＴＫ47型式を四九〇年代〜五〇〇年代にあてる。そして、五二七年没の継体墓である今城塚《いましろづか》古墳からＭＴ15型式とＴＫ10型式の須恵器が出土し、没年がおよそ型式交代期と考えられ、ＭＴ15型式は六世紀第１四半期、ＴＫ10型式が第２四半期を中心とした時期とみることができる。

三　河内政権下の倭国王の在位年

記紀の王統譜では、応神（ホムダワケ）以後の倭国王は、仁徳（オオサザキ）→履中（イザホワケ）→反正（ミズハワケ）→允恭（オアサヅマノワクゴノスクネ）→安康（アナホ）→雄略（ワカタケル）→清寧（シラカ）→飯豊→顕宗（ヲケ）→仁賢（オホシ）→武烈（ワカサザキ）である。以下、漢風諡号を便宜的に用いるものとし、ウジノワキイラツコを宇治、キナシカルを木梨、イチノベオシハワケを市辺と表記する。

（1）『古事記』崩年干支（図3）

『古事記』（『記』）真福寺本には一五代について分注の形で没年を干支で記す。これを『日本書紀』（『紀』）と比べると、安閑《あんかん》・用明・崇峻・推古は没年は一致し、安閑を除くと没月まで一致する。敏達が一年違い、継体は四年の相違、雄略が一〇年相違するが、允恭は『記』四五四年と『紀』四五三年でほぼ一致する。およそ六世紀に入ると、大王の没年はほぼ近似し一定の根拠があったことを示す。つまり、『記』崩年干支は、『紀』とまったく一致しないながら近似する没年が書き込まれており、何らかの素材が伝えてきた没年を『紀』を引き写すのではなく記入したものと考えることができる。允恭以降のおおまかな一致は、倭国王の没年についての記録の存在とその信憑性を示す。

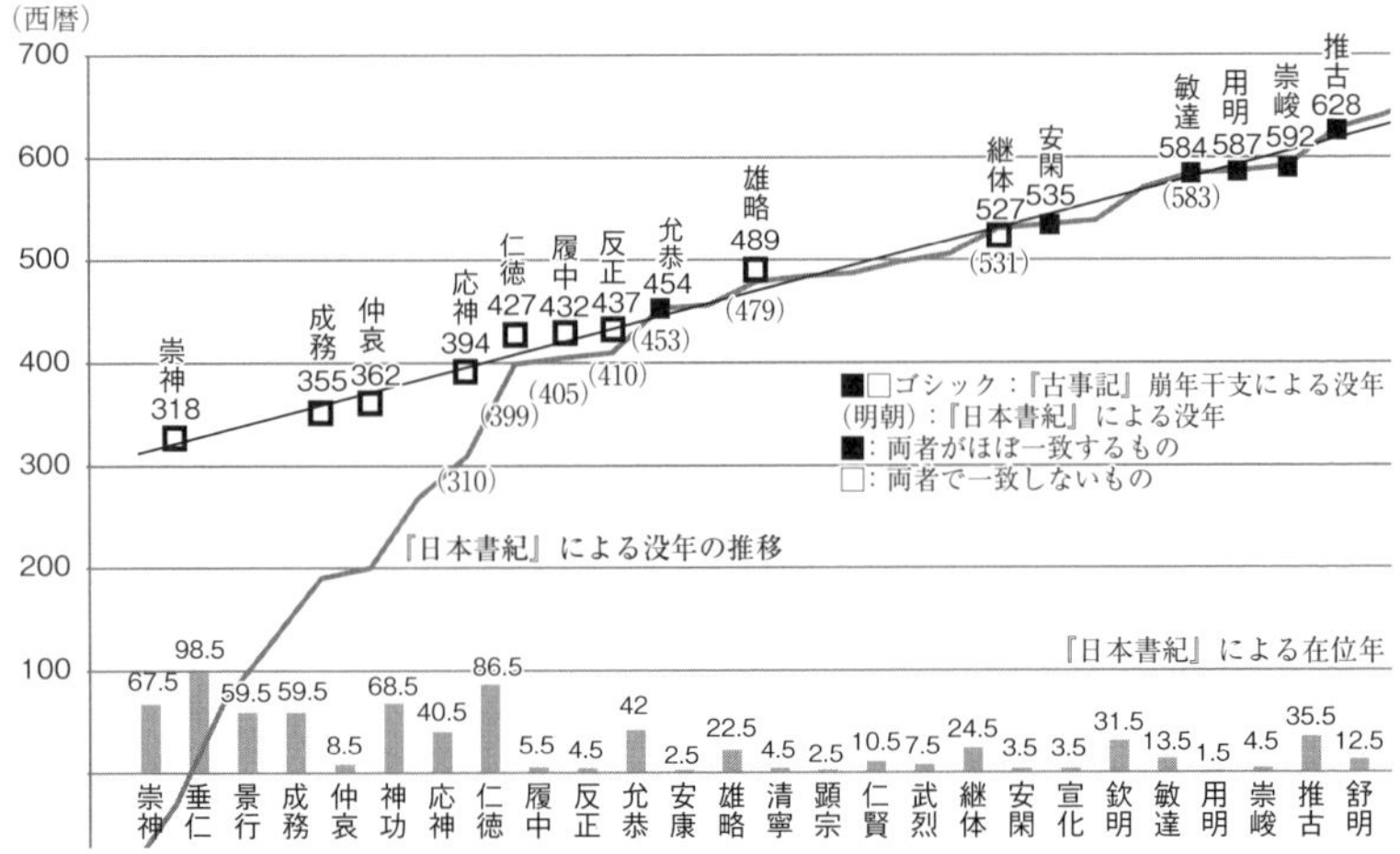

図3　『古事記』と『日本書紀』による倭国王没年

『紀』は神武即位を紀元前六六〇年とするため引き延ばすが、『記』没年との差が開き始めるのは反正以前である。允恭の没年は『記』とほぼ一致するが、『紀』は允恭紀年を引き延ばし四二年とするため乖離が始まる。允恭元年は実際より古くなり、これにより反正没年もさかのぼり、在位年の長い倭国王によりさらに乖離が大きくなる。これに対し、『記』崩年干支は、反正（四三七年）・履中（四三二年）・仁徳（四二七年）・応神（三九四年）・仲哀（三六二年）・成務（三五五年）・崇神（三一八年）についても、五世紀後半から七世紀までの平均在位年の傾きの延長に位置する。『紀』の在位年が途中から作為が明確になることと異なり、『記』崩年干支には不自然さはない。允恭より前の『記』崩年干支についても、允恭後のそれが一定の信憑性をもつことと同様に考えてよいことを示すであろう。

（2）河内政権期の倭国王在位年の枠組み

『紀』では応神の在位は二七〇（庚寅）年～三一〇（庚

午）年の四一年である。しかし、応神三年条に百済・阿花王の即位記事があり、これは三九二年に相当し、応神八年条の王子直支の来倭は三九七年、応神一六年条の阿花王没は四〇五年で、『紀』編者は応神元年が三九〇（庚寅）年であることを示す。応神の即位年は、元年を庚寅年であることを維持し、二運《めぐり》一二〇年古くしたと理解できる。

一方、河内政権期の終末であるが、『紀』では継体の在位を五〇七年～五三一年とする。しかし実際の没年は『記』の丁未年（五二七）と考えられる。というのは、次代の安閑の没年が記紀で一致し五三五年であるが、その安閑未完墓である河内大塚山古墳がある程度まで造営され、埴輪生産も進んでいることから、継体没年は四三一年でなく四二七年と考えることが適当である。

継体の紀年（在位年）は二五年で、『記』没年である五二七年を末年とすると元年は五〇三年となり、隅田八幡鏡（和歌山県・隅田八幡社蔵）の癸未年となる。五〇二年に百済王となった斯麻（武寧王）が、翌年、倭のヲホド王に鏡を送ったとみられているが、それはヲホド王が五〇三年に倭国王に即位したからであると考えることができる。継体在位は五〇三年から五二七年の二五年であろう。継体元年を五〇七年とするのは、河内政権最後の「曰十大王」（仁賢《にんけん》）が五〇六年まで神聖王であったからであると思われる。

三九〇年の応神即位後、河内政権最後の仁賢が没する五〇六年までの間、二王並立状態が継続していた。その間の実時間は一一七年であり、ほぼ一二〇年間となる。この間、二王が並立しており、それぞれが約一二〇年間在位しているので、そのことを示すために、応神元年を一二〇年引き延ばし、仁賢没までを約二四〇年間としたと説明することができる。

実際には、この一二〇年の引き延ばしは、雄略即位前の範囲で処理されている。応神即位の三九〇年から雄略即位の四五七年の前年までは六七年である。しかし応神元年を二七〇年に設定し、そこから雄略元年の前年までの一八七年間を、応神四一年＋空位年二年＋仁徳八七年＋履中六年＋反正五年＋空位年一年＋允恭四二年＋安康三年とする。このため応神・仁徳・允恭は紀年が延長され、逆に履中・反正は実際の在位年より短くなっている。雄略即位の四五七年から仁賢没の五〇六年までは、実際の経過年数を変えず、在位年数で調整しているようである。

（3）「日継」の系譜

倉西裕子は、『日本書紀』と『古事記』の性格差を明らかにしている。『紀』は、王位に就くことを「即天皇位」と表現し、「あまつひつぎしろしめす」地位とする。「日継」は、皇祖（皇孫ニニギ）の祖霊を引き継ぎ、神祇・祭祀を担う王であり、『紀』はこの地位にあった者を〈天皇〉とする。一方『記』は、王位に就くことを「〇〇命《（王）》座〇〇宮治天下」と表現し、「あめのしたしろしめす」地位とする。天下を治める政治的権限を行使する王であり、『記』はこの地位にあった者を〈天皇〉とする。両者の相違は、倭国王が二人いたことの傍証となろう。

そして、倭国王を「治天下」の地位として位置づけ表記する『記』のなかで、宇治（応神皇子）―允恭―木梨（允恭皇子）―清寧が例外的に「日継」とされているとの指摘は重要である。これは神聖王位の系譜を示すと考えることができる。なお、飯豊（履中皇女か）も「日継知らさむ王」として擁立され、仁賢についても顕宗《けんぞう》没後に「天津日継を知らしき」とあるので、これに加えることができる。

（4）允恭の在位期間と反正

以下も、河内政権期の倭国王の在位年に関する倉西裕子の重要な指摘である。

（a）允恭末年は『紀』では四五三年（癸巳）一月一四日、『記』崩年干支は甲午年（四五四）一月一五日で、一年違いで没月および日付もほぼ一致する。実際には『記』崩年干支から四五四年一月に没したと考えられ、『紀』はこの年を安康元年とし、前年を允恭末年と編年したと理解できる。

（b）允恭五年七月の地震の前に記事のある反正のモガリは、反正の実際の没年を示すと考えられる。反正没年は『記』崩年干支では丁丑年（四三七）であり七月という没月も近似する。允恭五年が四三七年とすれば、允恭元年は四三三年となる。また、そうすると、允恭没年の四五四年は允恭二二年にあたり、允恭二三年に木梨の立太子記事があり、王位継承を示唆することと整合する。以上により、允恭の在位年は四三三年から四五四年と考えられる。

（c）允恭即位年が四三三年であるとすると、『記』崩年干支の履中没年である壬申年（四三二）一月三日と接続する。ただし『紀』の履中没月日は三月一五日である。

（d）反正没年が允恭五年にあたる四三七年であり、允恭即位前の空位年一年、反正在位五年を加え、反正元年を求めると四二七年となり、『記』崩年干支の仁徳没年である丁卯年（四二七）八月一五日と接続する。ただし『紀』の仁徳没月日は一月一六日である。

（5）倭国王在位年のまとめ

なお、『紀』では雄略元年は四五七年、末年は四七九年とするが、『記』崩年干支の四八九年を採るべきである。ここまでの議論により、河内政権期の倭国王で在位期間がほぼ確実であるのは、応神（三九〇～三九四年）、反正（四一七～四三七年）、允恭（四三二～四五四年）、雄略（四五七～四八九年）である。これ以外については次節で言及する。

四　古市・百舌鳥古墳群の被葬者

以上の前提をもとに、ここから、古市・百舌鳥古墳群に築造された倭国王墓の被葬者について、ひとつひとつ検討を加えることにしよう（図4）。

津堂城山古墳は応神墓　三九〇年即位、三九四年に没した応神の墓は、四世紀後葉に位置づけられる執政王墓である津堂城山古墳（史跡・藤井寺陵墓参考地）と考えられる。応神元年は三九〇年で、わずか五年の在位であるが、応神の活躍期は佐紀政権後半期の四世紀後半にあり、大阪湾岸からの半島派兵に従事することで河内における権力基盤を構築し、また葛城《かつらぎ》氏や吉備《きび》氏をはじめとする地域勢力との関係を構築し、佐紀の王を倒すクーデタを成功させたのが晩年だったからであろう。

『延喜式』では応神墓は志紀郡の「恵我藻伏崗陵《えがのもふせのおかのみささぎ》」で、兆域は五町四方とあるので、七世紀末の

『紀』編纂および祭祀対象選定に際し、誉田御廟山古墳（現応神陵）にあてたと考えてよいが、五世紀前半の誉田御廟山古墳は三九四年に没した応神の墓ではない。河内政権の始祖である応神の墓を、列島第二位の御廟山古墳にあてたと考えるほかはない。

大仙古墳は允恭墓　四三三年即位、四五四年に没した「日継」允恭の墓は、ＯＮ46型式の須恵器を出土し四五〇年前後に位置づけられる神聖王墓である大仙古墳（現仁徳陵）と考えられる。

履中系と允恭系の対立論と、倭の五王の珍と済の続柄不記載は整合性をもち、反正（倭王珍）に対し、別系譜の允恭（倭王済）の登場により河内政権内の主導権は転換する。各地の有力首長墓のあり方からも、河内政権の主導権交替にともなう優劣変化を確認できる。

こうした優劣交替は倭国王墓のあり方に反映するはずであり、それが上石津ミサンザイ古墳・誉田御廟山古墳という二基の執政王墓が最大規模墳であったものが、神聖王墓の大仙古墳が逆転することに対応する蓋然性が高い。これは允恭が「日継」で大仙古墳が主系列墳であることとも整合する。

『延喜式』では仁徳墓は大鳥郡の「百舌鳥耳原中陵《もずみみはらなかのみささぎ》」で、兆域は八町四方とあるので、七世紀末の『紀』編纂および祭祀対象選定に際し、大仙古墳（現仁徳陵）にあてたと考えてよいが、五世紀中頃の大仙古墳は四二七年（あるいは四三二年）に没した仁徳の墓ではない。列島第一位の大仙古墳を、聖帝として描く仁徳の墓にあてたと考えるほかはない。

誉田御廟山古墳は反正墓　四二七年即位、四三七年に没した反正の墓は、ＴＫ73型式期とみられる五世紀前半の執政王墓である誉田御廟山古墳（現応神陵）と考えられる。

『延喜式』では反正墓は大鳥郡の「百舌鳥耳原北陵」とし、「中陵」との関係から田出井山《たでいやま》古墳にあてたのかもしれないが、五世紀後半に下る田出井山古墳は四三七年に没した反正の墓ではない。

上石津ミサンザイ古墳は履中墓　後述するが、誉田御廟山古墳に後続する執政王墓である市野山古墳は市辺墓と考えられる。執政王墓の被葬者は、津堂城山古墳がホムダワケ（応神）、誉田御廟山古墳がミズハワケ（反正）と考えられ、市野山古墳がイチノベオシハワケとすれば、「ワケ」という名辞でつながる系譜として理解することができ、これにより応神と反正の間の執政王墓である上石津ミサンザイ古墳の被葬者はイザホワケ（履中）と推測される。

履中の没年は後述のように実際は四二七年と推測するが、その履中の墓は、五世紀前葉に位置づけられる執政王墓である上石津ミサンザイ古墳（現履中陵）と考えられ、現治定は妥当である。なお、『延喜式』では履中墓は大鳥郡の「百舌鳥耳原南陵」で、兆域は五町四方とあり、七世紀末の『紀』編纂および祭祀対象選定に際し、正しくミサンザイ古墳にあてたと考えられる。

仲津山古墳は仁徳墓　津堂城山古墳に後続する王墓が、執政王墓である上石津ミサンザイ古墳と神聖王墓である仲津山古墳である。執政王墓である上石津ミサンザイ古墳が、イザホワケすなわち執政王とみられる履中の墓と考えられるので、神聖王墓である仲津山古墳の被葬者は仁徳であろう。

仲津山古墳は大仙古墳の前の神聖王墓であるので、仁徳は允恭の前の神聖王と考えられる。しかし、允恭の即位年である四三三年に対して、『古事記』崩年干支では仁徳没年は四二七年であり、むしろ履中の没年である四三二年と接続する。しかしここまでの二人の倭国王の存在と、これに対応する二系列の倭国王墓の理解からすると、允恭即位前年の壬申年（四三二）にあたる履中の没年は、実際には仁徳の没年ではないかと憶測される。逆に、実際の履中の没年は、『記』で仁徳の没年とする丁卯年（四二七）であるとみたい。これは仁徳の在位年のなかに履中の在位年が完全に含まれるため、仁徳―履中という王統譜の順序のなかで、履中の在位を示すために、『記』において両者の没年を入れ替えたと推測する。『紀』では仁徳の没月日を一月一六日とするが（『記』八月一五日）、これは『記』の履中没月日である一月三日に近い（『紀』三月一五日）。

応神の詔《の》り分けにおいて、宇治が日継となり、仁徳は執政者とされるが、実際には仁徳が「日継」すなわち神聖王となり、履中が執政王となる分担であったと思われる。

以上により、『記』崩年干支の四二七年でなく実際には四三二年没と推測する仁徳の墓は、ミサンザイ古墳と同じ五世紀前葉に位置づけられる仲津山古墳（現仲姫陵）と考えられる。

なお、古市・百舌鳥古墳群の埴輪による一〇期区分において、仲津山古墳は第2期に、上石津ミサンザイ古墳は第3期とされ、図1ではそれにしたがって配列しているが、従来は同一時期とされており、最新の一〇期区分における第2期と第3期を区分する根拠は明瞭ではない。

市野山古墳は市辺墓　大仙古墳（ON46型式期）に後続するTK208型式期には、神聖王墓である土師ニサンザイ古墳と執政王墓である市野山古墳が存在する。

誉田御廟山古墳の次の執政王墓である市野山古墳は、本来の一五〇歩規模に縮小する。市野山古墳の被葬者は五世紀中頃の執政王であり、ふさわしいのは市辺である。『播磨国風土記』に「市辺天皇」

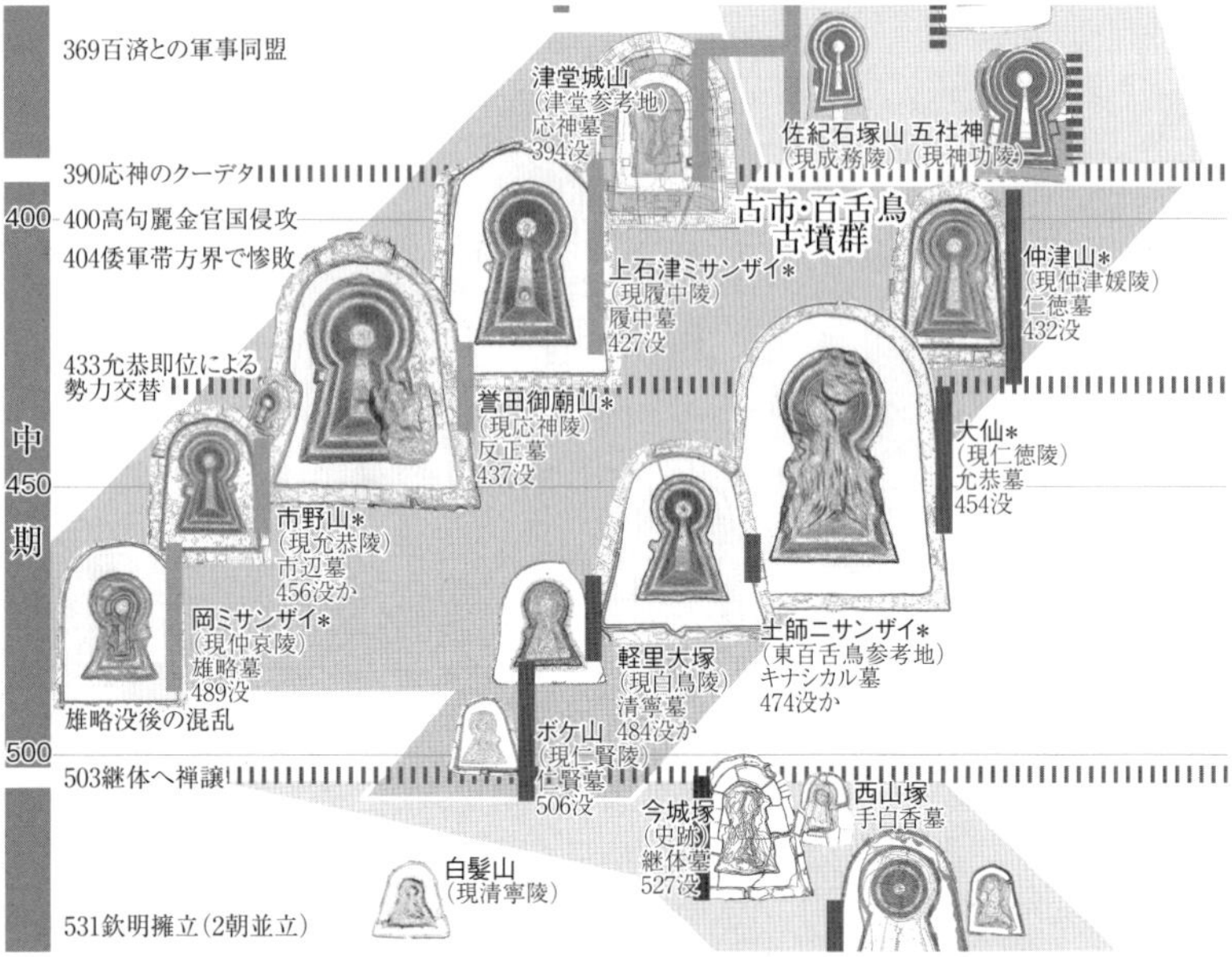

図４　古市・百舌鳥古墳群の倭国王墓の被葬者案
（＊は百舌鳥・古市古墳群世界文化遺産登録推進本部会議提供）

とあり、『日本書紀』顕宗即位前紀にも「治天下」と表記され、四三七年の反正没後の執政王であったと考えられる。允恭没後も執政王であり続け、四五六年に雄略に殺害されたと理解することができるだろう。

以上により、四三七年に即位し、四五六年に没した市辺の墓は、ＴＫ208型式の須恵器を出土し五世紀第３四半期に位置づけられる市野山古墳（現允恭陵）であると考えられる。

土師ニサンザイ古墳は木梨墓　市野山古墳と近接する時期の土師ニサンザイ古墳は、允恭後の神聖王墓であり、日継の系譜から被葬者は木梨と考えられる。木梨は允恭二三年の四五五年に立太子し、允恭四二年（四七四）に没しており、これを在位期間と考えることができる。

四五五年に即位し、四七四年に没したと思われる木梨の墓は、ＴＫ208型式の須恵器を出土し五世紀第３四半期に位置づけられる土師ニサンザイ古墳（東百舌鳥陵墓参考地）であると考えられる。

岡ミサンザイ古墳は雄略墓　雄略の在位期間は四五七年から四八九年の三三年におよぶ。雄略は市辺を殺害して王位に就いており、これは本来神聖王系である允恭系が執政王位をも奪うことであったとみられる。市辺墓とみる市野山古墳に後続する執政王墓が岡ミサンザイ古墳である。

以上により、四五七年に即位し、四八九年に没した雄略の墓は、埴輪から五世紀末葉に位置づけられる岡ミサンザイ古墳（現仲哀陵）であると考えられる。『延喜式』では雄略墓は丹比郡の「丹比高《たじひのたか》鷲原《わしのはら》陵」で、現在、島泉丸山《しまいずみまるやま》古墳にあてられているが、直径七五メートルの円墳であり雄略の墓とは考えられない。なお、岡ミサンザイ古墳はのちの丹比郡野中郷の範囲に含まれると考えられる。

軽里大塚古墳は清寧墓　軽里大塚古墳（現日本武尊白鳥墓）は、土師ニサンザイ古墳に後続する神聖王墓で、ＴＫ23型式の須恵器から四七〇年代から四八〇年代と考えられる。

清寧は、「日継」の系譜から、四七五年没と推測する木梨の後の神聖王と考えられる。『紀』では雄略末年四七九年のあと四八〇年に即位し四八四年没となっており、『記』崩年干支はない。雄略の没年は四八九年と考えられ、『紀』が末年を四七九年に繰り上げるのは、雄略の在位年のなかに清寧の在位年が完全に含まれるからであろう。清寧の没年は四八四年であったとみておきたい。したがって、清寧の在位期間は四七五年から四八四年と推測され、大塚古墳の年代と矛盾はない。

以上により、四七五年に即位し四八四年に没したと推測する清寧の墓は、ＴＫ23型式期すなわち五世紀後葉に位置づけられる軽里大塚古墳と考えられる。『延喜式』では清寧墓は古市郡の「河内坂門《かわちのさかとの》原《はら》陵」で、現在、大塚古墳の西にある白髪山《しらがやま》古墳にあてられているが、時期は六世紀前半に下り、五世紀後葉に没した清寧の墓ではない。

墳丘長は約二〇〇メートルとなり、雄略墓である岡ミサンザイ古墳の方が二四〇メートルと大きく、執政王となった雄略は、清寧の神聖王墓の規模を自分の墓より縮小させたと考えられる。

ボケ山古墳は仁賢墓　四八九年没の雄略に先んじて、清寧が四八四年に没したとすると、雄略治世のなかで神聖王の継承問題が再び生じたことになる。『記』では清寧没後は飯豊王が継承し、市辺の子であるオホシ（オケ）王・ヲケ王が播磨国美嚢郡志染里《しじみのさと》で見いだされたとある。王統譜上は、顕宗（ヲケ王）と仁賢（オホシ王）が即位したとされるが、顕宗の実在について否定的にみることが一般的である（白石太一郎は、顕宗の「傍丘磐杯丘《かたおかのいわつきのおか》南陵」を香芝市狐井城山《きついしろやま》古墳とみており注意する必要があるが、古市・百舌鳥古墳群中に伝承されていない）。一方の仁賢については、山尾幸久は隅田八幡鏡の銘文にある「曰十大王」をオホシ王と読み仁賢にあてている。

河内政権末期の王は武烈でなく仁賢と考えられるが、仁賢は「日継」の系譜から神聖王と考えられ、雄略後には統治を担う執政王が不在となり、継体擁立に進むと考えられる。そして、継体元年を五〇七年とするのは、仁賢が五〇六年まで在位していたためと推測され（前述）、清寧の死没を待って継体は王位を一本化したと考えている。

ボケ山古墳は、五世紀末葉の岡ミサンザイ古墳に後続する時期にあたり、須恵器の資料は十分でないが六世紀に下ると推測され、仁賢没年と矛盾はない。

以上により、五〇六年没と推測される仁賢の墓は、六世紀前葉に位置づけられるボケ山古墳（現仁賢墓）と考えられ、現治定は妥当である。『延喜式』では仁賢墓は丹比郡の「埴生坂本陵《はにゅうのさかもと》」で、ボケ山古墳はのちの丹比郡に含まれる可能性が高い。

おわりに

以上、古市・百舌鳥古墳群の倭国王墓について、まず築造順序を提示し、次にこれらの暦年代を検討し各倭国王墓の時期を特定し、さらに倭国王の在位年に検討を加えた上で、両者をつきあわせて被葬者を考えてみた。倉西裕子が「日継」の系譜を明らかにしたことは重要であり、これに筆者の前方後円墳の二系列を対応させることによって、ここまでの言及ができるようになった。また被葬者を考えることで、ホムダワケ・イザホワケ・ミズハワケ・イチノベオシハワケという、「ワケ」の名辞で結ばれる系譜が執政王の系譜であるとの見方ができるようになった。

こうした筆者の理解には反論も当然あるだろう。考古学の側からは津堂城山古墳の年代、すなわち古墳時代中期の開始年代についての異論が予想され、四世紀後半にさかのぼるとなると、倭国王墓の年代全体が上がり、以上の議論が破綻する。とくに陶質土器にともなう木製品の年輪年代にもとづき、須恵器の年代観を引き上げる理解が進んでいるが、筆者はそこまではさかのぼらないと考える。この点は、年代の定点になる新出資料を期待しつつ引き続き考えていきたい。

一方の倭国王の在位期間の議論については、文献史側の批判に委ねたい。しかしその前に古墳時代に王が二人いるとの見方への反対が予想される。この点については、倉西の指摘した『古事記』と『日本書紀』での倭国王位の捉え方の違いは重要であり、かつて性格の異なる二王が並立していた証拠になると考えている。文献史側の反応を期待している。

本章における検討結果は、古市・百舌鳥古墳群の倭国王墓について、現在の治定が妥当であるのは、上石津ミサンザイ古墳（現履中墓）とボケ山古墳（現仁賢墓）にとどまる。応神・仁徳・反正・允恭・雄略・清寧は誤っている。列島最大規模の大仙古墳は仁徳墓でなく允恭墓である。とくに大仙古墳が五世紀中頃に位置づけられることは、多くの研究者が認めるところであろう。『古事記』崩年干支による仁徳没年四二七年（筆者は四三二年とみる）と矛盾することは、森浩一の指摘以来支持されており、須恵器の出土で確定的となったといえる。

現治定にはこうした疑義が多く、特定の被葬者を冠する名称を避け、現地名等による古墳名を採用すべきことを森浩一は提起した。こうして「大仙古墳」の名称が定着してきた。それが世界遺産への推薦にむけて覆され、「仁徳天皇陵古墳」という名称が復活した。筆者はこれにもちろん反対である。「いま宮内庁が仁徳天皇陵としている古墳」という意味で用いると説明されても、納得するわけにはいかない。むろん世界遺産をめざすことに反対するわけではなく、それにふさわしい文化遺産であると考えている。

世界遺産に推薦するとなると、仁徳天皇陵として管理する宮内庁の合意が必要であり、やむをえないとの立場も理解できる。しかし、世界遺産とする価値づけ、その真実性の根幹は、考古学研究にもとづく内容の整理や意義づけである。それは被葬者の固有名がなくとも変わらないはずである。けれども、構成資産名を「仁徳天皇陵古墳」としてしまえば、積み上げてきた調査研究と相違するものとなる。学術的な価値づけをふまえ、現行管理者との調整をはかるというのが順序であろう。構成資産の名称について、学界側の理解と宮内庁の治定は容易にはあい入れないであろう。なんとか、もっと熟慮と、徹底した議論を重ね、歩み寄れる合意形成を探る努力を望みたいものである。

〔参考文献〕

諫早直人『東北アジアにおける騎馬文化の考古学的研究』（雄山閣、二〇一二年）
岸本直文「前方後円墳の2系列と王権構造」（『ヒストリア』二〇八、二〇〇八年）
岸本直文「後・終末期古墳の「治定」問題」（『季刊考古学』一二四、二〇一三年）
倉西裕子『日本書紀の真実』（講談社選書メチエ二七〇、二〇〇三年）
酒井清治「須恵器生産のはじまり」（『国立歴史民俗博物館研究報告』第一一〇集、二〇〇四年）
白石太一郎編『近畿地方における大型古墳群の基礎的研究』（平成一七年度〜平成一九年度 科学研究費補助金（基盤研究（A））（研究代表者 白石太一郎）研究成果報告書、奈良大学文学部、二〇〇八年）
申敬澈「金官加耶土器の編年——洛東江下流域の前期陶質土器の編年——」（『伽耶考古学論叢』三、二〇〇〇年）
安村俊史『群集墳と終末期古墳の研究』（清文堂、二〇〇八年）

第4章　王統譜の成立と陵墓

仁藤敦史

はじめに

古代の王墓は、ピラミッドや秦の始皇帝陵を典型とするように巨大な築造物として作られた。日本の古代もこの例外ではなく、「大仙古墳（伝仁徳陵古墳）」は巨大な前方後円墳として築造された。国家形成期の未熟な権力段階において特有な巨大な王の墓を築造することは、王の権力を可視的に示す点で重要であったと考えられる。

反対に、官僚制や文書行政が発達した律令国家段階になると、王の墓を巨大化することは重要視されなくなる。しかし、王の墓は、皇祖らの墓を定めることにより「万世一系」を目に見える形で示す「陵墓」として新たな意味を付与されて顕彰されることになった〔都出二〇〇〇〕。とりわけ重要なのは『古事記』『日本書紀』を経由して最終的には『延喜式』に規定された陵墓古墳群と、現実に存在する古墳群における巨大前方後円墳のあり方が基本的に異なる体系として存在し、祭祀の非連続性も含めて、両者には明らかに時代的な断絶が存在したことである。巨大古墳の被葬者に対して、「記紀」

に記された天皇の墓域を素朴に当てはめることの困難さがここに存在する。陵墓名称の複雑さもまさにこの点に由来している。

死んだ王を神格化して祭る場所である王墓が、どのように生み出され、それが後にどのように再編され、利用されたかを考えることは歴史学の大きな課題の一つである。本章では、こうした日本古代における巨大前方後円墳の築造から、律令国家により体系化された陵墓古墳への転換のプロセスを文献史学の立場から考察したい。

一　古代の陵墓制度

(1) 律令国家の都城における古墳の破壊

古代国家の都城においては、原則として京内では、律令により古墳の築造を禁止した。

養老喪葬令《そうそうりょう》 9皇都条

凡そ皇都及び道路の側近は、並びに葬り埋むること得じ。

喪葬令皇都条によれば、京内と道路の側近には死者を埋葬することが禁止されていた。このため、新たな陵墓は京外に置かれ、京内は原則として官人の宅地として位置づけられ、水田や葬地は京外に配置されるという厳密な空間規制が設定された。このため旧来からの古墳は都城の内部に位置する場合は、手厚い改葬が命令されてはいるものの、しばしば削平され、破壊された。七世紀後半以降、難波長柄豊崎宮《なにわながらとよさきのみや》、藤原京、平城京などの造営においては、しばしば宮内や京内に含まれた古墳が破壊されたことが明記されている。

『日本書紀』孝徳紀白雉元年（六五〇）一〇月条

宮地に入れむが為に、丘墓《はか》を壊《やぶ》られ及遷《またうつ》されたる人には、物賜うこと各差《しな》有り。

『日本書紀』持統紀七年（六九三）二月己巳条

造京司衣縫《きぬぬい》王等に詔して、掘《ほりだ》せる尸《しかばね》を収めしむ。

『続日本紀』和銅二年（七〇九）一〇月条

造平城京司、若し彼の墳隴《つか》、発《あば》き掘られれば、随埋《うず》み斂《おさ》めて、露《あらわ》し棄てしむること勿《なか》れ。普く祭酹《さいらい》を加えて、幽魂を慰《なぐさ》めよ。

これらの法的命令にともなう具体的事例として藤原（新益《あらまし》）京では、四条大路の西への延長線上に位置したため、一辺二九メートルの方墳である四条《しじょう》古墳が削平されている。また平城京では墳丘長約二五〇メートルに復元される巨大前方後円墳であった市庭《いちにわ》古墳（平城天皇陵）の前方部が同じく削平されている。また、大極殿近くには墳丘長約一〇〇メートルの神明野《しめの》古墳が平城京以前に存在したことも知られている。

こうした措置は、旧来の巨大古墳と陵墓が異なる体系であり、新たに選択された陵墓古墳のみが祖先祭祀の対象として位置づけられたことを端的に示している。

（2）陵墓制度の成立

律令制下において、陵墓は治部《じぶ》省被官の諸陵司《しょりょうし》が管理することになっていた。その職掌は、陵墓や陵戸《りょうこ》を管理し、葬礼のことを掌った。陵戸は山陵の守衛と清掃・修理を職掌とする。

養老職員令《しきいんりょう》19諸陵司条

正《かみ》一人。（掌らんこと、陵を祭らんこと、喪葬凶礼、諸の陵戸のこと、及び陵戸の名籍の事）佑一人。令史一人。土部《はじべ》十人。（掌らんこと、凶礼を賛《たす》け相《みちび》かんこと。員の外《ほか》は臨時に取りて充てよ）使部十人。直丁一人。

この官司は天平元年（七二九）八月以降は、諸陵寮に格上げされ、当初の正・佑・令史の三等官構成から頭・助・大允・少允・大属・少属の四等官の構成に拡充されている。

さらに平安時代の『延喜式』諸陵式には、陵墓をどのように維持管理するのかの細則が規定されている。諸陵式後半の五条を除けば、基本的には以下のような陵墓条という陵墓一覧で構成され、その記載様式は、陵墓の名称、被葬者、所在の国郡、兆域の面積、陵戸守戸数などが内容となっている。

檜隈大内陵（飛鳥浄御原宮に御宇しし天武天皇。大和国高市郡にあり。兆域、東西五町、南北四町。陵戸五烟）

記載の順番は七三陵・四七墓を当代の天皇からみた親疎により、遠陵（六三陵、神代三陵を含む）・近陵（一〇陵）・遠墓（三九墓）・近墓（八墓）に分類している。山陵には陵戸五戸、有功臣墓には墓戸《ぼこ》三戸を置き（陵戸墓戸条）、毎年一二月に荷前《のさき》と呼ばれる奉幣《ほうへい》をおこない（奉幣陵墓条）、毎年二月には官人による巡検が定められている（官人巡検条）。

大王と有力豪族との違いが、同じ前方後円墳においては規模の差でしか表現されなかった古墳時代に対して、天皇の超越性と歴代天皇の連鎖を示すために、他の王族や上級貴族の墓とは質的に区別して、国家が維持管理する「陵」として限定的に位置づけられたことが相違点として指摘できる。限られた過去の王墓を再編して、国家祭祀により陵墓を「目で見る王統譜」として活用した点が前代とは大きく異なっている。こうした転換は、どんなに早くとも理念的には王族や臣下の造墓を制限した「大化の薄葬令」以前にはさかのぼることができない。

(3) 大宝令の陵戸

大宝令段階の人員を規定した『令集解』古記《こき》所引の「官員令別記《かんいんりょうべっき》」によれば、陵戸には、常陵《じょうりょう》守《しゅ》と借陵守《しゃくりょうしゅ》、常墓守と借墓守の別が存在し、その総数は常陵守と常墓守は八四戸、借陵守と借墓守は一五〇戸（ただし国別の内訳合計は一四九戸で一致しない）とある。

『令集解』職員令19諸陵司条古記所引「官員令別記」

常陵守及び墓守、幷せて八十四戸。倭国卅七戸、川内国卅七戸、津国五戸、山代国五戸。調・徭を免ずるなり。公計帳の文、納めること莫かれ。別に計帳を為すなり。借陵守及び墓守、幷せて百五十戸。京二十五戸、倭国五十八戸、川内国五十七戸、山代国三戸、伊勢国三戸、紀伊国三戸。右、件の戸、公計帳の文に納め、而して借陵守と記すなり。

陵戸が置かれた国は、京・倭国・川内国・津国・山代国・伊勢国・紀伊国とあり、新益京（藤原京）と畿内・近国の六国に及ぶ。ここでは、恒常的な「常」陵守と墓守合計八四戸と一般公戸から臨時に期限付きで徴発される「借」陵守と墓守合計一五〇戸の国別の内訳と扱いが記載されている。「京二十五戸」の記載について、単独では大宝令で左右京に分離する以前の段階、すなわち浄御原令段階とも解することができる。しかしながら、「別記」のなかには左右京の別を明記した記載もいくつか見られる。たとえば、神祇官御巫《みかんなぎ》については「左京生島一口、右京座摩一口」(神祇官条)の記載があり、百済手部・百済戸についても「百済手部十口、左京一番役五人」「百済戸十戸、左京六戸」(内蔵寮条)、「百済手部十戸、左京八戸、右京二戸」(大蔵省条)などの記載がみえるので、全体としては浄御原令段階ではなく、大宝令段階の記事であることが明らかとなる。

さらに、陵墓守の戸数分析からは明らかに大宝令段階の施行細則であることが証明できる。「別記」にみえる「常陵守及墓守」と「借陵守及墓守」の合計は、倭国が九五戸、京が二五戸で合計一二〇戸となる。この数値は、『延喜式』諸陵寮にみえる大宝令以前に埋葬された人物の大和国陵戸七陵二二戸、守戸一七陵八〇戸、および皇子女に対する墓戸五墓一四戸の合計一一六戸の数値に近似する〔今尾二〇〇六〕。途中の増減を考慮する必要はあるが、ほぼ同数であることを前提とするならば、基本的な構造には変化がなかったことになる。

陵と墓の区別について、養老喪葬令1先皇陵条の古記は「即位の天皇以外、皆悉く墓と称す」とあり、「墓守」の名前は大宝令の注釈である「官員令別記」に見えるとの注目すべき記載がある。古記によれば、大宝令では即位の天皇以外は、たとえ三后や皇太子であっても皆墓と称することとなった。これより以前、浄御原令制下の持統五年(六九一)には「自余の王等の有功者《ゆうこうしゃ》」に対して「陵戸」が三戸与えられたが、大宝令制下の天平六年（七三四）には、「功有りし王の墓」とあり、大宝令を画期として王陵から王墓に格下げされたことが確認できる。そもそも持統五年段階の「有功者」に功臣が含まれていないことは、「功有りし王の墓」の表記や壬申の功臣に対してこうした配慮がなされていないこと、有功臣墓の初例は律令制下の藤原不比等以降であることからも確認され、「官員令別記」が対象とした「墓」は王族に限定されることとなる〔北一九九六〕。したがって、「別記」にみえる「常墓守」と「借墓守」の対象者は「功有りし王」にすでに限定されており、古記が「即位の天皇以外、皆悉く墓と称」した大宝令段階の施行細則となっていることが判明する。

　そのうえで「京二十五戸」の記載に注目するならば、いずれも「常」陵墓守ではなく、臨時的な「借」陵墓守であることが留意される。大宝令の施行により、藤原京においては、左右京職《きょうしき》への分化、東西市の設定、京職史生の設置、京戸の籍帳把握、藤原宮内官衙の改造、郡域と京域の領域的整合化などについて大きな質的転換をもたらした。郡郷の設定において岸俊男が推定した藤原京域が境界となることはすでに指摘したことがあるが〔仁藤一九九九〕、京と葬地の関係についても新たに大宝喪葬令皇都条に、「凡そ皇都及び大路の近辺は、並に葬り埋ること得じ」と規定された。ここでは、皇都（京内）と大路（官道）側近への死者の新たな埋葬を禁止している。

　「京二十五戸」が「借」陵墓守とあることからすれば、藤原京においても伝承的な始祖王たる「神武陵」の設定に典型的なように、岸説藤原京の「京外」たる畝傍山周辺に京戸から抽出されて「借陵守」として陵墓への奉仕が期限付きで新たに義務化されたものではなかろうか。これらの陵墓がいずれも伝説的天皇（神武・綏靖・安寧・懿徳・孝元の五陵で二五戸に相当）であるのは偶然ではなく、天武・持統合葬陵の設定なども連動して皇都と陵域の差別化を大宝令段階で意図したものと考えられる。皇都を守護するため、伝説的な始祖王たちの墓域を京の隣接位置に意図的に設定したと推測される〔仁藤二〇〇六〕。

神武《じんむ》天皇―畝傍山東北陵（陵4）　―大和国高市郡
綏靖《すいぜい》天皇―桃花鳥田丘上陵（陵5）　―大和国高市郡
安寧《あんねい》天皇―畝傍山西南御蔭井上陵（陵6）―大和国高市郡
懿徳《いとく》天皇―畝傍山南纖沙上陵（陵7）　―大和国高市郡
孝元《こうげん》天皇―剣池嶋上陵（陵11）　―大和国高市郡
（陵の番号は延喜式の順）

のちの事例だが、陵墓リスト決定以後に遷都したため平城京内に位置することになった開化天皇陵について、「楯列山陵守丁、闕《か》くるに随い、京戸幷びに浪人を差《つか》わすを聴《ゆる》す。当土に人無きを以て差課するなり」（『続日本後紀』承和一〇年五月一五日条）とあり、『延喜式』諸寮式にも「左京の戸十烟を以て、毎年差し充てて守らしめよ」とあるように、京戸からの「借」陵守の徴発がされているのは参考となる。

（4）持統期の陵戸設定

陵墓制度の成立において大きな画期は、持統三年（六八九）から同五年（六九一）にかけての一連の政策であったと考えられる。とりわけ、持統三年の浄御原令の施行、および持統四年の庚寅年籍《こういんねんじゃく》の作成をうけて、持統五年に施行された陵戸の制度が画期となる。

『日本書紀』持統三年（六八九）六月庚戌条

諸司に令一部廿二巻を班《わか》ち賜う。

『日本書紀』持統四年（六九〇）九月乙亥朔条

諸国司らに詔して曰《のたま》わく、凡そ戸籍を造ることは、戸令に依れ。

『日本書紀』持統五年（六九一）一〇月乙巳条

詔して曰《のたま》わく、凡そ先皇の陵戸は、五戸より以上を置け。自余の王等の有功者には、三戸を置け。若し陵戸足らずは、百姓を以ちて充て、其の徭役を免《ゆる》し、三年に一たび替へよ。

浄御原令の戸令が施行されることにより、一般良民とは区別された賤身分の特殊籍に属する陵戸が法的に設置されることになった。

養老喪葬令1先皇陵条

凡そ先皇の陵は、陵戸を置きて守らしめよ。陵戸に非ずして守らしめば、十年に一たび替へよ。

持統五年の詔は、その本文が「凡」で始まっていることから、浄御原令にも存在したと推定される右の喪葬令1先皇陵条と対応した式的な補足規定として位置づけることが可能である。

ここで重要なのは、山陵のリストが新たに作成されて、それに対応する陵戸（守戸）が設置されたことである。すでに『古事記』には「帝紀」に記載されていたであろう推古天皇の「科長大陵」までの天皇陵のリストがあり、『日本書紀』にも天武天皇の「大内陵」までが記載されているので、持統五年段階にはこれらの「帝紀」によるリストを基礎として山陵リストが作成できたことになる。すでに指摘があるように「帝紀」を基礎史料とする『古事記』と『延喜式』は、神武から開化までと、継体以後の記載が基本的に類似し〔白石一九六九〕、先述したように神武・綏靖・安寧・懿徳・孝元などの天皇陵が基本的に藤原京周辺の大和国高市郡に位置していることなどを重視するならば、持統五年段階にこれらの神武や欠史八代（綏靖〜開化）などの陵の位置が陵戸の設定と連動して、新たに確定した可能性が指摘できる〔仁藤二〇一三〕。少なくとも同一地名を付す複数の陵墓の位置関係の区別を示す方位などの記載は、延喜陵墓式段階のもので、「帝紀」には記載がなかったことが指摘できる。

さらに「即位の天皇を除く以外は、皆悉く墓と称せよ」（『令集解』喪葬令1先皇陵条所引古記）とされた大宝令より以前においては、陵として扱われていた皇族の墓のうち、継体から天智にいたる血統に対応している部分（手白香皇女〔墓4〕・石姫〔墓6〕・広姫〔墓7〕・押坂彦人大兄皇子〔墓8〕・田村皇女〔墓9〕・大俣〈大伴は誤りとされる〉皇女〔墓12〕・茅渟王〔墓13〕・吉備姫王〔墓14〕）を重視するならば〔北一九九六〕、いずれも持統に収斂される父母双系の直系尊属となるので、やはり天智の娘である持統の執政期に、『延喜式』に継承されるその大枠が決定されたものと推測される。

なお、『延喜式』には、継体期以降において記紀に伝承が見えない欽明の娘の世代の大伴皇女や石《いわ》前《さき》（磐隈《いわくま》）皇女の墓が存在すること、孝徳・天智の皇后の墓が見えないことを強調して、「帝紀」とは別系統の蘇我氏を尊重する古い資料により構成されたとする見解もある〔新井一九六六〕。しかしながら、大伴皇女は押坂彦人大兄皇子《おしさかのひこひとのおおえのみこ》の妻で茅渟王《ちぬおう》の母である大俣《おおまた》皇女の可能性が高く、石前皇女は、皇女でなく王女とあることを重視すれば、二世王の可能性が高く、磐隈皇女ではないとみるのが妥当であろう〔北一九九六〕。

また、孝徳と天智の皇后記載がないのは持統の血脈を強調する目的で除外されたと考える。すなわち、孝徳の皇后間人《はしひと》皇女は、天智・天武と同母であり王系を限定するために除かれたのであり、天智の皇后の倭姫《やまとひめ》は、持統の母蘇我遠智娘《そがのおちのいらつめ》との対比で意図的に除かれたものと考える。継体から天智にいたる血統が重視されたことはすでに『日本書紀』にも押坂彦人《おしさかのひこひと》大兄皇子を「皇祖大兄」、皇極を「皇祖母尊」、糠手姫《ぬかでひめ》（田村皇女）を「嶋皇祖母《しまのすめみおや》」、吉備姫王《きびひめのみこ》を「吉備嶋皇祖母」と特別に尊称していることと対応するので、記紀編纂と陵墓リストの作成が、関係しながら同時進行していたことが想定される。両者ともに歴代の王統譜とともに、現王統につながる母方を含む血縁継承の流れが尊重されており、持統期に収斂していることが確認される。

〔持統からみた血縁婚姻関係と陵墓記載〕

継体（陵30）＝手白香皇女（墓4）
欽明（陵33）＝石姫（墓6）
敏達（陵34）＝広姫（墓7）
押坂彦人（墓8）＝田村皇女（墓9）＝大俣王女（墓12）
茅渟王（墓13）＝吉備姫王（墓14）

舒明（陵38）（田村皇女の子）＝皇極・斉明（陵40）
天智（陵41）＝**（蘇我遠智娘・非皇女）＝倭姫×**
天武（陵42）＝持統（陵43）　（ゴシックは墓）

さらに、墓のリストには日本武尊《やまとたけるのみこと》・彦五瀬命《ひこいつせのみこと》・五十瓊敷入彦《いにしきいりひこ》・菟道稚郎子《うじのわきいらつこ》の四墓があるが、これも「旧辞」および「帝紀」の内容の確定により外征将軍や皇位継承などにおいて皇室に対する功績が認められた皇子が顕彰されたものと考えられる。すなわち、持統五年条の「自余の王等の有功者」の魁《さきが》け的な存在として、本来は陵として扱われていた王族のうちで、象徴的な意味を付与されて特に選択された墓であろう。

日本武尊　—能褒野《のぼの》墓（墓1）—伊勢国鈴鹿郡—東「伊勢国三戸」
彦五瀬命　—竈山《かまやま》墓（墓5）—紀伊国名草郡—南「紀伊国三戸」
五十瓊敷入彦—宇度《うど》墓（墓10）—和泉国日根郡—西「川内国五十七戸」のうち
菟道稚郎子—宇治《うじ》墓（墓11）—山城国宇治郡—北「山代国三戸」

いずれも「旧辞」的内容を前提に選択された伝承的性格が強い皇子たちの墓であり、墓の位置も大和国を中心に「四至畿内」を囲むような象徴的な意味を明らかに付与されており〔北一九九六〕、藤原京周辺に位置づけられた欠史八代の陵とは対照的な位置を占めている。持統五年条の「自余の王等の有功者」に対して「三戸」を置くとの規定に対応して、大宝令の補足規定たる官員令別記にも、四皇子墓の墓戸がいずれも三戸単位設定になっていることを重視すれば、その設置は持統五年まで遡る可能性が高い。ただし、これらはあくまで天武期以降の「帝紀」・「旧辞」の編纂が前提となる構想としなければならない。

以上によれば、浄御原令の施行に連動して、陵戸身分や徭役制度の確立を前提に、「帝紀」・「旧辞」的内容の確定により『延喜式』に継承される陵墓制度の大枠（陵墓名・兆域・陵戸など）が決定されたものと推測される。

二　王統譜の成立過程

(1) 世襲王権の成立と「帝紀」・「旧辞」

考古学における古墳編年と『延喜式』諸陵寮の序列が基本的に一致していることの理由として、陵戸以前に「ハカモリ」が存在し、被葬者についての伝承が存在したことを想定することも可能である。しかしながら、六世紀段階にひとまず成立する「帝紀」以外に体系的な資料群は存在せず、部分的に不正確で断片的な伝承が存在したにすぎないと考えられる。ちなみに『続日本後紀』承和一〇年（八四三）四月己卯条には、神功皇后陵と成務天皇陵を「口伝」により錯誤していたことが記されているように、すべてがリスト化された資料ではなく、必ずしも正確なものではなかった。

したがって、四・五世紀の天皇陵の比定には確実な原資料が存在したことを想定することはできず、七世紀後半において体系的な比定があらためてなされたと考えられる。文献史学の立場からすれば『古事記』にみられる陵墓記載がまとまった最も古い記載であり、六世紀の「帝紀」に記載されていたものを基本的に継承していると考えられる。

近年では、「帝紀」と「旧辞」を系譜と物語に峻別する議論は相対化されつつある〔吉村一九九三〕。もしそうだとすれば、津田左右吉《つだそうきち》以来の、記紀の原史料として「旧辞」と「帝紀」に二分し、「旧辞」（物語）は信頼できないが、「帝紀」（系譜）には伝承上の信頼性があるとの通説はそのままでは成立が困難となる。王位継承上の物語（歴代の「日嗣《ひつぎ》」＝皇祖等之騰極次第《とうきょくのしだい》）がすでに「帝紀」に含まれていたとすれば、「旧辞」に対する批判は「帝紀」にも当然及ぶことになり、「帝紀」の信頼性は低下する。当然ながら「帝紀」に記載された古い時期の陵墓名の記載についても信頼性は低くなる。

持統期以前において、陵墓制度を考える前提としてはまず欽明期以降における血縁継承の連続による世襲制の成立が大きな画期となる。欽明期以降において、大王位が一つの固定された王統により世襲されるという新たな段階は、継体期までの「外向きの軍事王」という体制（人格資質に卓越した王が異なる王系から選択される段階）とは異質な世襲王権段階にいたったことを示している。

こうした段階を端的に示すのは、『上宮聖徳法王帝説《じょうぐうしょうとくほうおうていせつ》』にみえる記載である。ここでは「右、五天皇は、他人を雑《まじえ》ずして天下を治める也」という表現により、祖としての欽明から敏達・用明・崇峻・推古の五代が他人をまじえることなく天下を統治したと説明される。この場合の「他人」とは欽明系以外の王系の大王を意味すると解釈される。王系の交替が常態であった継体期以前の段階から、欽明系王統が五代連続することにより、欽明を祖とする世襲王権の観念が生じたことを表現したものと考えられる〔仁藤二〇〇五〕。

（2）倭の五王と王系交替

五世紀の「倭の五王」段階において、すでにヤマト王権内部では、倭姓を対外的に主張できる集団は限定されつつあったが、その内部は複数の血縁集団から構成されており、継体即位のような王系の交替は必ずしも不自然でなかったと考えられる。倭姓は六世紀に成立する氏姓制よりも先行しており、百済王の余姓と同じく、複数の王系から選択された倭王の対中国関係における特殊な名乗りとして解釈される〔仁藤二〇一五〕。この段階においても対外的な外交・軍事活動の失敗により、新たに卓越した指導者を求めて王や王系を交替をさせうるという不安定性を絶えず内包していたと考えられる。

五世紀後半と考えられる稲荷山古墳《いなりやまこふん》出土鉄剣銘に刻まれた「上祖オホヒコ」から「児ヲワケ臣」にいたる八代の系譜については、父子継承の系譜として考える説が有力である。しかしながら、古代の地位継承が父系直系ではなく広い範囲の傍系継承が一般的であることなどから、この系譜は職位の継承を示す「地位継承次第」であるとする見解が支持される〔義江二〇〇〇〕。この形式の系譜は、「娶《めとり》生《うむ》」や兄弟記載がなく、代々の奉仕文言を持ち、始祖から自己までを児（子）で直線的に記載することを特徴とする。首長が共同体を代表する段階の原初的な系譜とされ、父系出自集団としての「氏」の成立により消滅するとされる。

したがって稲荷山古墳出土鉄剣銘からは、「オホヒコ」の社会的存在を正統化する原王統譜の存在の可能性が指摘でき、「世々」の表記は、奉仕する氏族側だけでなく王の連続性をも含意すると考えられる。加えて、原「帝紀」には系譜的記載だけでなく、王位継承に関わる簡単な内容（日嗣の物語）

も記載されていたとするならば、王統譜には氏族系譜の「奉仕文言」に対応するものとして、「世々」の「日嗣」(騰極之次第)が語られていたことが想定される。

ただし、歴代の首長霊の継承がその継承儀礼(古墳祭祀)により累積的に現首長に及ぶかどうかという点は議論の余地がある〔大平二〇〇二〕。確認しておくべきは、伝統的に古墳祭祀と神社祭祀は区別され、祖先を意識した「陵墓」祭祀は血縁継承が本格化する欽明朝以降に整備される点である。

(3) 古墳祭祀と王統譜

さらに『日本書紀』における「天皇霊」の用例からすれば、天皇霊と皇祖霊とは明らかに区別されている。

「聖帝之神霊」(垂仁紀九九年明年三月壬午条)
「天皇之神霊」(景行紀二八年二月乙丑条)
「可畏天皇之霊」(欽明紀一三年五月乙亥条)
「天皇之霊」(敏達紀一〇年閏二月条・天武紀元年六月丁亥条)
「皇霊之威」(景行紀四〇年七月戊戌条)
「皇祖之霊」(神功摂政前紀仲哀九年四月庚辰条)

天皇霊の用法は、第一義的には「皇祖霊」=祖霊とは区別された、敵を服属させ、味方を守護する威力をもつ現首長の力を指していることが指摘できる〔小林一九九四〕。つまり祖霊と首長霊は中身が異なるのである。古墳祭祀そのものも、祖神や祖霊の祭祀ではなく〔白石一九八五〕、前首長の遺骸を辟邪《へきじゃ》または封印する装置が中心にある。一面では現首長が前首長の死霊を封印、コントロールできる力を共同体成員に示すことにより、前首長よりも強い自己の首長霊の強さが確認される関係があったのではないか。このように古墳祭祀では、前首長と新首長との関係性こそが問題であり、それ以前の歴代の首長との関係性は想定されていないのである。その限りでは、共同体の再生産は亡き首長と現実の首長との二重性により維持されるとの指摘は正しいが〔広瀬二〇〇三〕、前首長が祖神や祖霊として崇拝されたとするには異なる論証が必要となる。古墳に対する祭祀の継続性が確認されないことは、このことを示している。

最高首長位の継承（考古学では一般に時期ごとに最大規模の古墳を編年的につなげたものを想定する）が、異なる古墳群にまたがる可能性を考慮するならば、同一古墳群内における古墳祭祀（前首長と現首長との関係性）と複数の古墳群にまたがる原王統譜（「倭王」という職位の継承）とには明らかに不連続性が存在する。ヤマト王権の政治センターたる「宮」の移動、いわゆる「歴代遷宮」も最高首長位の継承とリンクして考えるべき問題で、単一古墳群内では完結しない。古墳祭祀における前首長と新首長との関係性の儀礼と、最大規模の古墳の変遷に象徴される異なる古墳群間での「職位継承」のやりとりとは区別すべきものであり、「世々」の「日嗣」（騰極之次第・「帝紀」の即位前紀）により最高首長の即位の正統性が確認されるものであった。本来は別次元の儀礼が、やがて血縁継承の確立により、殯《もがり》の場で先祖を讃える日嗣の儀礼として両者が統合されたと考えられる〔仁藤二〇一一〕。

記録上では敏達期にはじまる殯宮《ひんきゅう》儀礼における誄《しのびごと》の奏上において、「日嗣」「皇祖等之騰極次第」と表現される王統譜および即位前紀などの「帝紀」的内容が読み上げられ、さらに諸氏が先祖以来天皇に奉仕してきたさま〈氏姓の本〉を述べることがおこなわれるようになったのは陵墓制度の成立にとっての大きな前提となる〔和田一九六九〕。

（4）推古期の王統譜編纂と「陵墓」祭祀

さらに推古期にいたり女帝が出現している点も注目される。これは、倭の五王段階に複数の王系の存在を前提とすれば、大王候補者の選定範囲が継体期以降とは異なり一系に限定されず広いこと、当該期には卓越した軍事・外交的成果を期待された「軍事王」としての資質が強力に求められていたこと、などを考慮すれば、選択肢から女性が排除されていなかったとしても、広範な範囲から資質的に有力な男王が選択される可能性が高かったと考えられる。

反対に欽明期以降は王系が一つに固定されることにより、王族内部の選択として、四〇歳前後を適齢期とする大王位に対して、年少な男性王族よりも人格・資質などに卓越した王族内の女性年長者の即位する機会が増えたと考えられる〔仁藤二〇〇三〕。狭い血縁継承の連続により、実子が即位した元キサキ（のちの皇太后）や王族内の女性尊属の地位が向上したため、継体期以降の陵墓に有力な大后・皇祖母が連続して含まれるようになることと、こうした動向は連動していると考えられる。

推古期直後に作成された「上宮記《じょうぐうき》」における「一云系譜《いちにいうけいふ》」も、こうした欽明王統の確立を前提に上宮王（聖徳太子）の社会的存在を蘇我稲目《そがのいなめ》と欽明を共通の祖として位置づけ、さらに欽明の出自を「応神五世孫」たる継体と仁徳―武烈系の母の血を併せ持つ存在として強調している。「上宮記」は上宮王の事績に限定されない神話的記載を含む歴史書としての性格が想定され、そこでは上宮王の系譜的出自の正統性を主張する必要により、欽明の社会的存在を説明する必要が生じたと考えられる。『上宮聖徳法王帝説』や「天寿国繍帳《てんじゅこくしゅうちょう》銘」などにみえる父方と母方ともに欽明と蘇我稲目にいたる双系的系譜を前提に、欽明からさらに遡って継体の父方の出自を説明する目的で、「一云」の伝承が引用されたと考えられる。推古期の前後において、欽明系の王統が世襲的に連続することから、継体以前の職位の継承を前提とする一系系図を架上することにより連続的な系譜が構想されたのではないか。

血縁的な王統が意識されるようになった推古期には、「天皇記」「国記」が編纂された。

『日本書紀』推古二八年是歳条

皇太子・嶋大臣、共に議《はか》りて、天皇記と国記、臣・連・伴造・国造・百八十部、并《あわ》せて公民等《ども》の本記を録《しる》す。

おそらく「天皇記」には、原「帝紀」としての性格があり、この王統譜には氏族系譜の「奉仕文言」に対応するものとして、「世々」の「日嗣」（皇祖等之騰極次第）が語られていたと考えられる。一方、「国記」は「臣連伴造国造百八十部并公民等本記」と説明されるように、諸氏族の奉仕の起源が語られていたと推定される。「天皇記」「国記」の内容が、「世々」の「日嗣」（騰極之次第）が記された大王系譜（帝紀）と氏族の奉仕根源というセットで編纂されたことは重要な意味がある。「日嗣」が記された大王系譜（帝紀）と諸氏族の奉仕根源記載（本記）のセットが、欽明王統の確立にともない記録化されるようになったと想定される〔仁藤二〇一二〕。

この「天皇記」「国記」が編纂された同じ年には特異な陵墓祭祀が記録されている。

『日本書紀』推古二八年一〇月条

砂礫《さざれいし》を以ちて檜隈陵《ひのくまのみささぎ》の上に葺《ふ》く。則ち域外《めぐり》に土を積みて山を成す。仍《よ》りて氏毎《ごと》に科《おお》せて、大柱を土の山の上に建てしむ。時に倭漢坂上直《やまとのあやのさかのうえのあたい》が樹《た》てつる柱、勝《すぐ》れて太《はなは》だ高し。故《かれ》、時人、号《なづ》けて大柱直と曰《い》う。

欽明陵に対して葺き石をおこない、墓の周辺に山を作り、氏ごとに大きな柱を立てた。「天皇記」「国記」の編纂と関係させるならば、歴代大王の系譜と氏族の奉仕根源記載がセットで編纂されたことを象徴的に示す儀礼としておこなわれたものと考えられる。血縁でたどれる始祖的な大王墓への各氏族の奉仕を大柱を建てることにより象徴させたことが特色である。しかし、陵と墓を区別するのちの陵墓祭祀との比較や、蘇我氏が葛城の高宮に祖廟を立て、今来《いまき》に寿墓《じゅぼ》として双墓《ならびはか》をつくるため「挙国民」や「百八十部曲」を動員したことを想起するならば、大王墓の超越性はまだ低かったことが確認される〔田中一九九五〕。

おわりに

以上の検討によれば、欽明期おける世襲王権のはじまりと、仏教思想の流入による先祖を血縁的に回顧する意識の形成は連動しており、「目で見る王統譜」としての「陵墓」の編成はこうした動きにより、まずは形成されたことが明らかとなる。ただし、王族や豪族に対する天皇の超越性を示す動きは、推古期や孝徳期にはまだ不十分であり、持統期の陵戸設定および大宝令の陵墓区分などから本格化したと考えられる。

〔参考文献〕

新井喜久夫一九六六「古代陵墓制雑考」(『日本歴史』二二二)
今尾文昭二〇〇六「考古学からみた律令期陵墓の実像」(『日本史研究』五二一)
大平　聡二〇〇二「「系譜様式論」と王権論」(『日本史研究』四七四)
北　康宏一九九六「律令国家陵墓制度の基礎的研究」(『史林』七九―四)
小林敏男一九九四「天皇霊と即位儀礼」(『古代天皇制の基礎的研究』校倉書房)
白石太一郎一九六九「記・紀および延喜式にみられる陵墓の記載について」(『古墳と古墳群の研究』塙書房、二〇〇〇年、初出一九六九年)
白石太一郎一九八五「神まつりと古墳の祭祀」(国立歴史民俗博物館『研究報告』七)
田中　聡一九九五「「陵墓」にみる「天皇」の形成と変質」(『「陵墓」からみた日本史』青木書店)

都出比呂志二〇〇〇『王陵の考古学』（岩波書店）
仁藤敦史一九九九「藤原京の京域と条坊」（『日本歴史』六一九）
仁藤敦史二〇〇三「古代女帝の成立――大后と皇祖母――」（『古代王権と支配構造』吉川弘文館、二〇一二年、初出二〇〇三年）
仁藤敦史二〇〇五「王統譜の形成過程について」（『王統譜』青木書店）
仁藤敦史二〇〇六「藤原京と官員令別記」（『明日香風』一〇〇）
仁藤敦史二〇一一「帝紀・旧辞と王統譜の成立」（『史料としての『日本書紀』――津田左右吉を読み直す――』勉誠出版）
仁藤敦史二〇一三「「記紀系譜」と古墳編年」（『季刊考古学』一二四、雄山閣）
仁藤敦史二〇一五「『日本書紀』編纂史料としての百済三書」（『国立歴史民俗博物館研究報告』一九四）
広瀬和雄二〇〇三『前方後円墳国家』（角川選書三五五）
義江明子二〇〇〇『日本古代系譜様式論』（吉川弘文館）
吉村武彦一九九三「倭国と大和王権」（『岩波講座日本通史二　古代一』岩波書店）
和田萃一九六九「殯の基礎的考察」（『日本古代の儀礼と祭祀・信仰』上、塙書房、一九九五年、初出一九六九年）

第5章

だれが陵墓を決めたのか？

――幕末・明治期の陵墓考証の実態――

上田長生

はじめに

現在、大阪府羽曳野《はびきの》市軽墓《かるはか》には、日本武尊《やまとたけるのみこと》の「白鳥陵古墳」が存在する。日本武尊は、父景行《けいこう》天皇に疎まれて、九州の熊襲《くまそ》や出雲、東国の蝦夷《えみし》の平定を命じられ、各地を転戦した末に、大和への帰還を望みながらも伊勢国で没する悲劇の英雄である。尊は伊勢の能褒野《のぼの》陵に葬られたが、白鳥となって飛び去り、大和国琴弾原《ことびきはら》に降り立ったので、そこに新たに陵を築造したが、さらに白鳥は飛び立ち、河内国旧市《ふるいち》（古市）に留まったため、みたび陵を築いたという。この三つの陵は「白鳥陵」と呼ばれ、現在、宮内庁は三重県亀山市・奈良県御所市、そして羽曳野市軽墓の三か所に指定して管理を行っている。仲哀《ちゅうあい》天皇の父とされる日本武尊だが、いうまでもなく、大和王権の全国への勢力伸長の歴史を仮託された神話上の存在で、実在の人物ではない。

では、なぜ、実在しない神話上の人物の「陵」が存在するのだろうか。いつ、誰が軽墓にある古墳を「白鳥陵」と決めたのだろうか。ここでは、「白鳥陵」の所在地の決定にいたる過程をたどることで、陵墓がどのような根拠で、誰によって決められたのかを明らかにしたい。

ところで、「白鳥陵古墳」は、羽曳野市・藤井寺市にまたがる古市古墳群のなかに所在する前方後円墳で、考古学上は「前の山古墳（軽里大塚古墳・軽墓前之山古墳）」と呼ばれ、全長は二〇〇メートル、古墳群内でも七番目の大きさを誇っている。羽曳野市・藤井寺市・堺市と大阪府は、この古市古墳群と堺市の百舌鳥《もず》古墳群を合わせて、世界遺産に登録する運動を展開している。もちろん、「白鳥陵古墳」もその対象である。だが、そもそも架空の人物を葬ったとされる古墳を、どのように説明して世界遺産とするのだろうか。陵墓問題には、その指定の誤りや宮内庁による排他的な管理などさまざまな問題が含まれるが、日本武尊のような架空の人物の陵墓も治定《じじょう》《ちてい》・祭祀・管理が行われているという問題も見逃すことができない。

初代神武《じんむ》天皇および、二代綏靖《すいぜい》天皇から九代開化《かいか》天皇までのいわゆる「欠史八代」の天皇はいうまでもなく、古市古墳群に陵が存在する天皇のなかにも、その実在が疑われている場合がある。こうした実在の疑わしい人物を祀っている問題は、すでによく知られているが、『日本書紀』『古事記』の記述をそのまま事実として捉えて、幕末から明治期に決定されたために生じたもので、陵墓問題を象徴している。以下では、そうした点にも留意しながら、陵墓が持つ問題とそれを世界遺産とすることの問題を検討していきたい。

一　文久の修陵と陵墓の治定

そもそも古代・中世の陵墓は、江戸時代にはその所在地が不明となって荒廃し、当然ながら祭祀も行われていなかった。元禄時代（一六八八〜一七〇四）頃から、不明となった陵墓を探索しようとする動きが見られるようになり、知識人が著作を著し、幕府が探索を行うようになった。しかし、すべての天皇陵が探し出されたわけではなく、治定された天皇陵においても、数十年に一度、周囲の垣が修復される程度で、祭祀は行われていなかった。古代の天皇を葬ったとされる巨大古墳では、引き続き、墳丘で農業が行われ、周濠は魚・水草をとったり、農業用水を引く場として利用されていた。

こうしたあり方を大きく変えたのが、幕末期の陵墓修復（修陵）である。桜田門外の変などを経て、幕府が公武合体路線をとるなか、文久二年（一八六二）閏八月、宇都宮藩（栃木県宇都宮市）戸田家の建議を受けて「文久の修陵」が開始された。文久の修陵では、一〇〇余りの天皇陵が治定され、新たに築き直したといっても過言ではない大規模な「修復」が行われた（図1）。墳丘や周濠の田畑は買い上げられて、村々の生業体系から切り離された。明治期には、周濠の水の灌漑利用にも規制が加えられていく。

だが、何よりも大きな変化は、古墳の前方部に鳥居と拝所が設けられ、すべての天皇陵に京都から勅使が参向して、拝礼が行われ、祭祀が行われるようになったことである。つまり、地域社会において農業などの生業の場であった古墳が、国家的な祭祀の場へと大きく性格を変えていったのである。

これは、天皇・朝廷が政治上で重要な役割を果たすようになった状況を反映したもので、神武天皇以来の日本の統治者と捉えられた歴代天皇の御霊《みたま》（皇霊）が祭祀の対象となったことを意味した。ただ、幕末の段階では天皇陵だけが修復・祭祀の対象とされ、皇后陵・皇族墓は探索・治定されず、天皇陵

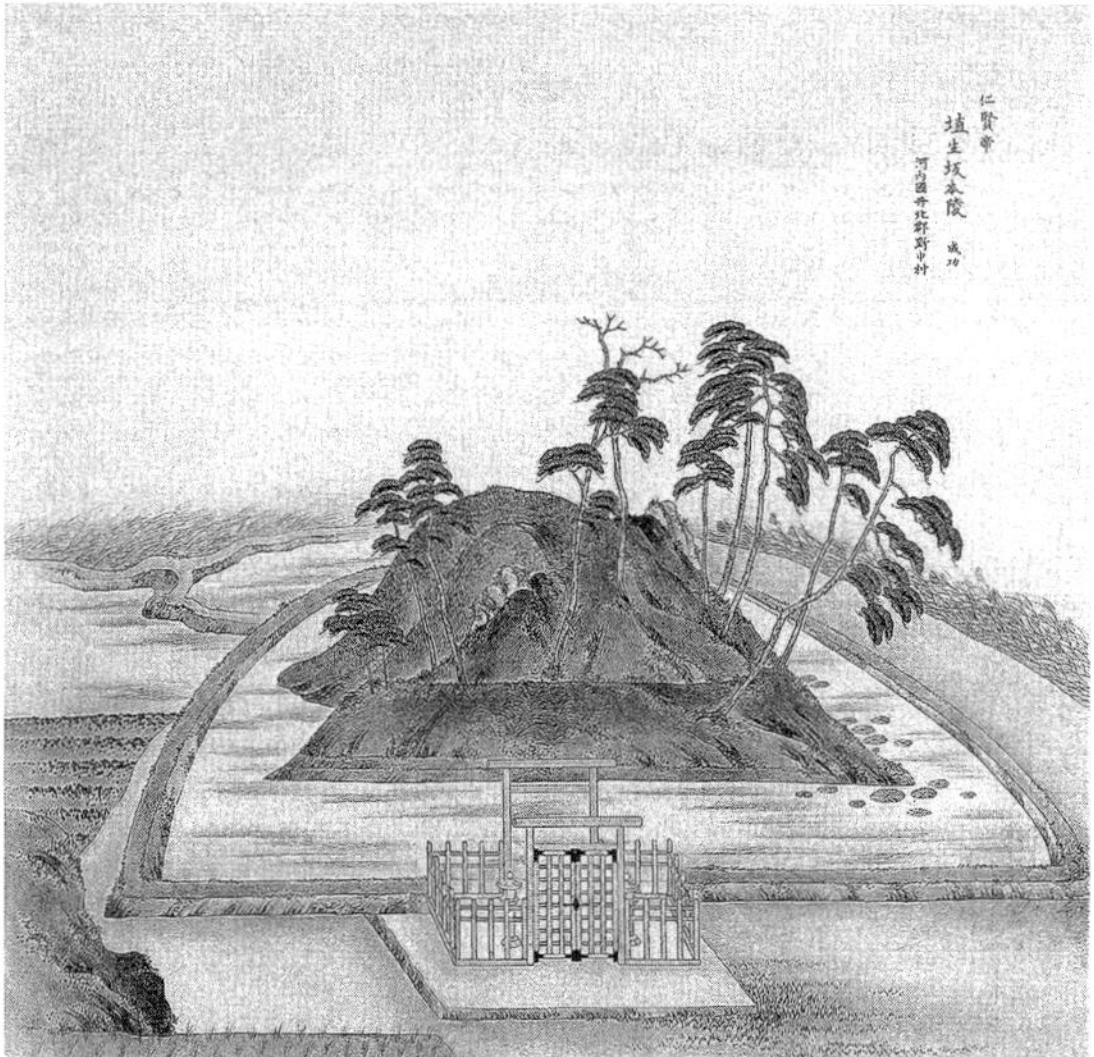

図１　仁賢陵荒蕪図（上）、成功図（下）（国立公文書館蔵）

のなかでも決定できないものが二〇余りあった。それらは、明治維新を経て、天皇制国家として歩み始めた明治時代に探索の対象となっていく。

ところで、文久の修陵を担った中心人物は、宇都宮藩家老で山陵奉行となった戸田忠至《とだただゆき》（図2）と京都の考証学者谷森善臣《たにもりよしおみ》（一八一七～一九一一）だった。誰が陵墓の所在地を決定したのか、という点から注目されるのは谷森善臣である。谷森は、伴信友《ばんのぶとも》門下で、国学・歌道を学び、公家の三条西家に学問で仕え、安政五年（一八五八）からは朝廷の学問所である学習院の「和書会」の講師を務めている。陵墓をはじめとするさまざまな事物の考証で多くの著作・稿本を残しており、高い学識を有する人物であった。文久の修陵には、谷森以外にも、平塚瓢斎《ひらつかひょうさい》（京都町奉行組与力）・北浦定政《きたうらさだまさ》（津藩士）をはじめ一〇名程度の考証家が「考証方」として参加したが、ほとんどの天皇陵は谷森の考えに沿って決定されていった。

図2　戸田忠至

陵墓考証の方法は、元禄時代以来おおむね共通していた。『日本書紀』『古事記』『延喜式』などの正史や古記録にみえる陵墓名・所在地名の記述を集め、現地の地名や地形などを歩いて調べ、両者を突き合わせて所在地を推定していくというものである。谷森も安政期には、大和国（奈良県）の山陵を踏査した記録である『藺笠《いがさ》のしづく』、正史・古記録の集成である『諸陵徴』、過去の考証家の説を集めた『諸陵説』をまとめている。また、他の考証家も同様で、平塚瓢斎が畿内の山陵について

『聖蹟図志』を、北浦定政が大和国について『打墨縄』をものしている。しかし、朝廷内で学識が知られ、広く畿内全体の山陵について研究していたことに加え、山陵奉行戸田と緊密な関係を結んだことが、考証家のなかでの谷森の優位性を決定的にした。谷森が考証面で文久の修陵を主導できたのはこうした理由による。

ただし、こうした陵墓考証の方法そのものが、現在に続く陵墓問題の原因であることに注意しなければならない。『日本書紀』『古事記』の記述を批判的に検討する戦後の歴史学・考古学とは異なり、その記述を事実と捉えて、疑いなく考証が行われていたのである。そうした問題は、「はじめに」でも触れた架空の人物の陵墓などに典型的に表れている。こうした学問のあり方について高木博志は、記紀を批判的に検討した古代史学者の津田左右吉《つだそうきち》以後の二〇世紀の学問と対比して「一九世紀の学知」と呼んでいる（高木博志『陵墓と文化財の近代』）。

また、そもそも記紀にみえる歴代天皇の系譜や陵墓は、それらが編纂された七世紀末から八世紀初めに、同時代の天皇支配を正統化するために整序され、陵墓の伝承を実際の古墳に当てはめたものである。さらに、九世紀初めの『延喜式』段階でも、同時期の国家に適合的なかたちへ陵墓体系が再編されている。つまり、いくら精緻に考証したとしても、明らかになるのは記紀の段階で当てはめられていた陵墓でしかないのである。むろん、記紀編纂に近い時期の記述は信頼性が高いが、時代を遡るほどにそれが低くなることは避けられない。

近代の歴史学・考古学が導入される以前の「一九世紀の学知」にもとづいて、幕末期から明治時代に決定された陵墓が、明治中期以降も検証されずに固定化してしまったことが、陵墓問題の核心なのである。

二　白鳥陵の決定過程

次に、白鳥陵を例として考証・治定の問題をみていこう。

幕末期に多くの天皇陵が治定・修復され、祭祀が行われるようになっていたが、明治維新後しばらくは未定陵墓の調査・治定は積み残されたままであった。本格的に調査が開始されるのは、明治五年（一八七二）九月である。前年二月に太政官布告によって、后妃の陵と皇子・皇女などの皇族墓の所在地の調査が全国に命じられていた。これを受けて、各府県が届けた報告書をもとに、教部省の官員が現地調査を行うことにしたのである。教部省は、神祇省を引き継いで、宗教行政と国民教化政策を担った中央官庁で、陵墓についても祭祀を除く調査・管理を担当した。

白鳥陵については、探索開始後間もない明治六年五月に、教部省官員の山之内時習・猿渡《さわたり》容盛《ひろもり》・子安《こやす》信成《のぶしげ》・中島《なかじま》乗彜《のりつね》による調査が行われている。調査を経て、翌年六月には四名の連名で、白鳥陵は河内国古市郡古市村（羽曳野市古市）に所在するという勘註《かんちゅう》が作成された。勘註とは、個々の陵墓について、関係する古記録を抜き書きし、現地調査をふまえて、所在地の考証を行った意見書である。明治以降の陵墓の決定は、この勘註にもとづいて行われた。

白鳥陵の勘註は、早稲田大学図書館の古典籍総合データベースで『河内旧市邑・倭琴弾原白鳥陵決定勘註』を閲覧することが可能である。白鳥陵の勘註から、陵墓がどのように決められていったのかをみていこう。

（前略）明治六年五月臣（山之内ら）等巡回シテ古市村ニ至リ、実地ヲ検スルニ、御陵ハ村ノ西北ニアリ、墳上イタク引平《ヒキナラ》シテ一祠ヲ建ツ、社号ヲ伊岐ノ宮ト称スルコト、河内志ノ説ノ如シ、堺県ノ註進ニ境内反別四段壱畝弐拾歩、除税馬場先《サキ》道敷反別七畝壱歩、周囲間数百三拾四間五分トアリ、域内古松其他老樹多ク、欝葱タリ（後略）

教部省の官員は、堺県（当時、旧河内国・和泉国を管轄した県）からの報告にもとづいて古市郡古市村を訪れた。白鳥陵とされる古墳は村の西北にあり、後円部だけが残って、その上に白鳥神社とも呼ばれる伊岐社《いきしゃ》があると後略部分に記述されている。勘註では、続けて伊岐社に関わる古記録や、ここが白鳥陵であるとする本居宣長『古事記伝』の説などの考証を行った上で、伊岐社と白鳥陵の関係について述べていくが、官員たちは、社のある場所が白鳥陵であることを前提として考証を行っている。たとえば、

（前略）此ノ伊岐ノ宮ノ旧跡ハ、河内国丹南郡野々上村ノ東ニ伊岐谷ト云所ニテ、其所ニ小祠ノアリシヲ、後ニ古市村ノ白鳥陵ニ迂《うつ》シ祀レルヨシ、土人ノ伝説ナリ、信《まこと》ニ然《しか》ルヤ否、臣等未《いま》ダ考究セザレトモ、畢竟《ひっきょう》伊岐ノ宮ヲ日本武尊ノ御社トスルハ全ク臆度《おくたく》ノ説ト聞ユレバ、深ク尋ルニモ及バザルコトナルベシ（後略）

と、伊岐社の元の所在地は近くの野々上村で、古市村の白鳥陵に移したものだとする地元の人々の伝

図3　白鳥陵の正面遠景（上）と拝所正面（下）
上は1930年９月、下は同年８月撮影

説について、それが正しいかどうか自分たちはまだ考えきれないが、伊岐社が日本武尊を祀るものだというのは憶測のようだとしている。そして、地元で信仰されている伊岐社は、白鳥陵の域内で移転させ、私的に祀らせるのが穏当な処置であるという。つまり、官員たちは、江戸時代以来の考証や地元の伝説をふまえて、伊岐社のある塚が白鳥陵であることは前提とした上で、地域で信仰を集める伊岐社の処遇を問題としているのである。このように、この地が白鳥陵であることの十分な根拠も示されないまま、地元の伝承をもとに勘註が作成されたのである。

ところで、この時、堺県が古市村の伊岐宮を白鳥陵の候補として報告したのはなぜだろうか。これは、本節冒頭で述べた明治四年の太政官布告を受けて、古市村から堺県へ、伊岐宮を白鳥陵とする伝承を届け出たからだと考えられる。堺県はこれを、他の陵墓の伝承とともに教部省に報告したのだろう。太政官布告を受けて、畿内の多くの村が、村内の陵墓の伝承地について届け出たことが確認できる（『奈良県庁文書』など）。近世後期に古市郡を描いた絵図には、伊岐宮と並んで「白鳥陵」と書き込まれており、もともと古市村の周辺地域では、同地が白鳥陵であるとする認識があったようだ（『羽曳野市史』別巻古絵図・地理図、別図V）。古市村は、江戸時代以来の白鳥陵の伝承・伝説を堺県に届けたものとみられる。

こうして、いったんは現在の治定とは異なる古市村の古墳に白鳥陵が治定され、管理が開始された。ところが、白鳥陵は、一八八〇年（明治一三）一二月二五日、五十瓊敷入彦命《いにしきいりひこのみこと》の宇度墓《うど》（大阪府岬町、淡輪《たんのわ》ニサンザイ古墳）の治定と同時に、古市郡軽墓の現在の陵地（前の山古墳）に治定が変更されることになった。これは、同年五月に宮内省御陵墓掛の五等属大沢清臣《おおさわすがおみ》・七等属大橋長憙が現地を実検し、一二月に再度作成した勘註にもとづいて行われたものである。

前の山古墳については、前頁でみた近世後期の古市郡図では「軽皇子墓」とされていたが、一方で白鳥陵とする認識もあった。そのために、新たな勘註では、「土人の口碑にも白鳥陵なるよし、いとさたかに伝へたれハ、さらに疑ふへくもあらすなん」、すなわち地元の人々の伝承でも白鳥陵であるときちんと伝わっているので疑いようがないとする。

しかし、村名でもある軽墓、軽皇子墓の伝承については無視できないため、「軽」の名のある皇子・皇女を検討している。候補となるのは、孝徳天皇（軽皇子）・文武天皇（珂瑠（軽）皇子）と、允恭《いんぎょう》天皇の子木梨軽皇子《きなしのかるのみこ》・軽大姫皇女《かるのおおいらつめ》である。このうち、孝徳・文武はそれぞれ河内国石川郡・大和国高市郡に葬られたことが確実であるとして候補からはずされる。さらに、木梨軽皇子は自害した人物で前の山古墳ほどの大きな墓は作られないだろうとし、軽大姫皇女は伊予国（愛媛県）へ流罪となったため、河内に墓があるわけがないと否定される。

では、「軽墓」の地名は何によるのかといえば、仁徳天皇が白鳥陵は遺体のない「空」なのだからと陵守を廃止しようとしたため、陵守が白鹿になって逃げたという『日本書紀』の記述から、白鳥陵は「空墓」と呼ばれ、「軽墓」に訛《なま》ったのだろうとしている。また、古市村の伊岐宮はもともと野々上村にあったものが移されたのだから、白鳥陵には関係がないとし、前の山古墳が白鳥陵であると結論づけたのである。

ここまで、白鳥陵をめぐる二つの勘註をみてきたが、明治前期に行われた陵墓の考証・治定は、江戸時代以来のそれと変わりなく、当時の地名・地形などと『日本書紀』『古事記』を引き比べて考証し、決定するというものだった。しかも、明治期に対象となったのは、幕末に決定できなかった、つまり複数の候補があったり、しかるべき箇所を見いだせず治定が困難な天皇陵や、天皇陵に比して関係する史料が乏しい皇后陵・皇族墓ばかりであった。そうしたなかで探索の手がかり、治定の決め手となったのは、地元の人々の伝承であった。それら伝承の起源は興味深い問題であるが、それを突き止めることは実際には困難なことである。しかも、伝説・伝承は、比較的新しい時代に、地誌編纂などのための調査や知識人の考証によって生まれる場合も多い。現在、宮内庁が管理する陵墓は八九六であるが、そのうちの少なくない陵墓の治定根拠は、こうしたあやふやな伝説・伝承だったのである。

ただし、注意しておきたいのは、陵墓の所在地についての再検討と変更が基本的には行われない現代と違い、明治時代には治定替えが行われていたことである。先に述べたように、その根拠は不確かで、架空の人物の実在を前提としたものではあったが、こと治定替えという点では、現代よりもはるかに柔軟に行われていた。こうした柔軟さは、現在、陵墓を管理する宮内庁にこそ求められるだろう。このように、架空の人物を含めて、幕末から明治前期に陵墓の治定が行われ、明治中期以降は学術的な再検討・変更も行われず、現在まで固定されたままとなっているのである。

ところで、一八八〇年になぜ治定替えが行われたのだろうか。また、一八七四年と八〇年では勘註の作成者が異なっていたが、これはなぜなのだろうか。次に、この点を検討してみよう。

三　明治前期の陵墓治定の担い手

もう一度、二つの勘註を作成した人物に注目してみよう。一八七四年段階は教部省官員の山之内時習・猿渡容盛・子安信成・中島乗彜、一八八〇年は宮内省の大沢清臣・大橋長憙であった。この変化の意味を理解するためには、幕末段階に立ちかえる必要がある。

すでに述べたように、幕末期には、谷森善臣（図4）が中心となって陵墓の調査・決定が行われた。それは谷森の学問的力量が抜きんでていたためだが、実は理由は他にもあった。谷森は政治的な力量もあわせ持った人物で、その側面からも異論を封じていたのである。たとえば、北浦定政との間では、文久三年（一八六三）二月に神武天皇陵の所在をめぐって論争が行われ、最終的には孝明天皇の勅裁で谷森説が採用された。だが、この論争は両者が対等の立場でなされたものではなく、谷森説を採用することを前提にお膳立てされたものだった。北浦定政に自説を記した書類の提出が命じられたのは二月初めで、朝廷に届いたのは勅裁の直前であった。

図4　谷森善臣

谷森を最も激しく論駁した考証家疋田棟隆《ひきたむねたか》に対しては、学問と政治の両面からみずからへの批判を封じている。疋田は、水戸藩に抱えられた京都の学者であったが、文久の修陵が谷森中心に進むことを阻止するため、元治元年（一八六四）三月頃に京都周辺の陵墓を考証した『山陵外史徴按』と題する書物を朝廷に提出し、自身を「山陵大目付」

に任命するように願った。朝廷から陵墓に関わる役職に任命されることで、谷森の上に立とうとしたのである。これに対して、激怒した谷森は『読山陵外史徴按』を執筆し、一つ一つの天皇陵ごとに疋田の見解を否定していった。その批判とは、『山陵外史徴按』が谷森の著作『諸陵徴』『諸陵説』の剽窃ばかりで、実在しない書物まででっちあげた信用できないものだというものであった。これが学問的対応である。

さらに政治的側面では、第一に同年五月に幕府の全国令を出させて、陵墓と疑われる地所の私的な発掘を禁じ、第二に朝廷内で再興された諸陵寮のナンバー・ツーに谷森が就任して、自身の考証が朝廷の治定となりやすい環境を整えた。第一の私的な発掘禁止は、同時期に疋田が独自に後白河天皇陵とされる地所を発掘し、石棺が出土したことで、谷森の考証が覆された一件を受けたものと考えられる。疋田は、当該期の考証家のなかでは珍しく、陵墓と疑われる場合は発掘して確かめようとする傾向があった。後白河陵の場合、同地を管理した僧侶が、谷森に後白河陵ではないかと尋ねたのに対し、谷森がこれを一蹴したために不信を抱き、疋田に相談して共に発掘を行ったのである。山陵奉行・谷森が、幕府・朝廷の事業として修陵を進め、神武天皇陵のように孝明天皇の勅裁すら行われていたなかで、これとは別に村町で私的に発掘を行い、谷森の考証・治定を否定するような疋田の動きは、事業の正統性や権威を揺るがしかねないものだった。そのため、谷森はさまざまな面からこれを封じたのである。

こうした他の考証家との関係からは、同時代的には谷森の学説も一つの見解にすぎず、批判を受ける場合があったことが分かる。北浦は、神武陵が谷森の説に沿って決定されたことへの悔しさを書き留め、公家や国学者を神武陵に案内した際には、自説の場所へ案内し、彼らの賛同を得ている。また、谷森によって修陵事業から排除された疋田に対して、平塚瓢斎ら京都の考証家は同情的で、疋田説のなかには検討すべきものがあると評価し、谷森説に疑問を呈している。こうした自身への批判に対し、谷森は山陵奉行と強く結びつき、朝廷内での立場も確保することでねじ伏せていったのである。

そうした谷森の優位性は、維新後しばらくは続いた。明治元年（一八六八）に神祇官内に改めて再興された諸陵寮は、山陵奉行戸田と谷森が引き続き中心となっていた。ところが、この時期には未定天皇陵や皇族墓の調査・治定は進まず、明治四年の諸陵寮廃止に合わせて、戸田・谷森は陵墓行政からはずれることになった。

諸陵寮の業務を引き継いだのが教部省であり、そこで探索・治定を担ったのが、山之内・猿渡・子安らであった。特に注目されるのは子安信成で、彼は疋田棟隆の弟子であった。そのため、明治五年には子安の推薦で疋田が教部省諸陵掛に出仕し、山之内らと畿内を廻って陵墓の調査に当たることになった。谷森と入れ替わる形で、疋田が復権したのである。谷森を憚ってか、勘註の作成者に疋田の名前は見えないが、実地調査や考証の内容においては疋田が重要な役割を果たしたことが読み取れる。皇后陵や皇族墓の多くは、一八七四〜七六年頃に治定されていくが、そこには疋田の考証が反映されていたのである。

ところが、疋田は再び排除されることになった。一八七六年に疋田は教部省を免職になり、代わって大沢清臣・大橋長憙が陵墓考証を担うことになった。実は、大沢は谷森の弟子、大橋は谷森の従兄弟であった。再び谷森の関係者が陵墓考証・治定の中心に戻ってきたのである。一八七四年にいったん決定していた河内の白鳥陵が、八〇年に改定された背景には、谷森と疋田という考証家同士の対立が存在したのである。疋田の考証によって治定されたまま、現在に引き継がれた大原勝林院村（京都市左京区）の順徳天皇陵のような例もあるが、いくつかは大沢らによって治定が否定され、改定が行われている。山城国愛宕《おたぎ》郡吉田村（同）の後一条天皇陵や同国紀伊郡堀内村（同伏見区）の桓武天皇陵などである。

桓武陵の場合、幕末期に谷森によって堀内村内に治定されたが、教部省期には疋田を中心に再検討が行われ、変更されかけていたものを、大沢が再度谷森の治定通りに確定させ、現在にいたっているのである。教部省は明治一〇年に廃止され、陵墓行政は内務省社寺局が引き継いで、翌年以降は宮内省が担うこととなるが、その中心は大沢・大橋らであった。

以上のように、現在、宮内庁が管理する陵墓の多くは、幕末から明治期に探索・治定されたものであったが、その決定の担い手は、幕末〜諸陵寮期、教部省期、宮内省期で異なっていた。その背景には、考証家同士の対立が存在した。これまで陵墓問題については、明治政府による治定としてひと括りに捉え、その誤りが批判されてきた。しかし、より踏み込んでみてみると、考証家の人脈や対立が考証・治定の内容にも影響を与えていたのである。今後は、考証のレベルにまで立ち入って、なぜ治定が誤っているのかを確認していかなければ、陵墓問題を批判的に検証していくことはできないだろう。

おわりに

本章では、世界遺産に登録される可能性のある古市古墳群内の白鳥陵を素材に、幕末から明治期の陵墓考証と治定の問題を考えてみた。この時期の考証・治定は、『日本書紀』『古事記』の記述を疑うことなく事実として理解し、死者が白鳥となって降り立ったという神話の場すら作り出してしまったのである。その決定の根拠も、地元の伝承・伝説による部分が大きく、あやふやなものが少なくない。しかも、皇后陵や皇族墓のように、関連史料の少ないものほどその傾向は強い。

ただ、念のためにいうならば、彼ら考証家の営為を現在から断罪しても、あまり意味はないだろう。むしろ問題なのは、幕末から明治期に当時の学問水準に規定されて決定された陵墓が、近代歴史学・考古学が導入され、高度に発達した現在にいたっても見直しが行われず、神話や架空の人物の陵墓さえ管理・祭祀が行われていることである。あるいは、陵墓体系を固守しようとする者は、歴史学・考古学が発達しているからこそ、再検証を恐れているといえるかもしれない。だが、そうした「万世一系の皇統」という神話にすがるあり方は、今日の象徴天皇制（そこにも多くの問題がはらまれているが）とも乖離していくばかりではなかろうか。

世界遺産への登録は、遺産の歴史的・文化的な意味を国内外の多くの人々が深く理解する契機とすることも可能なはずである。しかし、それは、現在の学問水準で、その意味を十分に吟味した上で、さらにいえば未来における再検証を保証したものでなければならないだろう。「仁徳天皇陵古墳」を「大山古墳」とし、「白鳥陵古墳」を「前の山古墳」と捉えたとしても、古代に築造された巨大古墳そのものの価値はいささかも減じるものではない。むしろ、一世紀以上前の学問水準で指定されたことに目をつぶり、根拠の曖昧な宮内庁の管理名で登録されることこそが、砂上の楼閣にも等しいむなしいことなのではないだろうか。

〔参考文献〕

今井堯一九七七「明治以降陵墓決定の実態と特質」(『歴史評論』三二一)

上田長生二〇一二『幕末維新期の陵墓と社会』(思文閣出版)

上田長生二〇一二「近代陵墓体系の形成──明治初年の陵墓探索・治定と考証家──」(『日本史研究』六〇〇)

上田長生二〇一三「桓武天皇陵の治定と「伏見古図」」(『史敏』一一)

上田長生二〇一六「北浦定政と文久の修陵」(『伊賀市史』第二巻、通史編近世)

佐竹朋子二〇〇三「学習院学問所設立の歴史的意義」(『京都女子大学大学院文学研究科研究紀要』史学編第二号)

高木博志二〇一〇『陵墓と文化財の近代』(山川出版社)

日本史研究会・京都民科歴史部会編一九九五『「陵墓」からみた日本史』(青木書店)

羽曳野市史編纂委員会一九八五『羽曳野市史』別巻古絵図・地理図

林恵一一九七一「谷森善臣著作年譜抄」(『書陵部紀要』二三)

〔図版一覧〕

第6章　大正・昭和戦前期の学問と陵墓問題

高木博志

はじめに

幕末から一八八九年（明治二二）までに、長慶《ちょうけい》天皇陵をのぞくすべての天皇陵が治定《じじょう》された。この時期の治定に関わったのは、幕末以来の谷森善臣《たにもりよしおみ》と、彼と対立した疋田棟隆《ひきたむねたか》、そして天皇陵の決定文書である多くの勘注《かんちゅう》を作成した谷森の弟子の大沢清臣《おおさわすがおみ》や従弟の大橋長憙《おおはしながおき》らであった。彼ら、近世以来の国学者や漢学者が宮内省の官吏となり、天皇陵を決定していった。基本的には、『古事記』『日本書紀』や『延喜式』などの史料批判のない文献考証と、現地に立って口碑流伝を集め地名考証をする方法論であった。

幕末から明治前期までの陵墓治定の実態については上田長生の研究があり（第5章参照）、大正・昭和期の陵墓治定の研究については、外池昇や尾谷雅比古の研究があるに過ぎない。

ここでは、大正・昭和戦前期に治定された二つの天皇陵をめぐる学知の相克を例示したい。

一つは、継体天皇陵をめぐる問題である。『日本書紀』で五三一年に没したとされる継体天皇の陵は、現在、大阪府茨木市の太田茶臼山古墳《おおだちゃうすやまこふん》に治定されている。しかし二〇世紀の学問の成果では、『延喜式』にあるように現高槻市（島上郡）の今城塚古墳こそが、真の継体天皇陵であるとされる。それは大正期、茨木中学校地歴科教師の天坊幸彦《てんぼうさちひこ》にもとづく、条里制の復原にもとづく歴史地理学の研究成果であるが、この成果はアカデミズムのみならず宮内省内部においても共有された。

　もう一つは、正平二三年（一三六八）～弘和三年（一三八三）に在位したとする南朝第三代の長慶天皇陵である（図1）。大日本帝国憲法発布の年、一八八九年に治定された神武天皇から孝明天皇までの一二〇代を越える天皇の系譜の、最後のピースを埋めるのが長慶天皇である。

図1　長慶天皇陵

　長慶天皇の在位の有無については江戸時代以来、議論が分かれた。大正期に八代国治《やしろくにじ》は、『長慶天皇御即位の研究』（明治書院、一九二〇年）において、南朝の長慶天皇が、後醍醐天皇・後村上天皇について即位し、一六年間在位、『新葉和歌集』を撰じたと論じた。その後、新たに発見された『新葉和歌集』（富岡謙蔵所蔵）、『嘉吉門院集』（前田利為所蔵）、『耕雲千首』（佐々木信綱所蔵）の奥書・袖書などを総合して、長慶天皇の在位を確かめ、一九二六年一〇月に皇統加列が決まった（『公文類聚』国立公文書館所蔵）。かくして長慶天皇陵は一九四四年二月に嵯峨東陵と決定されるが、一九三〇年からの長慶天皇陵の検討作業には、近世に比べてより精緻な文献や金石文の考証、歴史地理学の方法や現地調査に加えて、古墳の墳形の時代区分などの昭和戦前期の学知が動員された。

さて、真の継体天皇陵は一九二〇年代の学問的営為のなかで今城塚古墳であると、学者や官僚のあいだでは認識されていた。しかし一八八九年に決まった天皇陵の体系が変更されることはなかった。そもそも記紀の天皇系譜を視覚化する陵墓の体系は、根拠に精粗をともないつつも極めてあやしいものである。とりわけ紀元前六六三年に死亡した神武天皇以来、四世紀ごろにいたるまでの天皇陵名は、神話の虚構をともなう。それも含めアプリオリに真実であると受け入れることが、近現代社会に求められた。したがって一八八一年の天武・持統合葬陵の見瀬丸山《みせまるやま》古墳から野口王墓《のぐちおうのはか》への治定替え以降には、一切、天皇陵の治定の変更はおこなわれない。継体天皇陵は、真の六世紀の大王墓が確定しつつも宮内省の治定が変更されなかった事例である。

今城塚古墳は、宮内省、そして戦後の宮内庁治定から外れて、一九五八年に国指定史跡となり、発掘をともなう調査がおこなわれた。今日、真の大王墓の形象埴輪や三基の石棺が発掘されその成果が公開され、その墳丘と周濠が史跡を学ぶ公園として市民に開放されている（図2）。宮内省の陵墓治定の誤りにより、結果的に戦後考古学・歴史学の成果を動員する、六世紀の大王墓の発掘・研究がおこなわれた。そして巨大大王墓をいかに市民に開放するかについて、二一世紀の展望を示した。

それに対して、長慶天皇陵は、南朝における長慶天皇の在位を前提として、もともと文献史料が限

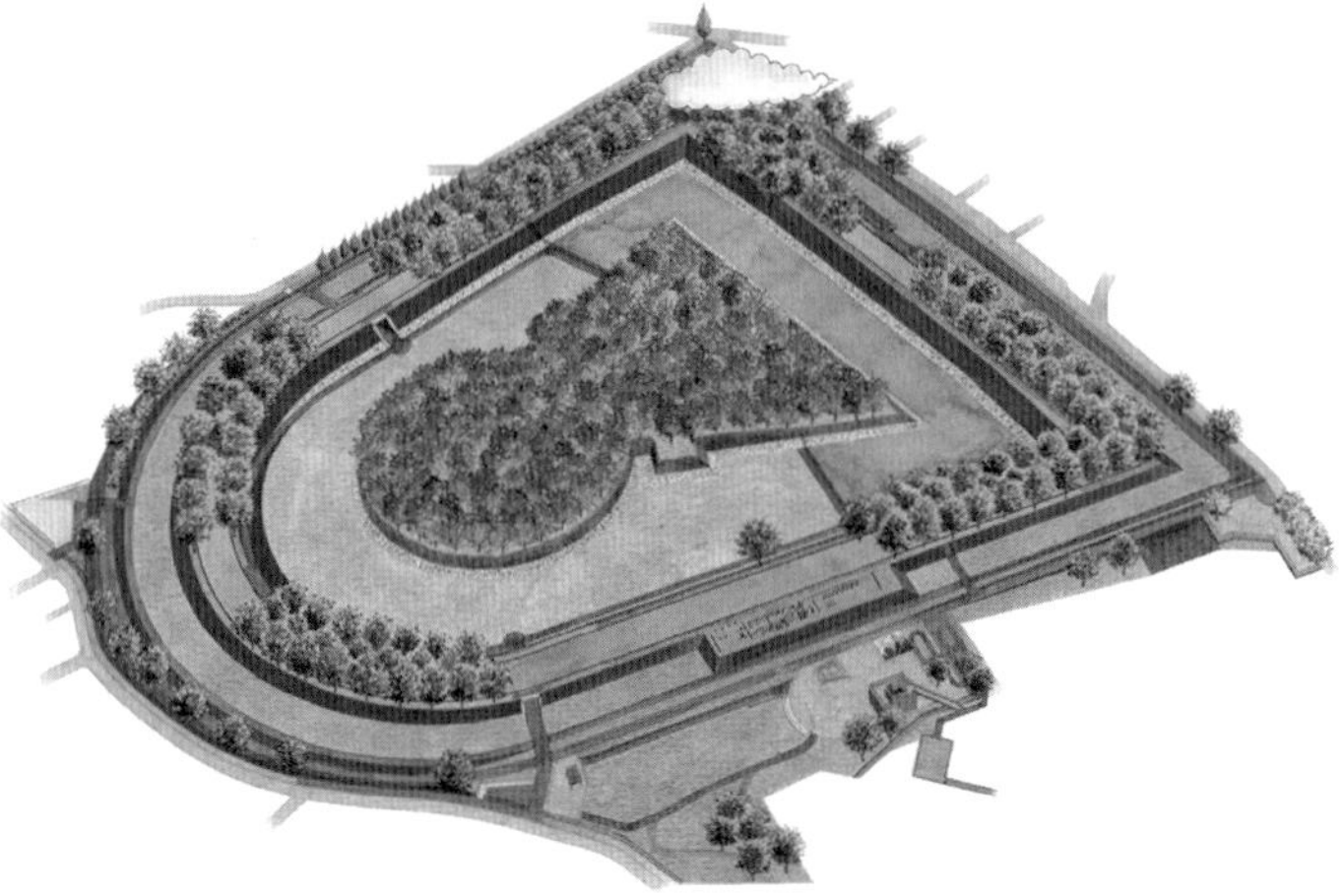

図2　現在の今城塚古墳

られていた上、火葬による薄葬《はくそう》であったために手がかりが少ないなかで、一九四四年に嵯峨《さが》天龍寺の慶寿院址《けいじゅいんし》に定められた。長慶天皇が実在したとの公認学説を受けて、南北朝正閏《せいじゅん》論争後に、国民道徳を重んじる歴史観を牽引する東京帝国大学教授・黒板勝美《くろいたかつみ》が主導し、治定の作業を始めた。在位を前提とした上での考証作業は、当該時代の文献の博捜、候補地の現地調査の徹底と、一九三〇年代の学知を動員したものであった。

現在、文化庁・大阪府・堺市・羽曳野市・藤井寺市が中心となり大山古墳を仁徳天皇陵古墳として世界遺産登録しようとしている。これでは、継体大王墓＝今城塚古墳であることが明らかな今日において、もし仮に現在の太田茶臼山古墳を世界遺産に登録するなら、継体天皇陵古墳として登録することになってしまう。同様に、紀元前七世紀に即位したとする、記紀神話上の神武天皇の橿原市における陵は、神武天皇陵古墳として世界遺産に登録されるのであろうか？

たとえ大山古墳には仁徳天皇にあたる大王が埋葬されたと論じる今日の考古学者であれ、「仁徳天皇陵」と呼んでも良いことにはならないだろう。なぜならば六世紀以前には、そもそも天皇号が存在しなかった。一八八九年に体系化された「万世一系」の天皇陵群は、大枠では六世紀の継体大王以降から八世紀初頭にいたる大和政権が、みずからの血統・系譜を権威化するために、五世紀以前の多様な王権のありようをも囲い込んで「先祖」とした、一筋の血脈の物語である。それが『古事記』（七一二年）・『日本書紀』（七二〇年）の記述としてあらわれた。したがって記紀にでてくる五世紀以前の天皇について無批判に、その天皇陵名を古墳に冠することは、今日の学知からは否定されるべきことであろう。

その一方で、一七世紀の東アジアの明清交代のなかで、儒学の影響もあり、江戸時代の後光明天皇から始まる歴代の天皇は、火葬から土葬となり、真の天皇陵は泉涌寺《せんにゅうじ》に存在する。したがって幕末に造営された神武天皇陵や、治定の誤った継体天皇陵（太田茶臼山古墳）を、真正性のある近世の泉涌寺の天皇陵群と同列・同格に、アプリオリに真陵として囲い込む体系が、一八八九年に集大成された。それが近代の「万世一系」の天皇陵の系譜づくりであった。しかもそれは一〇世紀の『延喜式』の記述の再現、視覚化でもあった。

継体・長慶の二つの天皇陵を検討することで、近現代の陵墓治定と学問や政治との相克について考えたい。

一　継体天皇陵と今城塚古墳

（1）郡境をはさむ二つの古墳

今城塚古墳は、三島平野のほぼ真ん中、茨木市との境界に近い、高槻市の西側に位置する（図3）。現在の高槻市と茨木市との市の境界は、古代の島上《しまがみ》郡と島下《しましも》郡の郡界にほぼ重なる。したがって、現在の高槻市に位置する今城塚古墳は古代の島上郡に、茨木市に位置する太田茶臼山古墳は島下郡にあったことになる。この境界問題の解明には、とりわけ旧制茨木中学校の地歴科の教師であった天坊幸彦の学問的成果が大きかった。

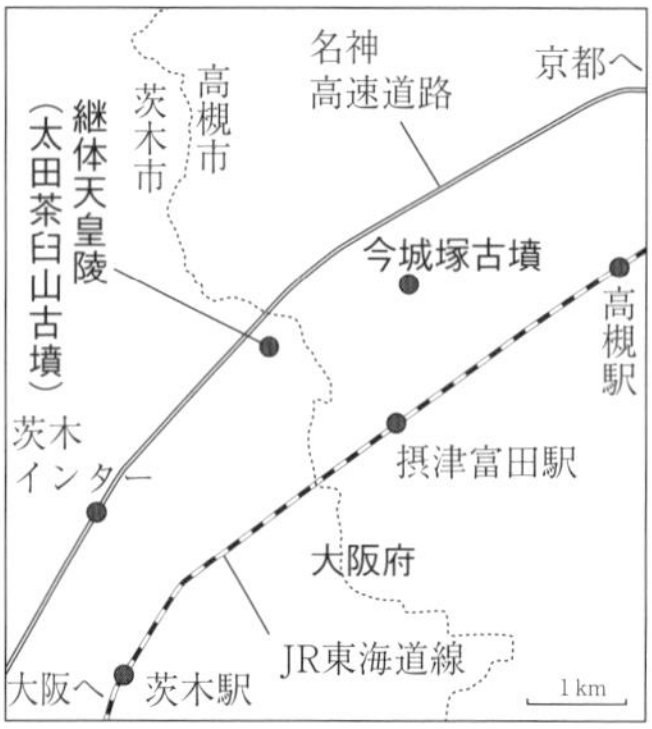

図3
継体天皇陵と今城塚古墳の位置

今城塚古墳は、長さ一八一メートルの墳丘のまわりに二重濠をめぐらし、総長約三五〇メートル、総幅約三六〇メートルの六世紀前半、古墳時代後期の前方後円墳である。富田《とんだ》台地に並ぶ太田茶臼山古墳（墳丘長二二六メートル）か、今城塚古墳（墳丘長一八一メートル）しか三島郡には巨大古墳がない。そして五世紀中頃の太田茶臼山古墳から六世紀前半の今城塚古墳まで、新池《しんいけ》遺跡（高槻市上土室）の埴輪工房が大量の埴輪を供給していたことがわかっている。

近年、小浜成は、五世紀半ばを少しさかのぼる時期から、粘土で天井を張って密閉して高温で焼成できる窖窯《あながま》の技術や、特色あるヨコハケを残す円筒埴輪をつくった誉田山《こんだやま》古墳（現応神陵）の最先端の技術を持った工人集団が、三島郡の新池遺跡に移住してきたとの説を提起した。この技術伝承の問題は、仮に誉田山古墳の被葬者が応神大王にあたる大王であれば、『日本書紀』で継体天皇が仁徳天皇の子孫ではなく、応神天皇の五世の孫として登場する秘密にかかわると、菱田哲郎は論じる。

今城塚古墳の被葬者を考える場合、問題となるのは、『延喜式』諸陵寮（一〇世紀）の記述である。

三嶋藍野《あいの》陵　磐余玉穂《いわれのたまほの》宮御宇継体天皇。在摂津国嶋上郡。

兆域東西三町。南北三町。守戸五烟。

古代のもっとも信憑性のある記録に、六世紀の継体大王の藍野陵は島上郡にあったと明記されている。

（2）継体天皇陵の治定

それでは、なぜ島下郡の太田茶臼山古墳が誤って継体天皇陵に治定されたのか？　これは近世史の問題であるが、今城塚古墳はその名が示すとおりに、一六世紀に三好長慶《みよしながよし》が出城を築き、また文禄五年（一五九六）に発生した伏見地震により、墳丘は半分の高さに崩落し、内濠の大半が埋没した。こうした経緯から、近世において天皇陵にふさわしくない景観とみなされたことが、今城塚古墳が治定から外れた原因の一つと考えられる。

元禄九年（一六九六）の松下見林《まつしたけんりん》『前王廟陵記《ぜんのうびょうりょうき》』において、はじめて太田茶臼山古墳を継体天皇陵とする見解が示されて、享保一七年（一七三二）までには、太田茶臼山古墳は継体天皇陵として治定された。本居宣長《もとおりのりなが》は、島下郡にある太田茶臼山古墳を継体陵であると正当化するために郡界が移動したとの苦しい説をたてた。文久の修陵にかかわった谷森善臣の『藺笠《いがさ》のしづく』（安政四年〈一八五七〉）では、太田村《おおだむら》が、継体大王の「男大迹《をほど》」の音に近く、また太田茶臼山古墳には埴輪を作った土師部《はじべ》の末裔との伝承を持つ夙村《しゅくむら》が隣接することにより、継体天皇陵説を裏づけようとした。

こうした近世の議論が近代にも引き継がれ、谷森の弟子で宮内省の御陵掛である大沢清臣は一八七八年（明治一一）に『山陵考』を記し、一八八四年（明治一七）に太田茶臼山古墳は宮内省の管轄となった。谷森善臣の弟子である大沢清臣や従弟である大橋長憙が、最終的に一八八〇年代に多くの天皇陵の治定を裏づける勘注を書いていた（第5章）。その決定理由をまとめると、第一に本居宣長以来の郡界移動説、第二に近隣の安威《あい》川、安威神社が「藍野」の『日本書紀』の陵名にかなうこと、第三に継体天皇の諱名である「男大迹《をほど》天皇」は「太田」に通じる、以上三点である。これはすでに述べたように、一八世紀宣長以来の学問的考証、おもには地名と記紀記述との音の類似性を根拠としていた。

一八八九年（明治二二）の大日本帝国憲法発布の年までに神武天皇から孝明天皇まで一二〇代を越える天皇陵（長慶天皇は一九四四年、最後の治定となる）が決定されたが、それ以降は、今日にいたるまで天皇陵の体系は変更することなく凍結されてきた。

（3）治定への疑義

近世以来の太田茶臼山古墳を継体天皇陵とした治定のあり方に、最初に疑義を示したのは、一八九九年（明治三二）三月九日に「御歴世宮址保表ノ建議案」を貴族院に提出し、歴代宮跡の保存を最初に議会で訴えた、奈良県吉野の小学校教員出身の木村一郎であった。

木村は、一九一三年（大正二）一月に「継体天皇陵三島藍野陵に就いて」（『歴史地理』第二一巻第二号）において、『延喜式』では継体天皇陵は島上郡に、式内《しきない》太田神社は島下郡にある点に注目した。そして太田茶臼山古墳と太田神社は東西に隣接するので、両者はともに島下郡にあったと見る方が自然であるとみて、継体天皇陵＝今城塚古墳説を唱えた。この木村説を受けて、学会に大きくアピールしたのが、南北朝正閏論争で文部編修を休職処分となった喜田貞吉《きださだきち》である。喜田貞吉は、木村の説を追認する形をとった。

『歴史地理秋季増刊、皇陵』（一九一三年一一月）で、喜田は、神代三陵から神武天皇陵をへて、今日では五世紀に当たるとされる「応神天皇陵」「仁徳天皇陵」などの王陵までをとりあげ、『古事記』『日本書紀』『延喜式』などの記述をそのまま信用して考証した。その意味では継体天皇陵についても、『延喜式』の記述を信じる解釈をしているのであるが、六世紀の大王墓についていえば、時代が下るだけに『延喜式』の場所の記述は、今日の学知でもより信頼性が高いこととなる。

また喜田は、古墳の形状を竪穴式石室をもつ円形や瓢形《ひょうけい》（前方後円墳）の墳丘の前期墳墓と、横穴式石室の円形の墳丘を持つ後期墳墓とに時代区分する。

継体天皇陵については、三島台地に、同規模の巨大前方後円墳があるとして、

> 東なるは今城《いまき》塚と称し二重湟《ほり》あり、島上郡に属し、西なるは茶臼山と称し、単湟を繞《めぐ》らし、島下郡に属す。両郡の境界古今変遷あるか。延喜式内島下郡太田神社、茶臼塚の西畔にあり。此の社の位置古より移動なかりしものとすれば、茶臼塚は延喜の頃より既に島下郡の域たりしに近きか。

と論じた。

ついで一九二六年（大正一五）一月に茨木中学校・地歴科教師の天坊幸彦が、三島村中城《なかんじょう》の常称寺で新たに発見した文和元年（一三五二）の「摂津総持寺々領散在田畠目録」（一四世紀）を分析した。彼の条里復元の研究では、条里の数え方は、その郡界より順番に里を数え始めるため、島下郡の一条一里が島上郡の一一条にあたり、島下郡の二条一里は島上郡の一二条五里にあたるとした。八世紀初頭に引かれた島上・島下郡の境界は、現在の地図に落とすとほぼ高槻市と茨木市の市境に当たることが論証された。郡界が移動して、太田茶臼山古墳は島上郡にあった時期があるとみる本居宣長以来の説を、決定的に否定し、郡界は不変で継体天皇陵は今城塚古墳であることが証明された。

なお天坊は、三島郡の地域の史料を博捜しており、文化一三年（一八一六）に「摂津総持寺々領散在田畠目録」を写した田尻紋右衛門源重次は、中城村の代官であり、一九二六年当時、田尻家が現存することを確かめていた。また文書に出てくる字《あざ》名を逐条、当時の参謀本部二万分の一図の地名に落としている。たとえば文書冒頭の字薬院については、「字薬院　総持寺観音堂下南藪町の処に、字ヤクイと称する所がある。是は正しく三条五里の区域内と見るべきである」というように、彼の分析は

現地を歩き精査した成果であったのだ。

この「摂津総持寺々領散在田畠目録」は、雑誌『歴史地理』の第四七巻第五号（一九二六年一月）に、喜田貞吉の序文的な「天坊文学士の摂津三島の条里と藍野陵の研究を紹介す」とともに、「摂津富田游聘子」の名で掲載され、大学の学者だけでなく全国の小中学校の教員や郷土史家にも広く読まれた。のちに浪速《なにわ》高等学校教授となった天坊幸彦は、戦後にまとめた『上代浪華の歴史地理的研究』（大八洲出版、一九四七年）のなかで「関野博士の調査による平城条坊と、其の周囲の条里遺制」の研究を前提にしたと言及する。関野《せきの》貞《ただし》の業績とは、一九〇七年の「平城京及大内裏考」（『東京帝国大学紀要』工科第三冊）であった。

天坊の説が『歴史地理』に掲載された同じ年の、一九二六年（大正一五）一〇月二六日付『大阪朝日新聞』に「継体帝陵は今城塚？　現在の藍野陵は同帝妃の御陵　古い記録から確証を発見す　諸陵寮から実地調査に来る」との記事が載った。

記事では、継体天皇陵について、以下のように報じた。

芥川村大字郡家の今城塚であるとの説が高くなり、宮内省諸陵寮調査係和田軍一《わだぐんいち》氏は去る二十日今城に赴《おもむ》いて実地調査を遂げ、二十三日富田町在住府史蹟調査委員天坊幸彦氏を訪問して同氏の右に関する調査研究をきいた、天坊氏は十数年来この研究に従ひ延喜式、正治年間の諸陵雑事、前皇廟陵記などによりて先づ御陵は旧島上郡にありとの確信を得た、しかし現藍野陵は旧島下郡にあるので旧両郡の境界が重大問題となり、これについて同氏は、文禄検地帳、神社明細帳、播

> 磨風土記その他実際地形上からみて、御陵は現藍野陵の東方であらねばならぬことが明白となり、最近三島村の名刹総持寺（常称寺――高木）所蔵「総持寺田園《（畠）》散在目録」（南北朝文和年間のもの）に記されてあつた郡の条里制に関する文献の発見によつて旧両郡の境界が判明し現藍野陵の位置は島下郡で、帝陵はその東方旧島上郡芥川村の今城塚がそれでなければならぬとの最後の断案を得た

旧制茨木中学校の地歴科教師であった天坊幸彦のもとへ、東京帝国大学文学部国史学科を卒業し宮内省で考証に携わる若い和田軍一が、後述するように同門の先輩を訪問したことを伝える。この記事の意義は大きい。

和田は、宮内省で明治期に諸陵寮設置に尽力した足立正声《あだちまさな》、あるいは最終の勘注作成を担う大沢清臣や大橋長憙、京都帝国大学理学部より諸陵頭に転じた山口鋭之助《やまぐちえいのすけ》といった陵墓の「一九世紀の学知」を担った世代の次の世代であった、一九三五年に初の諸陵寮考証官となる和田は、二〇世紀の考古学・歴史学の学知を陵墓研究に反映させようとした。

継体天皇陵の治定問題では、天坊説が、宮内省考証官の和田軍一にも影響を与えた。さらに天坊は、翌一九二七年（昭和二）一二月に宮内大臣に宛てて「三島藍野御陵ニ関スル提議」を上申した。その天坊説に基づき宮内省諸陵寮考証課の和田軍一は、宮内省内部文書の「三島藍野陵真偽弁」（一九二九年八月）で、「総持寺領散在田畠目録を中心として三島地方の条里を研究した結果ハ旧島上郡旧島下郡の郡界の一部を決定した」と述べた。和田は、今城塚古墳は旧島上郡にあったと『延喜式』など

に「明記」されている継体陵とみるべきであり、「藍野陵《あいの》」の陵名と塚の位置の不一致という難点も「絶対的」なものではないとみなした。そして、和田は「今城塚を以て継体天皇の陵と定めることハ最も当を獲《え》たものと信ず」と結論づけた。

一方で天坊は今城塚古墳の保存を、一九一六年（大正五）大阪府に上申し、一九二七年（昭和二）に宮内省にも提議した。

天坊・和田の検討をもとに、一九三六年二月に宮内省の臨時陵墓調査委員で京都帝国大学教授の浜田耕作《はまだこうさく》（考古学）をはじめ東京帝国大学教授兼史料編纂官の黒板勝美（歴史学）・国宝保存会委員の荻野仲三郎《おぎのなかさぶろう》（歴史学）が、今城塚を陵墓参考地に編入すべきとする意見をだした。

浜田・黒板・荻野が提出した「理由書」では、「近時発見セラレタル大阪府三島郡三島村大字中条常称寺所蔵ノ摂津国島下郡総持寺寺領散在田畠目録ヲ始メトシ、摂津国勝尾寺文書其他ノ文書ニ基ク当地方条里ノ研究ノ結果ニ依レバ、此地方ノ条里施行当時ノ郡界ハ茶臼山ノ東ニ在リシモノト推定セラレ、上記延喜式、諸陵雑事注文及ビ扶桑略記ノ記載等ト併セ考フルニ、茶臼山即チ現在ノ三島藍野陵ハ島上郡ニ属セシモノトスル能ハザルニ似タリ」とし、「今城塚ハ之ヲ陵墓参考地ニ編入セラルベキモノト認ムルナリ」と結論づけた。臨時陵墓調査委員会における、条里の歴史地理的な考証は、いうまでもなく天坊の研究に依拠するものであった。

しかし今日にいたるまで、治定が改められることも今城塚古墳が陵墓参考地に編入されることもなかった。臨時陵墓調査委員会における継体天皇陵治定への疑義は、宮内省というコップの中の議論でしかなかったのだ。

今城塚古墳は一九五八年に国の史跡に指定され、一九七〇年より指定地の土地公有化事業が始まった。考古学の調査では、一九八九年より埴輪工房である新池遺跡の発掘が始まり、一九九六年より史跡の保存と整備のための発掘調査へと続く。この間、内堤で二〇〇点を超える家や大刀や巫女や武人などの形象埴輪が見つかった。二〇一一年には、今城塚古墳の史跡公園と古代歴史館が公開されるにいたった。

(4) なぜ治定は変更されなかったのか

ここで、継体天皇陵の治定の誤りが正されなかった原因を歴史的に考えたい。史料批判のない文献考証と、現地における口碑流伝の採集といった「一九世紀の学知」に基づき「一九世紀の陵墓体系」が整えられた。とりわけ先述したように、天皇陵は一八八九年の大日本憲法発布とともに孝明天皇で一二〇代となる、すべての天皇陵（長慶陵を除く）が決められた。大正期になると、西暦の絶対年代を古墳の考古学に導入した浜田耕作や記紀の文献批判をした津田左右吉《つだそうきち》が、「二〇世紀の学知」として登場した。津田左右吉は、『古事記』『日本書紀』は律令制の形成とともに編纂された正史であり五〜七世紀の政治思想を反映した産物とみなした。こうした「二〇世紀の学知」は「一九世紀の陵墓体系」と齟齬を生じたが、陵墓体系は凍結され今日にいたっている。これが陵墓問題の本質である。しかしここに紹介した一九二六年の新聞史料のように、「一九世紀の陵墓体系」への疑義が、宮内省内部においてさえも共有されていたことが、広く報道されたことの意義は大きい。

戦後の一九五三年、正倉院事務所長となった和田軍一は、今城塚古墳について、天坊幸彦が摂津の勝尾寺《かつおうじ》文書やその他の古文書を基礎として条里制の研究をし、「ついに、もと島上郡と島下郡の郡界が、今城塚と現在の継体天皇藍野陵との間にあることを立証し（中略）旧島上郡に属する今城塚は藍野陵でなければならないと論証した」と公言した。そして一九二四年以降に、黒板勝美が現状以上に今城塚古墳が荒廃しないように、「宮内当局が何らかの形でこれを管理するに至るまで、差当《さしあた》り史蹟として保存する必要あり」として、史蹟指定のために努力したと、和田は回顧している（和田軍一「臨時陵墓調査委員会」黒板博士記念会編『古文化の保存と研究』一九五三年）。

（5）天坊幸彦の学知

図4　天坊幸彦

ここで鍵をにぎる天坊幸彦（図4）が、一九二〇年代に継体天皇陵の治定に疑義を投げかけた先進性は、彼の人となりや、地域に根ざした彼の学問の全体像から考えなければならない。以下、この問題を考える。

天坊は明治四年に京都の丸太町に生まれ、京都第一中学校から第三高等学校を経て、一九〇四年に東京帝国大学文科大学で国史を専攻した。同級生に大阪府立図書館長となる今井貫一《いまいかんいち》、一年先輩には、先に今城塚古墳＝継体天皇陵説を唱えた喜田貞吉、また大正期以降、古文書学を体系化する一方で、日露戦後の社会にマッチした国民道徳に資する国史学を作りだす黒板勝美がいた。

天坊幸彦の歴史地理学による条里制研究は、主著『上代浪華の歴史地理的研究』に結実した。また天坊は、大阪府の勝尾寺文書、水無瀬《みなせ》文書の調査出版に尽力するとともに、明治初年の皇国地誌のために編纂され郡役所に残っていた村誌の筆写を、大正期の茨木中学校において、教え子の川端康成や、のちにキリシタン遺物を発見する藤波大超《ふじなみだいちょう》らに命じた。

黒板勝美は、一九〇八年からの海外留学でドイツのハイマートシュッツ（郷土保存）のありようを学び、それを日本に紹介した。それは明治期以来の古社寺保存会の上からの文化財指定ではなく、府県の史蹟名勝保存委員会からボトムアップしてゆき、なるべく美術品や史料などの文化財を、現地で保存してゆこうとする政策であった。なお、黒板勝美は一九一九年に史料編纂官兼東京帝国大学教授となる。この現地保存という最新の学知が、天坊幸彦に影響を与えた。

天坊は、一九二〇年に三島郡清渓《きよたに》村で発見された、上野マリアの墓石やザビエル画像などを現地で保存しようとした。それに対して、発見者である藤波大超や京都帝国大学の学者たちは現地から大学へ移したり、売却しようとした。

一九二〇年（大正九）一〇月一日付『大阪毎日新聞』にキリシタン遺物発見の第一報が掲載されたが、これを機にキリシタン遺物をめぐる対立が表面化した。同月五日（消印より）、キリシタン遺物の所有者である東藤次郎《ひがしとうじろう》に宛てて天坊幸彦は、キリシタン墓碑の現地保存を訴えた。

小生《しょうせい》之考ふる処ニよれは、右石碑ハ可成《なるべく》、現在之場所を離さゝるをよしと存し候、就而《ついて》ハ彼附《かのふ》近《きん》之樹木の下、仮令《たとえ》ハ山桃之樹の下へなりとも、立直し出来得《できう》るならハ屋根を作り置度《たく》、其傍へハ大阪府に申告して、史蹟地標石《ひょうせき》（現ニ茨木城址。芥川城址ニ立てあるものと同一のもの）を建たらはよろしからんと存し候、大正十年度右標石建設協議会之際ニハ、是非申出す積《つもり》ニ御座候、右之次第ニつき是非《ぜひ》〳〵小生希望之通、当地ニ残し置候様取斗《ようとりはから》はれ度、呉々《くれぐれ》も希望候

（『東家文書』、茨木市史編纂室所蔵写真版）

天坊は、発見された慶長八年（一六〇三）の「上野マリヤ」の墓について、現地から動かさず、そこに屋根をつけ、天坊みずから一九一五年以来委員を務める大阪府史蹟調査委員会に補助金を得るように、東藤次郎に働きかけている。

天坊は、大阪府史蹟調査委員として、三島郡すべての調査を執りおこなった。天坊書簡に出てくる、一四世紀の正平年間に芥川氏が築いた芥川城址は、芥川氏の末裔である「岸田氏の邸前」に標示の石柱がたち、また茨木城は本丸址と伝わる茨木小学校の門側に標石が建てられた（『大阪府史蹟名勝天然記念物』大阪府学務部、一九二八年）。

天坊は、三島郡の地域に即し、茨木中学校で多くの学生を育て、また地域に根ざした地域文化の振興をはかり、地域の文化財は地域で保存しようとした。そして三島村・常称寺所蔵の「摂津総持寺々領散在田畠目録」（一四世紀）をはじめとする地域の史料を調査・発掘し、今城塚古墳こそ真の継体大王の墓であると論じた。その他にも一九二九年の「摂津国三島藍野陵と今城」（『歴史地理』第五四巻第六号）では、近世の継体天皇陵探索にかかわり、富田町小方某所蔵文書、三ケ牧村字柱本興楽寺所蔵

文書、芥川村下村某所蔵文書を引用している。前述の『上代浪華の歴史地理的研究』の序では、「一体郷土史なるものは書物の上の調査のみでは出来るものではなく、実地踏査による資料が重要である」と主張した。地域に根ざし、地域と密接に関わった天坊の営みにより、太田茶臼山古墳が継体大王（天皇）の墓でないことが、一九二〇年代の学問の営みのなかで論証されたのであった。

二　長慶天皇陵と臨時陵墓調査委員会

（1）一九三〇年代の学知による考証

宮内公文書館が所蔵する『臨時陵墓調査委員会資料』からは、一九三〇年代の陵墓をめぐる学知がうかがえる。

一九三五年（昭和一〇）六月二七日、宮内大臣湯《ゆ》浅倉平《あさくらへい》は、臨時陵墓調査委員会において、現在陵墓は八一三あるが、長慶天皇陵の候補地はほとんど七〇か所に達するなかで、速やかに長慶天皇陵を治定し「御皇霊ヲ安」ずることが必要であるとし、また同年三月には諸陵寮に考証官を新設したと挨拶した。この新設考証官が、和田軍一であった。臨時陵墓調査委員会では長慶天皇陵の調査が主要な課題であったが、それ以外にも、いまだ治定にならない陵墓群や、現在治定された陵墓へのさまざまな疑義の究明、陵墓参考地の調査整理などをあげて、「史上ノ徴証《ちょうしょう》ノ乏《とぼ》シイ難件」もあり、各委員の「腹蔵ナキ御協議」を宮内大臣は促した。かくしてこの委員会では、一九三〇年代の歴史学・考古学などの分野で、アカデミズムを代表する学者による自由な審議がはじまるが、結論からいえば、それはあくまで宮内省内部の密室に限定された、自由な議論にすぎなかったのである。

臨時陵墓調査委員会の諮問第一号、「長慶天皇ノ陵ニ関スル件」は、一九三五年七月一八日、第一回の小委員会が開かれた。宮内次官・大谷正男、諸陵頭・渡部信、図書陵編修官・芝葛盛《しばかずもり》、東京帝国大学教授兼史料編纂官・辻善之助《つじぜんのすけ》、東京帝国大学名誉教授・黒板勝美、国宝保存会委員・荻野仲三郎を委員とし、諸陵寮の宮内事務官伊藤武雄、考証官和田軍一も出席しておこなわれた。その後、黒板は、一九三六年に脳溢血で倒れるまでの、一年半のあいだに三十数回の会議に出席し、京都・大阪・和歌山など各府県の陵墓および未定陵墓関係地四二か所を積極的に実地踏査し、史料採訪した。さらに京都帝国大学教授西田直二郎《にしだなおじろう》と、東京帝国大学史料編纂官・龍粛《りゅうすすむ》が小委員会に加わった。

かくしてはじまった長慶天皇陵の調査方針では、①長慶天皇の陵墓参考地（相馬陵墓参考地と河根陵墓参考地）と同陵に対する上申地を検討調査、②長慶天皇をめぐる南朝の天皇と関係の深い地方の文献や長慶天皇の人格、近親、側近などの事蹟を検討・調査して、報告書を作成するとした。そして「採訪目安」として、南朝年号や長慶天皇の治世から嘉吉《かきつ》（一四四一～四四）頃までにいたる資料や、古文書・記録・金石文を採訪し、和書・漢籍・聖教類のなかの奥書および過去帳などに注意すること、また史料上、注意すべき固有名詞の項目として、長慶院・大覚寺法皇・住吉行宮《すみよしあんぐう》・慶寿院など七〇以上をあげて採訪の厳密さを促した。ここで史料考証における文書の奥書《おくがき》が重視されたのは、天野《あまの》山《さん》金剛寺の仏書の奥書を通じて、同寺を光厳天皇御分骨所であると治定した、黒板勝美の考証が経験となっていた。

さらに史料採訪が必要な場所として、仁和寺・青蓮院《しょうれんいん》・大覚寺・京都帝国大学附属図書館・高野山、あるいは勧修寺《かじゅうじ》家・近衛《このえ》家など四〇か所以上をあげる。

一九三六年四月に調製された「長慶天皇御陵伝説箇所関係書類審議一覧」は、北海道から福岡県までの七三か所について、根拠の信憑性をしめす分類を呈示し、実地踏査をしたかどうかをチェックした一覧表である。

そこでは第一類を「単ナル想像ニ拠《よ》ルモノ」「伝説ニ拠ルモノ」「附会（こじつけ――筆者）ノ説ヲナスモノ」「偽作偽物ニ拠ルモノ」の四つに分類した。この第一類は、検討対象からおとされてゆくこととなる。

たとえば第一類のなかで、愛知県宝飯《ほい》郡御津《みと》町字船山は「前方後円墳ニシテ一《ひとつ》ノ想定ニ過キス」と、後述するように古墳時代の前方後円墳は中世の墓制ではないとの学知が根拠となった。和歌山県有田郡八幡村は「花園古文書・新葉集・徒然草・吉野古文書等ニ基《もとず》ク附会ノ説ナレトモ、土地柄《とちがら》踏査《とうさ》ヲ要ス」とされた。

第二類は「的確ナル資料ヲ欠クモ尚《なお》捨テ難キモノ」とした。捨てがたい第二類の分類から候補地は検討していくことになるが、この段階で、最終決定地となる京都府右京区嵯峨慶寿院阯は、第二類の踏査済みであり、「慶寿院ノ名称及ヒ開山皇子海門《かいもん》ノ関係ヲ辿《たど》リタル想定ナレトモ土地柄踏査ヲ要ス」とされた。そして調査の進展のなかで、住吉行宮阯《あと》、天野行宮阯、観心寺《かんしんじ》（以上大阪府）、栄山《えいざん》行宮阯（奈良県）、慶寿院阯（京都府）に、候補地は絞られていった。

最終的に委員長より宮内大臣に出された一九四〇年の答申書では、小委員会は、一昨年より全力で長慶天皇陵の治定問題に集中して四〇回を越える委員会を開くとともに、別に嘱託を置いて社寺諸家の資料を収集したと報告する。さらに一〇〇か所を越える伝説地および推考地は取るに足りないことが明らかとなり、調査の主眼を「天皇ノ御動静御称号ノ典拠、及ヒ崩御前後ノ諸事情等ヲ考察スル」こととした。そして、嵯峨天龍寺角倉町の慶寿院阯に陵所を定めることが「最モ妥当」と答申した。

ここで興味深いのは、結局、江戸時代以来、全国にあった長慶天皇陵の伝説地や由緒地は「一九世紀の学知」に基づくものであったが、これらの候補地は取るに足りないと結論づけられた点である。新たに黒板・龍らアカデミズムの精鋭歴史学者の小委員会で仕切り直して、文献考証を主軸に答申がまとめられた。すなわち、地方に残っていた長慶天皇陵の候補地を推す民間の根拠は、一九三〇年代の学知からみれば、問題にならなかった。

(2) 長慶天皇陵治定「理由書」

ここで一九三〇年代の歴史学の学知を動員した長慶天皇陵治定の「理由書」についてみたい。この最終の「理由書」は、龍粛私案の中身と一致することから、龍がまとめたと思われる。

そこでは、長慶天皇晩年の事蹟の手がかりはほとんどなく、『大乗院日記目録』応永元年（一三九四）の条に「八月一日大覚寺法皇崩、五十二、号長慶院」とあるのみである。そこで天皇の動静や称号の典拠や崩御前後の諸事情について、史料博捜のうえで、考察することとなる。結局、長慶天皇が嵯峨に入洛したことをしめす史料はないが、長慶天皇の皇子海門承朝《かいもんじょうちょう》が慶寿院に居住したとする史料はある。したがって長慶天皇は入洛後に慶寿院を御座所にして、その崩御の地で斂葬《れんそう》（埋葬）されたと推測できるとした。なぜなら皇子海門承朝がそこに父親の遺跡として菩提を弔らい居住した供養所であろうことが、当時の他の皇族の慣例から推察できるからであった。以上の理由により、慶寿院が、長慶天皇の由緒にもっとも深くかかわった遺阯であることが明瞭とされた。かくして「理由書」では、嵯峨天龍寺角倉町の慶寿院阯を長慶天皇の陵所とすることが「最モ適当」とした。

膨大な文献史料にあたりつつも、決定的史料がないなかで、候補地の消去法による推定となった。何よりも至上課題として、長慶天皇の在位が確実であれば、「万世一系」の皇統が欠落する、最後のひとつのピース＝長慶天皇陵を埋めなければならない。中世の仏式の火葬墓の治定は、山田邦和も論じるように、六世紀までの古墳時代以上に難しく、結果は怪しい。しかし長慶天皇陵は、この臨時陵墓調査委員会の答申書をもとに、一九四二年に下嵯峨陵墓参考地となり、一九四四年二月一一日に嵯峨天龍寺の慶寿院に定められた。この間の経緯には、外池昇も説くように、遺骸のない由緒の地を、「陵に擬《ぎ》す」決定がなされたのである。

（3）古墳墳形による時代区分の導入

もう一つ臨時陵墓調査委員会の議論で重要な学知として、古墳の墳形の時代区分論の問題をあげたい。

諸陵寮陵墓考証官の和田軍一は、天皇陵の形式の変遷を、古墳時代から江戸時代まで歴史的、体系的に論じている。和田は、「皇陵」（国史研究会編輯『岩波講座日本歴史』一九三四年）のなかで、神話時代の七代孝霊天皇以前の検討は、「山陵の形制を之に拠つて推尋し得るか頗る疑問」として棚上げする。ついで今でいう古墳時代を「高塚式山陵時代」として、それを前期の「前方後円時代」（八代孝元天皇から三〇代敏達天皇まで）と、後期の「方墳又は円墳時代」とにわける。和田が用いる「高塚式山陵」とは、今日の宮内庁でも使用される名辞である。また聖徳太子の墓や天武天皇陵の石室が切石積《きりいしづみ》であることを根拠として、古墳時代後期の方墳や円墳も切石積であろうと論じた。さらに奈良時代から平安後期の堀河天皇までは、「墳壟《ふんろう》有無錯綜時代」であり、「高塚式陵制の伝統」とともに、まったく逆の「薄葬思想の異常なる展開」をみた。そして平安中期の白河天皇から江戸後期の仁孝天皇までは、木造・石造の「堂塔式山陵時代」であると、大きく時代区分した。

　こうした古墳の墳形の時代区分論は、一九三〇年代の臨時陵墓調査委員会における、陵墓の年代確定に大きな影響を与えた。和田は、陵墓考証官としていずれの案件にも関わったと思われる。

　ここで古墳の墳形の時代区分の学知が、当時の臨時陵墓調査委員会において治定の誤りを指摘した事例をあげたい。

　一九三五年一〇月一一日に考古学の浜田耕作・原田淑人《はらだよしと》と歴史学の辻善之助・黒板勝美は、淳和天皇皇后正子《まさこ》内親王と淳和天皇皇子恒貞《つねさだ》親王の墓を、円山《まるやま》陵墓参考地・入道塚《にゅうどうつか》陵墓参考地に治定すべきではないとした。その「理由書」では、「之ヲ墓制上ヨリ観察スルトキハ、奈良時代以前ノモノニ係リ平安朝初期ノ墳墓ノ様式中ニハ未タ此《かく》ノ如キモノノ存セルヲ知ラス」と、「巨石」の使用を、平安期の薄葬にあわないと断じた。この委員会には幹事として諸陵寮の和田軍一と伊藤武雄も出席している。

また一八七七年（明治一〇）に治定された平安時代の宇多天皇中宮温子《おんし》ほか一六人の埋葬地である宇治陵においては、「（この）時代ノ墳墓ハ大体円丘」であるが、同陵には方形や前方後円の墳丘もあり、円丘以外は時代が合わないと結論づけた（宇治墓「理由書」、浜田・原田委員他）。

さらに後円部のみが陵墓参考地として囲い込まれていた見瀬丸山古墳については、「長サ百六十間（約二九一メートル）ニ及ヘル一大前方後円墳」と形状が正確に把握されていた。また檜隈大内陵《ひのくまのおおうちのみささぎ》（天武・持統合葬陵）の石室は、「阿不幾乃山陵記《あおきのさんりょうき》」の記述によると、大きさが前室方一丈（約三メートル）・奥室南北一丈四、五尺（約四・二〜四・五メートル）であり、かつ「切石造リ」の構造をもつと報告された。その一方で、見瀬丸山古墳の石室を実測すると、前室の長さは一四間（約二五メートル）、奥室南北三丈（約九メートル）で自然石の石室の構造であると、その違いを指摘した（畝傍陵墓参考地「理由書」浜田・原田委員他）。

同様に、群馬県前橋市総社《そうじゃ》町大字植野二子山《ふたごやま》古墳も、古墳の編年からは崇神《すじん》天皇皇子豊城入彦命《とよきいりひこのみこと》とする説が否定された。「理由書」（原田委員他）では、「二子山古墳ノ前方部及後円部ニ構ヘラレタル横穴式石槨《せっかく》ノ構造様式ハ前方後円墳築造時代ノ末期ニ見ラルルモノ」として「其年代観上」ふさわしくないとされた。この「古墳の外部構造の実測、石室構造の実測、出土品の調査」は、黒板勝美が主宰する日本古文化研究所の手により一九三六年におこなわれた（和田前掲「臨時陵墓調査委員会」）。

一九三七年に郡山《こおりやま》陵墓参考地（郡山新木山《にきやま》古墳）は、平城《へいぜい》天皇・嵯峨天皇の外祖母である藤原良継《ふじわらのよしつぐ》の室《しつ》、安倍古美奈《あべのこみな》村国墓であるとの見込で、御陵墓伝説地に編入されていた。しかし古墳時代の前方後円墳の形状であり平安初期の墓制ではないと主張された（浜田・原田委員他）。

戦前期に、すでに古墳の墳形の時代区分が体系化されていたにもかかわらず、臨時陵墓調査委員会で検討された宇治陵は今日まで指定の解除がない。円山陵墓参考地・入道塚陵墓参考地や郡山陵墓参考地の陵墓参考地の解除もない。

むすびにかえて

六七二年の壬申の乱の時、大海人皇子《おおあまのおうじ》が奉幣したことから、畝傍山麓に神武天皇陵が七世紀の乱からそうさかのぼらない時期には造営されていたとわかる。架空の天皇陵が、古代にも顕彰されていた。その後、この神武天皇陵は所在が不明となったが、文久三年（一八六三）に神武田《じぶでん》（ミサンザイ）に再び築造された。これはのちに明治維新の「神武創業」を視覚化する事業となった。

この神武天皇陵と同様に、長慶天皇陵の治定も政治の産物である。中世仏教の影響をうけた薄葬のため所在が疑わしい長慶天皇陵を一九四四年に決定した政策は、アジア・太平洋戦争期に顕著な皇国史観の表れであった。長慶天皇は南朝ゆえに主権が存在するとされ、在位が確認され、そのために陵墓の探索は至上命題となった。治定にあたっては、長慶天皇に関わる文献を博捜し、現地調査を重ね、由緒や伝説を採訪するという一九三〇年代の歴史学・考古学・地名考証などの学知が動員された。しかし最後は、皇子の海門承明がそこに居住したという、きわめて曖昧な状況証拠で治定された。その「陵に擬《ぎ》」せられた長慶天皇陵は、あたかも真実のように、社会に存在し続けることになった。

二〇一〇年一〇月に、「真正性」が不透明なままで、百舌鳥・古市古墳群を世界遺産国内暫定リストに登録することが決まった。一方、一九二〇〜三〇年代の天坊幸彦から黒板勝美・和田軍一らの学問的営為により、真の継体大王墓は今城塚古墳であることが明らかになった。戦後、今城塚古墳は史跡指定され公有地化され、発掘をともなう調査研究が積み重ねられてきた。したがって二〇一一年四月に「今城塚古代歴史館」を併設し、史跡公園「いましろ大王の杜」として市民に公開された今城塚古墳こそが、「真正性」という意味では、世界遺産にふさわしい。

継体大王墓＝今城塚古墳の保存・公開・活用は、今日、最先端の文化財保護のありようであろう。このことに学び、二一世紀の陵墓の保存・公開・活用を考えて、市民とともに多様で活発な議論を重ねたい。

〔参考文献〕

上田長生「近代陵墓体系の形成——明治初年の陵墓探索・治定と考証家——」(『日本史研究』六〇〇、二〇一二年)
尾谷雅比古『近代古墳保存行政の研究』(思文閣出版、二〇一四年)

小浜　成「総持寺遺跡から見た太田茶臼山古墳――埴輪がつなぐ古市と三島――」（『新修茨木市史　年報』一〇、二〇一二年）
黒板博士記念会編『古文化の保存と研究――黒板博士の業績を中心として――』（黒板博士記念会、一九五三年）
高木博志『近代天皇制と古都』（岩波書店、二〇〇六年）
高木博志「現地保存の歴史と課題」（『日本史研究』六〇二、二〇一二年）
高木博志「一九二〇年、茨木キリシタン遺物の発見」（松沢裕作編『近代日本のヒストリオグラフィー』山川出版社、二〇一五年）
高槻市立今城塚古代歴史館『たかつきの発掘史をたどる』（高槻市立今城塚古代歴史館、二〇一五年）
天坊幸彦『富田史談』（天坊家家蔵版、一九五五年）
外池　昇『天皇陵の近代史』（吉川弘文館、二〇〇〇年）
外池　昇『事典　陵墓参考地』（吉川弘文館、二〇〇五年）
菱田哲郎「太田茶臼山古墳（継体陵古墳）の築造された時代」（『新修茨木市史　年報』一〇、二〇一二年）
廣木　尚「黒板勝美の通史叙述」（『日本史研究』六二四、二〇一四年）
森田克行『今城塚と三島古墳群――摂津・淀川北岸の真の継体陵――』（同成社、二〇〇六年）
山田邦和「平安時代天皇陵研究の展望」（『日本史研究』五二一、二〇〇六年）

〔図版一覧〕
図１　長慶天皇陵（筆者撮影）
図２　現在の今城塚古墳（高槻市教育委員会・高槻市立今城塚古代歴史館編『高槻市立今城塚古代歴史館常設

展示図録』高槻市教育委員会、二〇一一年）

図3　継体天皇陵と今城塚古墳の位置（『朝日新聞』二〇〇三年一月三一日）

図4　天坊幸彦（天坊幸彦『富田史談』天坊家家蔵版、一九五五年）

第Ⅲ部

現代と天皇陵古墳問題

土師ニサンザイ古墳の限定公開（二〇一二年一一月、今尾文昭撮影）

第7章　陵墓と文化財「公開」の現在
――デジタル時代の文化財情報の公開の姿とは――

後藤　真

はじめに

本章では、陵墓をはじめ、文化財の公開状況に関する過去と現在をとりあつかう。大きく三つのことを述べたい。一つ目は、陵墓保存運動に関係する関係諸団体（学協会）がその運動を行ってきたその経緯と現状について。二つ目はそれらの学協会の活動などを踏まえ、文化財の公開がどのような状況を示しているかについて。そして三つ目に若干付随的にはなるが、インターネットの世界で、陵墓がどのように理解されているのか、それはどのように名付けられているのかという現状についてである。

それらの状況をふまえ、あくまでも一研究者の意見ではあるが、天皇陵の名づけや文化財の「公開」に関する今後の見通しについて述べることとしたい。

一　陵墓公開運動のこれまで

（1）第一段階

そもそも、陵墓の公開について、学会はいつから活動を開始したのであろうか。戦後すぐにこのような活動が起こったわけではない。陵墓の公開の問題が大きくなり始めたのは、一九七二年の高松塚古墳の「発見」と、それにともなう考古学ブームの到来と時を同じくしている。厳密には、陵墓の保存運動が高松塚より一年先行するのだが、当初は、大阪の土師《はぜ》ニサンザイ古墳の周りが開発されることに危機感を覚えた考古学者の保存運動が端緒であった。その後、保存運動から陵墓の情報が公開されていないという論点があらたに提示され、その後保存運動から公開へと議論を広げ、保存と公開を両輪とした運動へと展開していった。一九七〇年代後半は、特に陵墓公開運動の盛んな時期であり、多くの学会がその会誌のなかで、陵墓の特集を行っていた時期でもある。

そのころの陵墓公開運動には、注目すべき動きもある。特に、この運動の最初期から陵墓の公開に関して国会で質問が行われるようになった。国会では、こののち、たびたび陵墓の公開は議論となるのだが、特に最初期には、自民党で大阪府から選出の中山正暉《なかやままさあき》衆議院議員も質問をしている。中山議員は質問のなかで以下のように述べている。

> 私は実は皇室を人一倍御尊敬を申し上げている者として非常に自信を持っております。いままでタブーとされておりました天皇御陵に対する調査研究と申しますか、日本の歴史のベールに包

まれた部分を解明をするために、むしろ天皇陛下が進んで——学者天皇特に科学者天皇として、いま海外にもそして国内にも、生物学の面で非常な権威を持っておられる陛下のことでございますので、海岸でいろいろな生物学の研究をなさるのもけっこうでございますが、御自身の御所有の御先祖のお墓の中に、世界の学問にとって非常に貴重な資料が含まれていると思われるもの、陵墓、古墳、墳墓九百八、これを何とか学問調査研究の対象にしていただくことができないものであろうか。

（中略）

この際に天皇陛下の科学的な御事業の一つとして、あるプログラムを立てて、これを国民の目の前に明らかにされて適当ではないかと私は思いますが、まず御意見を伺いたいと思います。

（昭和四七年四月一三日　第六八回国会　文教委員会文化財保護に関する小委員会）

このことは、陵墓の公開が広く国民の文化財や歴史のために知られるべきであるということが、党派に関係なく主張されていた状況の一端を示しているとも考えられる。

陵墓公開運動の資料に限ってみると、一九七一年当時の学会の陵墓の状況整理では、天皇陵の名づけは、たとえば「仁徳天皇陵」である（『考古学研究』第一八巻二号）。これには注釈も鍵かっこも付されていない。この傾向は、一九七〇年代後半に転換がみられ、一九七八年の段階では明確に「陵とされている古墳であっても、これらを科学的に研究しようとする以上、古墳一般の呼称法を用いるのが正しい。この呼称法は大阪府教委や森浩一氏によって主唱されたが」（『文化財をまもるために』一九号）

と明確に説明されるようになっている。この段階においては、陵墓公開運動にかかわる学協会は、古墳名を原則とするか、「＊＊陵」と鍵かっこを付けて説明するようになり、現在にいたるまで定着しているといってよい。

右でも触れられているとおり、森浩一が、早く一九七〇年に「＊＊天皇陵」という呼称に疑義を示したことは、本書今尾文昭論考（第一章）にて言及されている。しかし、少なくとも現在残されている陵墓公開運動にかかわる学会報告等の資料を見る限り、若干のずれをもって、森の提言は受け入れられていったようである。少なくとも一九七一年においては、「仁徳天皇陵」であるし、一九七〇年代後半においても、「仲津媛陵」（仲津山古墳）（大阪歴史学会が一九七八年の大会で出した声明）という表現がなおも見受けられる。しかし、一九七〇年代の考古学界の趨勢に沿って、論文等のトレンドよりわずかに遅れながら学会の陵墓公開運動としても表現が移行していったことがうかがわれる。

その後、一九七九年には学会の希望もあり、陵墓の保全工事にあわせて行っていた発掘調査の成果を学会に公開するようになった。これは一九七〇年代の陵墓の公開運動の一つの大きなステップとなった。宮内庁の保全工事にともなう調査に、学会の目が加わったのである。

次の大きな画期は、二〇〇七年である。二〇〇七年一月をもって学会が希望した陵墓に関しては、第一段テラス部まで立ち入り、表面観察を行うことができる内規ができ、現在にいたっているのである。

ここまでの学会の到達点として、まず宮内庁の行っている陵墓の調査成果を多くの研究者にひらくべしという活動が第一段階としてあった。その成果は、宮内庁から一定の理解を得つつ、『書陵部紀要』の成果報告の充実にあわせて現地での説明会を行うことで、調査の現況を実地で把握することを可能にしたことになる。

(2) 第二段階

第二の段階として、学会が希望する陵墓の表面観察があげられる。これは、宮内庁の事業に合わせて行うのではなく、学会がみずからの学問的・社会的要請にもとづいて、要求をしている点が、第一段階と大きく異なる。

「表面を見ただけで何がわかるのか」という指摘もあるが、その成果は決して小さくない。たとえば明治天皇の御陵地として指定されている区域には、豊臣秀吉~徳川家康が居城とした伏見城のほとんどが入っている。これまで立ち入ることができず、どのような城であったのか、その詳細な情報を知るすべがほとんどなかったのである。二〇〇九年に学協会で立ち入りを要望し、現状の表面観察を行って以来、継続して現地の状況を確認してきた。これは、明治天皇の陵墓本体には一切触れることなく、静謐と安寧を維持したまま、広大な後背地である伏見城部分を調査できたという点で、大変に意義深いものであると考えられる。

このように、実際には天皇陵本体とかかわりの薄い部分でも、これまでの制度では確認できない部分が多くあった。これらの陵墓について、実地見学ができるようになったことは、大きな進展としてあげられるであろう。

また、つい最近の動きとしては陵墓の調査について、宮内庁が自治体や学会と共同での調査を行う方針が打ち出されている。これは、本稿執筆段階では、まだ方針が報道された程度に過ぎないが、今後の重要な動きとして注目すべきであろう。

これらの動きは、陵墓を一つの組織から、多くの研究者にひらくという大きな方向性のなかにあると理解できる。決まった研究者だけではなく、多くの研究者の目で検証することで、調査の妥当性を保証したり、これまでにない観点での発見の可能性を増やすことにつながることが主たる眼目であった。この第二の段階を経ることで、陵墓に関する研究の知見がより深まり、古代史だけではなく、近代までの歴史の解明に役立つと考えられる。

(3) 第三段階

今後、第三のステップとしては、これらの陵墓を研究者から、研究者以外の人々に対してひらくにはどうすべきか、ということが考えられるようになるであろう。陵墓自体は、日本国民のみならず、世界的にも重要な文化遺産である。この文化遺産に、立場を問わずアクセスできるしくみを整えることが、真に開かれた陵墓の姿であるといえる。

この第三のステップのためには、今までとは異なる視点が求められる。これまでの第一のステップ、第二のステップの学会の活動では「自分たち研究者にメリットのある形での公開」という動きで理解できた。しかし、次は「研究者以外まで含んだすべての人々にメリットのある形での公開」はどのようなものかという議論の軸で考える必要がある。この場合、学会は宮内庁などと対峙するだけでなく、自分たちの扱っている資料群をどのように公開するのかという、いわば「みずからの問題」として考えざるを得ない部分が多く生じてくると想定される。その点においては、単純な対立構造ではなく、多くのプレーヤーの存在を考えつつ進めていく必要があるであろう。学協会の陵墓公開運動は、学界全体の文化財情報の公開の流れと深くかかわっている。その実施のためには、陵墓以外の文化財情報がどのように公開されているのかをふまえ、今後の展開を考える必要がある。そこで、次節では文化財情報の現在、宮内庁書陵部陵墓課の現状について述べることで、陵墓が社会にどのように関係するかをみていく今後の材料を提供したい。

二　文化財情報公開の現在

(1) デジタルデバイスの登場

それでは現在陵墓を含む広い文脈では文化財情報の公開は、どのように行われているのであろうか。その点を簡単に整理してみたい。これまでの文化財の情報公開といえば、まずは書籍の形態で発表されるものが常であった。たとえば、遺跡の発掘調査を行った場合には、その成果は「発掘調査報告書」として出されるものが一般的であり、それらはさらに学術書や一般書となって販売される。また、その成果に応じて遺跡の現地に看板などが置かれ、遺物は博物館等で公開されるという、「物理的なモノ」として表現されるのが一般的であった。

しかし現在、いうまでもなく大きく状況は異なってきている。それは、デジタルデバイスの登場であり、インターネットの登場である。とりわけ、インターネットの登場は、情報の「空間世界」を大きく変容させた。本の情報は、本屋や図書館に行かなくてもダウンロードでき、大量の情報を小さなデバイスで持ち歩ける。ほしい情報は検索で見つかる時代が近づいてきたのである。このこと自体は、モノの重要性を捨象するものではない。現地でモノを見る、その場の空間を楽しむということは、電子データでは不可能なことである（私自身も現在博物館に勤務しており、ぜひとも博物館には足をはこんでほしいと思う一人である）。しかし、文化財そのものだけではなく、「情報」にポイントを絞った場合、インターネットとつながるデジタルデバイスの存在を軽くみることはできない。文化財情報のデジタルデータでの公開を議論することは、陵墓を含む文化財の公開と密接な関連を持っているのである。

インターネットでのアクセスについては、より多くの人々による情報アクセスを可能にするという側面も重要である。紙や木（とりわけ古い木材は保存処理をしないと容易に腐食などの破壊が起こってしまう）など物理的に脆弱であったり、遠隔地で研究者以外がアクセスすることが困難であるもの、あるいはごく限られた研究施設にしかなく、多くの人がアクセスするのは物理的に難しいものについても、デジタルデータを介することで多くの人が見ることを可能にする。

さらにいえば、デジタルデータでの情報公開は、単なる「技術的な進展」ではなく、社会への研究情報の公開という側面も持っているのである。それも、単なる社会への知の還元という側面を持っているだけではない。小保方晴子氏の「事件」以来、研究者は自分たちの研究成果のもととなる資料（証拠と言い換えてもよい）を第三者に向けて提供する必要があると、社会的に認知されつつある。研究者の社会への説明責任を果たすためにも、デジタルデータの提供は重要な意味を持ちつつあるのである。そしてこのことは、すでに一五年も前になってしまうのだが、「旧石器発掘ねつ造」事件とも深い関係を持っていることを忘れてはならない。

発掘された資料や成果を多くの人の目で確認することで、その成果の妥当性を検証するしくみの必要性は、研究分野に関わらず求められる。それは研究者の倫理性による部分ももちろんあるのだが、しくみとして可能な限り担保できるものを作る必要がある。

以上をふまえて、各論に入ってみたい。研究情報のデジタル化とインターネット公開には、大きく二つの流れがある。一つは、（ア）いわゆるデータベースで資料の情報を公開するもの、もう一つは、（イ）調査成果報告書や研究成果の論文を公開するものである。

（2）文化財と研究成果の公開状況

（ア）データベースの公開では、代表例にｅ国宝（http://www.emuseum.jp/）や、木簡データベース（https://www.nabunken.go.jp/Open/mokkan/mokkan.html）、東寺百合文書Ｗｅｂ（http://hyakugo.kyoto.jp/）などがある。これらは、いずれも資料そのものが発見できる、有用性の高いものの事例である。たとえば、最初にあげたｅ国宝は、スマートフォンなどでも閲覧可能であり、従来は見ることのできなかったような、重要文化財の仏像の木目一つ一つまで確認ができる。木簡データベースは、通常では見ることのできない脆弱な木簡の文字を検索できると同時に、一部の木簡については画像を見ることもできる。東寺百合文書については、現在は京都府立総合資料館（二〇一七年より京都府立京都学・歴彩館）に所蔵されている東寺の古文書を画像で閲覧できる仕組みであるとともに、自由に理由できるライセンス（オープンライセンス）で提供を行っており、再利用・再配布が可能である点が特徴である。

（イ）調査報告書や学術論文の公開では、一般に「リポジトリ」というものを介して提供される。「リポジトリ」とは「貯蔵庫」や「倉庫」がもとの意味であるが、そこから転じて、とりわけ論文などのデジタルデータを保存するものを、そのように呼称するようになっている。このリポジトリが充実したことで、歴史や考古だけではなく学問の世界の研究成果の流通のあり方は根本的に変わってしまっている。学術論文については、さまざまな大学が所属している研究者の論文を公開している。これについては、多数あるので具体例をあげることはしないが、「大学名＋リポジトリ」などで検索をしていただきたい。

調査報告書については、近年、奈良文化財研究所が「全国遺跡総覧」（http://sitereports.nabunken.go.jp/ja）を公開した。これは、日本全国の調査報告書をデジタルデータで閲覧することを可能にしたものである。本稿執筆現在で、一六、〇〇〇件を超える調査報告書を閲覧することができる。全国の考古学の成果を、自宅に居ながらにして、今まで報告書を見ることが困難であったような研究者でない人でも容易にダウンロード・閲覧することができるようになったのである。むろん、日本の発掘調査報告書は、これでも数が足りず、無数といってよいほどにあるわけだが、それでも全国の報告書に簡単にアクセスできるようになったというメリットは計り知れない。

資料についても、成果についても、デジタルデータで、かつインターネットで公開することで、社会の多くの人に資料へのアクセス担保がなされるという状況が各地で起こっていることが確認できる。この動き自体が国際的な動向からみて早いかというと、必ずしもそうではない部分もある。たとえば、ヨーロッパではEU全体の文化資源情報を見通すことができるヨーロピアーナという大きなしくみがある。また、Googleは「Google Cultural Institute」という、文化資源全体を覆うようなデータ環境を整えつつある。台湾の中央研究院では中国・台湾の主要な文献の全文検索環境が整っており、主要なものはすべて検索し、見つけることができる。これらに比べると、日本はまだまだという部分も多いのだが、それでも環境自体は整備されつつあるといってもよいであろう。

(3) 宮内庁の情報公開状況

では、問題の陵墓を扱う宮内庁についてはどうだろうか。実際の陵墓地へのアクセスの問題についてはすでに周知のとおりだが、デジタルデータでの情報アクセスについてはどうなのかを見てみたい。まずは、調査成果等についてである。ここでは、皇室関係の文化財を扱う宮内庁のなかでも、注目すべきものが一つある。それは奈良の正倉院の宝物を中心に保存・調査・分析を行っている宮内庁正倉院事務所の成果集である『正倉院紀要』である。この『正倉院紀要』はすでに一号から、本稿執筆段階で最新の三八号までダウンロードが可能であり、正倉院事務所が行っていた調査状況については、容易に確認することができるのである（http://shosoin.kunaicho.go.jp/ja-JP/Bulletin）。この動きはかなり早いものであり、全国の大学がリポジトリを整備し始めた、その黎明期に近いころからＰＤＦでの公開を行っていた。

次に資料についてみてみると、これも正倉院事務所が資料情報の公開を行っている。正倉院事務所は「正倉院宝物」に関してのデータベースを公開している。本稿執筆現在では、「宝物」数が一〇四二点、写真の枚数も二七七〇枚あり、データベースに書かれている「宝物」の説明も多く充実している。また、データベースでは「宝物」ごとにインターネット上でのアドレス（ＵＲＬという）が付されており、それぞれの資料名とアドレスを結び付けることで、「宝物」へのアクセスがインターネット上で可能になっているのである。「正倉院宝物」は一点一点が厳密に管理されており、資料へのアクセス経路自体は限られてはいるものの、このようなしくみをインターネットで実現しているという点は特筆すべきであろう。

また、宮内庁では書陵部図書課が「書陵部所蔵資料目録・画像公開システム」として、書陵部の「図書寮文庫《ずしょりょうぶんこ》」と「宮内公文書館《くないこうぶんしょかん》」の資料を検索できるものを公開している（http://toshoryo.kunaicho.go.jp/）。ここでは最古の写本の百人一首や、大日本帝国憲法の原本などが閲覧可能となっている。

では、翻って、宮内庁のなかでも陵墓に関係する情報はどうかというと、全体の流れのなかからは取り残されているといわざるを得ない状況である。たとえば、天皇陵関係の用語で検索を行った場合、天皇陵に関係する文献資料の情報は多く出てくる。「神武天皇陵修復之儀ニ付示談事」という鷹司家本の資料については画像とともに情報にアクセスできる。画像へのアクセスはないものの、旧諸陵寮関係の資料についても、目録情報は公開されておりアクセスが可能になっている。しかし、実際の調査時の遺物や表面採集時の資料などについては、文献資料以外が対象となっていないこともあり、情報としては出てこない。

また、『書陵部紀要』についても電子データの公開は進んでいないのが現状である。前述の「全国遺跡総覧」においても、主たる電子化の対象が自治体の報告書であることもあり、対象からは外れてしまっている。そのため、たとえば陵墓参考地である奈良県の帯解黄金塚古墳《おびとけこがねづか》（黄金塚陵墓参考地）は、二〇〇四年に宮内庁が墳丘と石室の調査を行い『書陵部紀要』五九号（二〇〇七年）にて報告が行われている。その後、奈良市が測量と周辺の調査を二〇〇七〜二〇〇九年にかけて行っており、その際の資料が調査報告書等でまとめられている。

このうち、電子データで容易にアクセスできるのは、奈良市の成果である。カラー写真と発掘の概況については、前述の「全国遺跡総覧」で検索し、ダウンロードすることで発見が可能となっている。一方の『書陵部紀要』は、検索でも発見が難しく、かつ紙の資料へのアクセスを行わなければならない。

「全国遺跡総覧」のような調査報告書のリポジトリ自体が、論文等と比べると、やや後発である部分は否めないので、必ずしも宮内庁の何らかの責任等を議論するものではないのだが、「多くの人々へのアクセス」という観点からは、学界や社会全体が指摘し、必要な手段を講じることができるように、今後、必要な情報提供を求めていかなければならないのではないだろうか。宮内庁の陵墓課は陵墓のなかへの立ち入り等については、きわめて厳格に制限を行っているが、出土物等に関する情報提供など、比較的柔軟な姿勢で取り組んでいる部分もあるので、今後の活動に期待したい。

三　デジタルの世界の「天皇陵の名前」

最後にインターネットの世界で、研究者同士の議論ではない場での天皇陵への「名づけ」論について、わずかな例ではあるが、少し触れて本章を終えることにしたい。前節の話は、デジタルデータを社会に向けてどのように発信しているかということであった。この節では「インターネットの社会では文化財や知の情報がどのように受け入れられているのか」について、この天皇陵の名称の議論から検討することができる。研究者から社会にどのように情報が提供され、それがインターネットの世界でどのように咀嚼され「知の情報」として公開されるにいたっているかという一つの検討事例として考えられる。

(1) ウィキペディアの特徴

例に取りあげるのは、インターネット上で最大の百科事典であり、多くの人が知っているであろう、ウィキペディア（Wikipedia）である。ウィキペディアは、インターネットの内外でさまざまな評価を得つつも、ある部分では「量的に最大の情報源」としての位置を占めているということはいえるであろう。むろん、質の点についてはさまざまな議論はあるが、それでも「情報の入口」という百科事典の機能は果たしている部分があるといえる。

前提として、ウィキペディアをめぐる問題のなかでも、特に内容をどのように担保しているかという点について触れておきたい。ウィキペディアの大原則は「公表された資料を二次的に加工したもの以外は書いてはならない」ということである。たとえば、公表されている本をもとに、ある遺跡の説明をすることはできるが、公表されてない内部の情報をもとに説明を書くことはできないのである。ウィキペディアは誰でも書ける百科事典である点が特徴だが、たとえ専門の研究者であっても、自身の最新の調査や研究成果をウィキペディアに載せることは許されていない。その場合には、しかるべき媒体に一度掲載したのちに、その媒体の情報を加工して掲載することしか認められていないのである。このようなポリシーを持つのには、以下のような理由がある。

一、インターネット上で、いくら専門の研究者本人であると主張していても、本人確認が一〇〇%の形ではとれないので、主張の信憑性が検証できないこと。

二、いくら専門の研究者であっても公開してしかるべき評価を受けていない情報を載せるのは百科事典にふさわしくないということ。

言い換えれば、外部のしかるべき情報から、事典的な情報を記述するというやり方を徹底することで、ウィキペディアは、その内容の質を担保しようとしているのである。もちろん、多くの人が参加するので、貫徹できるわけではないが、目指すべき像はそこにある。

一方で、このやり方での限界があることもたしかである。それは、公開された資料や情報については、その質を評価することが難しいということである。研究者であれば、公開された資料から、その質を評価するための手法をいくつか持っているが、インターネットでそれが果たして可能かというと、そこはかなり難しいことになる。もちろん、その点については議論が行われるのであるが、確実な方法があるわけではなく、ユーザのコンセンサスに依存することになる。なお、ここで言いたいことは、だからウィキペディアは信用できないということではなく、そういうものであるという前提を共有しておきたいというだけであることは強調しておきたい。

（2）陵墓の項目名をめぐる議論

この前提で、ここから説明をしたいのは「大仙古墳」（仁徳天皇陵）の名称をめぐる議論である。いうまでもなく、最大の前方後円墳であり、天皇陵をめぐる議論や、世界遺産を巡る議論のなかでも中心になるものである。この「大仙古墳」のウィキペディアでの触れられ方について述べてみたい（https://ja.wikipedia.org/wiki/%E5%A4%A7%E4%BB%99%E9%99%B5%E5%8F%A4%E5%A2%B3）。

ここで触れるのは項目名そのものである。ウィキペディアのなかには、議論が分かれる場合には両論を可能な限り併記せよという原則も存在する。そのため、項目内でも治定の正しさや時期についての疑義は明確に書かれており、仁徳天皇の陵墓であるかどうかは、複数の見解を書く形式となっている。

しかし、項目名については、そうはいかない。複数の名称がある場合には、どれか一つを主とし、残りを従とする必要がある（紙の辞書と同じように、たとえば応神天皇陵という項目では誉田御廟山《こんだごびょうやま》古墳を参照せよと書く必要がある）。そのため、ここではどれを主としなければならないかの意識が明瞭に表現されることになるのである。

結論からいえば、大仙古墳の主たる項目名はウィキペディアでは「大仙陵古墳」とされている。これは、単に一部のユーザが「自分が正しい」と思ってこれにしたわけではない。しっかりと文献に沿って議論した結果として、この項目名が選択されているのである。

この議論の経過は、「大仙陵古墳」の項目の「ノート」という部分に残されている（https://ja.wikipedia.org/wiki/ノート：大仙陵古墳）。ここでは、いくつか興味深い議論が二〇〇五年から二〇〇六年にかけて行われている。なお、これらの議論は、研究者ではなくあくまでもウィキペディアの執筆ユーザとしてのものである。まず、「仁徳天皇陵」と「大山古墳」は別の概念であるということで、それぞれ別の項目を立てるべきとの提案が行われた。この段階では、実際に二つの項目が存在している。ここでは、特段の文献があげられることはなかった。

その後すぐに再統合の提案が行われている。この際には、以下のような提案であった。

吉川弘文館の「歴代天皇・年号事典」においても仁徳天皇陵≠大山古墳とする学者もいるが、少数説であるとされており、問題ないと思われます。（中略）一般のウィキペディア利用者の利便性という点から見て問題があると考えます。私は仁徳天皇陵≠大山古墳とする決定的な証拠が無い限りは両者の分離には問題があり、再統合（仁徳天皇陵→大山古墳）を提案いたします。

ここでは、事典を用いた提案が行われている点が特徴である。この提案をもとに、さらに議論が進行している。その後、森浩一の主張（ただし、ここでは具体的にいずれかの段階の論をひいているのではなく「天皇名で呼称するのはふさわしくない」という主張をひいているのみである）、および、山川出版社の教科書である『詳説日本史B』の説明がひかれ「大仙陵古墳」への統合提案が行われている。結果として、「大仙陵古墳」への統合が行われた。

その後、半年後に「「仁徳天皇陵」か、「大山古墳」かで揉めていたのに、どうして、突然「大仙陵古墳」になるのですか?」という疑義が提案され、ここでは堺市のウェブサイトと、近《ちか》つ飛鳥博物館のウェブサイト（いずれも二〇一六年現在では閲覧できなくなっている）をひくかたちで、「大仙古墳」は再提案されている。ここでは「山川の教科書は古いのでは?」という形で、文献の信憑性への疑義が呈されている。

その後、反論が以下の表現で行われる。

古墳時代史の中心的な研究者の一人である白石太一郎氏の『古墳とヤマト政権』（文春新書）8ページに「大仙陵古墳」という呼称が使われてますので、学界で認められてる呼称の一つだと言えそうです。

ここでは、白石の新書をもとに議論を展開している。しかしさらに再反論が行われ、同じく近つ飛鳥博物館のサイトをもとに、大仙古墳とすべきという提案が行われている。しかし近つ飛鳥のサイトでは、大仙古墳と大仙陵古墳の両論併記であったということと、同館の館長が白石太一郎であり氏が「大仙陵古墳」の語を用いているという点をもって、再説得が行われている。この結果として、大仙古墳であるべきと主張する側が、

（大仙陵古墳の表現は古い折衷案的な表現であることを前提に）あと数年経てば大仙「陵」古墳という呼称は死に絶えるでしょうから、それまで待ちますか。とくに深刻な問題とは思ってませんし。

として、折れる結果となり、ウィキペディアのこの項目は「大仙陵古墳」の語で落ち着いている。

ちなみに、陵墓関係一六学協会は宮内庁への立ち入りの申し入れの際（つまり、二〇〇五年段階）には「大仙古墳」の語を用いている。また、ウィキペディアのなかで、天皇陵として宮内庁が治定している古墳のうち、このような「折衷表現」（森浩一の議論としては一九七三年前後の過渡期の段階の表現となる）ともいえる項目名が使われているのは、大仙古墳のみである。ほかはすべて古墳の学術名称を主たる項目名としており天皇陵名を主たるものとしているものは一例もない。たとえば、誉田御廟山古墳は、あくまでも誉田御廟山古墳であり「応神天皇陵」は従としての項目名である。そして、この項目名の妥当性についての議論も存在しない。

（3）ウィキペディアと学会、社会

繰り返すが、ここで主張したいことは「だからウィキペディアは信用できない」ということではな

い。研究の世界での「主流とされる学術的正しさ」と「社会的な合意」の間の関係性について、この議論の例が端的に示しているのではないか、ということを述べてみたいのである。ウィキペディアで議論されている内容は、研究者同士の「学問的正当性」の話ではない。あくまでも研究者が出した情報や、文化財にかかわる組織が出した情報がどのように述べているかを中心に議論していることがよくわかる。

ここで用いられている文献類は、基礎的な年表、教科書、新書、組織のウェブサイトといった情報である。これらのなかから、より妥当性の高いものを検討しているのである。この態度は前に述べたウィキペディアの大原則としては、理にかなったものであり、かつ公開された情報をもとにその正当性を検討するという、内容の質の担保という観点からも、妥当な議論のやり方であると考えられる。残念ながら、当時検討材料とされたウェブサイトは残っていないが、私たちは、この一〇年前の議論を追いかけて、なぜ、このような項目名になっているのかを再検討できるのである。

それでも、一六学協会が公式な文書として用いている「大仙古墳」の語への結論にウィキペディアの議論はいたらなかった。そこに学術と社会の間に横たわる「何か」があると考えるべきなのかもしれない。むろん、ウィキペディアの一部の人物の議論のみで、ウェブ世界の全体を語るのは危険である。しかし、ウィキペディアで編集を行うなかで、かつそこで議論をしている人物は、それなりに研究者の議論を追いかけ、研究者が書く一般書のなかから「より信用できる」ものの取捨選択を行っているのである。筆者はここで、ウィキペディアの議論そのものが正解か否かや、ウィキペディアによってウェブの世界の一般的状況を示すという主張を行いたいわけではない。ウェブに詳しく、かつ歴史にも興味があるという人物が集まって議論した時の様子とそこで「何を信頼できる資料としたか」という過程そのものを追いかけることで、陵墓の名称に関する情報が研究者から非研究者へと伝播するそのありようを考えてみたいのである。

それは、情報伝達の速度の問題なのか、学術の世界の成果を社会的に咀嚼する際の「変換」作用なのか、はたまた研究者による説明不足なのか、厳密に正解があるわけではないだろうが、陵墓の「名称」を考える上では、一つの材料になるのではないかと考えられる。

なお、この事例をもってインターネットの世界で大山古墳と呼ばれないことが一般的であるということを示しているわけではない。森浩一をはじめとする研究者の研究成果が、非研究者のなかでどのように受容されているか、その経過がインターネットの世界でどのように可視化されたかを重要視したいのである。インターネットの特徴のひとつに、議論の記録も文字として残るという点がある。そのなかでは、研究史の最先端とそうでないものが混在して、議論が展開されている。このような議論の展開をあぶりだせることが、インターネットの社会では可能になったといえる。むろん、世界遺産の名づけである場合には、専門家の議論を反映させる必要があるが、「社会に何が受容されているか」という観点では、このような議論は一つの考える材料になるであろう。

おわりに――デジタル時代の陵墓と文化財――

第一節で、陵墓公開運動の全体像をまとめた際に、第三のステップとして「宮内庁の陵墓について、研究者が第三者にメリットのある形の公開を考える」ということを述べた。この第三のステップを進めていくために、インターネットやデジタルデータを用いるというのは、必ずしも悪い選択肢ではないであろう。その「用いる」のなかには、第二節で述べたような情報発信の形を変え、社会の多くの人に届くようにするという形式と、第三節で述べたような、社会のなかで実際にどのように学術情報が流通しているかを目にし、その形をとらえることで、研究者が新たに社会と切り結ぶための像を再構築するという両側面があるのではないかと考えている。天皇陵の名称がどのように社会に受け入れられているのか、その状況をふまえ、私たちの学問の最新成果を社会へと発信する方法は何なのか、ということを見直すことが求められている。それは、陵墓をはじめとする、すべての文化財関係者に求められていることではないだろうか。

〔参考文献〕

「陵墓限定公開」30周年記念シンポジウム実行委員会編『「陵墓」を考える――陵墓公開運動の30年――』（新泉社、二〇一二年）

〔注〕 本章で掲げたウェブサイトのURLは二〇一六年七月一日時点のものである。

第8章　教科書の天皇陵古墳

新納　泉

はじめに

天皇陵古墳は、いま学校教育のなかでどのように位置づけられているのだろうか。陵墓の呼称問題について考える機会があり、教科書での取り扱いを調べてみた。そこから見えてきたのは、多くの教科書執筆者のたいへんな努力であり、政治的な力学の色濃い反映だ。学術研究と政治という、相反しがちなベクトルのなかで、どのように教科書が動いているのかを、点検してみたいと思う。

そこで大きな問題となってくるのは、天皇陵古墳の呼称だ。陵墓の一般名称として、「大仙古墳」や「大山古墳」といった呼び方が定着し、教科書にも採用されてきている。しかし、同じ古墳でもいくつもの一般名称をもつ場合があり、使い勝手は必ずしもよくない。さらに、世界遺産への申請の過程で、「〜天皇陵古墳」という呼び方が採用され、今後に影響を与える可能性も指摘されている。学校教育のなかで陵墓はどのように取り扱われ、どのように呼ばれていくのがよいのだろうか。教科書に即して考えていきたいと思う。

一　教科書の記載

（1）工夫と制約の小学校社会

ひさしぶりに、小学校の社会科教科書を手に取ってみた。

まず目にとまったのはサイズで、思っていたよりも幅が広い。他の教科も同じで、算数のほかはすべてこの幅広のサイズになっている。ワイド判やＡＢ判と呼ばれているようで、Ａ４判の幅とＢ５判の高さを組み合わせているらしい。

このサイズの教科書は、いわゆる「ゆとり教育」の見直しで、教科書が再検討されたときの産物のようだ。これで幅の広い年表のような図や、迫力のある写真が入れやすくなったのだろう。教科書も変わってきているのだ。

小学校の社会科教科書は、四社で刊行されている。教育出版、東京書籍、日本文教出版、光村出版の四社だが、学校教科書の寡占化が進んでいるらしく、このなかで東京書籍版が採択率で過半数を占めているという。

歴史は、六年生で取りあげられる。社会の教科書は内容が豊富なようで、光村出版のものを除くと、すべてが上下二冊に分かれている。東京書籍版（二〇一五年四月四日検定済、二〇一六年度から使用）の表紙には、「旧富岡製糸場」と刻まれた石柱の横に並ぶ現地学習中の生徒と先生の楽しげな写真が挿入されている。最新の情報を伝えようという教科書会社の意欲が伝わってくる。

教科書を開いてしばらくページをめくると、弥生時代の記述が終わり、まず仁徳陵古墳の航空写真が目に飛び込んでくる。写真に重ねて、古墳という言葉の説明や、墳丘長が四八六メートルであることを示すイラスト、そして推定の工事期間（一五年八か月）や動員人数（のべ六八〇万七〇〇〇人）、総費用（七九六億円）、はにわの製造費（六〇億五〇〇〇万円）がデータとしてあげられている。そうか、埴輪だけで小学校が二校以上建つのか……などと小学生は考えてくれるのだろうか。写真の説明は「大仙（仁徳陵）古墳　周辺には多くの古墳が残り、百舌鳥古墳群とよばれています」というもの。「百舌鳥」にルビがふられており、「大仙（仁徳陵）古墳」のルビは本文にある。

古墳時代を扱っているのは、見開きで六ページだ。最初の二ページは、「巨大古墳と豪族」という解説で、古墳が三〜七世紀ごろの、くにをつくりあげた王や豪族の墓であることを紹介し、続いて「大仙（仁徳陵）古墳」について説明する。それが日本最大であることや構造などにふれ、築造には大きな力が必要であったと説明し、同様のものが九州地方から東北地方まで築かれていて、各地に古墳がつくられた時代を古墳時代というとしている。

見開きの右ページには、前方後円墳の断面と側面を合成したような図と、古墳づくりをしているところの想定復元図が掲載されている。この手の図を見るとき、イメージ図であるからしかたがないとはいえ、もう少し何とかならないのだろうかという気持ちがいつも沸いてくる。段築《だんちく》の一段目が高すぎる。段築は前方部が高くなるように描いてほしい。典型例なら前方部も三段がよい……。言い出せばきりがないが、要は専門家のチェックを経てほしいということだ。しかし、イラストレータの方がもう少し描きやすくなるような素材を私たちも提供しておかなければならないのだろう。

続く二ページは、「大和朝廷と国土の統一」。「国土は、どのように統一されていったのでしょうか」という問いかけがあり、日本列島の地図に大阪府大仙古墳の位置とともに、熊本県江田船山《えたふなやま》古墳と埼玉県稲荷山《いなりやま》古墳の場所が示され、それぞれから出土した刀剣の銘文が写真で示されている。ワカタケル大王という説明があり、なかなか高度な内容だ。本文では、奈良盆地を中心とする大和地方に大きな力をもつ国が現れ、その王を大王（後の天皇）、この国の政府を大和朝廷とよぶと書かれている。続いて中国から漢字や仏教が伝わり、大和朝廷は大陸からの文化を積極的に取り入れたと記す。右ページの下には、「神話に書かれた国の成り立ち」というコラムがあり、大きな白鳥に生まれ変わったヤマトタケルの神話が紹介されている。

最後の二ページは、これまでのまとめのような内容で、左ページにはノートの整理のしかたや、縄文や弥生のむらの子どもになったつもりで説明しようという、プレゼンのすすめが書かれている。ドラえもんも登場し、イラストも豊富でなかなか楽しい内容になっている。右ページには、調べ学習で「すみっこがつき出た古墳をみつけたよ！」という出雲市在住のななこさんからの連絡を紹介し、「四すみがつき出た古墳」をきっかけに、ほかの墳形の古墳を解説するというしかけになっている。ななこさんの連絡には「弥生時代の終わりごろにつくられたお墓だそうです」と書かれているので誤りとはいえないが、古墳とは呼ばない人が多いだろう。

さまざまに工夫を凝らしているのではあるが、そのストーリーの背後には、厳然たる形で、学習指導要領が存在している。二〇一一年四月から用いられている小学校学習指導要領では、第六学年の指導の目標を「(一) 国家・社会の発展に大きな働きをした先人の業績や優れた文化遺産について興味・関心と理解を深めるようにするとともに、我が国の歴史や伝統を大切にし、国を愛する心情を育てるようにする」とし、内容を「(一) 我が国の歴史上の主な事象について、人物の働きや代表的な文化遺産を中心に遺跡や文化財、資料などを活用して調べ、歴史を学ぶ意味を考えるようにするとともに、自分たちの生活の歴史的背景、我が国の歴史や先人の働きについて理解と関心を深めるようにする」と定め、具体的には「ア 狩猟・採集や農耕の生活、古墳について調べ、大和朝廷による国土の統一の様子が分かること。その際、神話・伝承を調べ、国の形成に関する考え方などに関心をもつこと」としている。

つまり、「大和朝廷による国土の統一」が軸となり、そこに「優れた文化遺産」である天皇陵古墳が位置づけられ、「神話・伝承」を絡めながら、国の形成に関する考え方などに関心をもつことが求められているということだ。そこには、ストーリーの骨格において、自由な裁量の余地はほとんどない。そのなかで、教科書執筆者は大いに苦悩しながら、より良い方向に個性

表1　小学校教科書の天皇陵古墳呼称(2015年度から使用)

出版社・教科書名	呼 称 等
教育出版 小学社会　6上	大仙(仁徳陵)古墳 大山古墳とも表されます
東京書籍 新編新しい社会　6年上	大仙(仁徳陵)古墳
日本文教出版 小学社会　6年上	大仙(仁徳陵)古墳
光村出版 社会　6	大山古墳 仁徳天皇の墓と伝えられる

を発揮していこうと努力しているのだろう。東京書籍は学習指導要領に記された「大和朝廷」という用語を使っているが、他の三社は「大和朝廷（大和政権）」としている。

天皇陵古墳の呼称にも、多少の違いがあり、東京書籍と日本文教出版のものは、仁徳陵古墳を「大仙（仁徳陵）古墳」と表記している。一方、教育出版のものは「大仙（仁徳陵）古墳」だが、「大山古墳とも表されます」という付記があり、光村出版のものは「大山古墳」で、「仁徳天皇の墓と伝えられる」と記している。教科書の執筆者としては、必ずしも被葬者が仁徳ではないということを伝えたいのであろうが、そこから小学生が自発的に被葬者の不確実性を思い描くのは困難であるかもしれない。仁徳陵古墳の呼称としてすでに小学校教科書の段階で、「大仙」と「大山」に分かれていることに注意しておく必要がある。

（2）主戦場の中学校歴史

歴史教科書における政治的争いの主戦場ともいうべき観を呈しているのが中学校教科書である。扶桑社から刊行され二〇〇二年から使用された、新しい歴史教科書をつくる会の『中学社会　新しい歴史教科書』は当初〇・〇三九％の採択率であったというが、二〇一二年に使用の『新しい日本の歴史』（育鵬社）は三・七％となり、二〇一六年に使用の『新編新しい日本の歴史』は六・三％と大きく採択率を伸ばしてきている。

育鵬社の『新編新しい日本の歴史』は、「古墳の広まりと大和朝廷」の項で、「大仙古墳（仁徳天皇

表2　中学校教科書の天皇陵古墳呼称（2016年度から使用）

出版社・教科書名	呼称等
育鵬社 新編新しい日本の歴史	大仙古墳（仁徳天皇陵）
教育出版 中学社会　歴史	大仙古墳（大山古墳、伝仁徳天皇陵）
清水書院 中学歴史	大山古墳 仁徳天皇陵とされているもの
自由社 新版新しい歴史教科書　中学社会	仁徳天皇陵（大仙古墳）
帝国書院 中学生の歴史	大仙（大山）古墳
東京書籍 新編新しい社会　歴史	大仙古墳（仁徳陵古墳）
日本文教出版 中学社会　歴史的分野	大仙（仁徳陵）古墳
学び舎 ともに学ぶ人間の歴史　中学社会歴史的分野	大仙古墳

陵）」を中心に古墳を紹介している。仁徳陵古墳の航空写真を用いるのは他と変わりがないが、その解説には「日本最大の古墳で、秦の始皇帝陵の約四倍の面積がある」と記されており、前方後円墳の断面模式図を示したコラムでは、「世界最大の墓・大仙古墳（仁徳天皇陵）」の表題のもとに、築造に莫大な労力を要することが紹介され、「これほどの大工事を完成させた大和朝廷の国力と技術は驚くべきもの」と強調される。

また、「この大仙古墳は仁徳天皇陵ともよばれており、八世紀に編纂された『古事記』『日本書紀』は、仁徳天皇が善政を行ったため民から慕われ、工事に当たっては老いも若

き も力を合わせ、完成に向けて昼夜を問わず力をつくした、と伝えています」とも述べられている。学習指導要領の「国を愛する心情」を意識したものであろうが、学術的正確性はどこまで担保されているのだろうか。ちなみに、この教科書には考古学者の小林達雄が「著作関係者」として参画している。

自由社の『新版　中学社会　新しい歴史教科書』は、箸墓《はしはか》古墳や「仁徳天皇陵（大仙古墳）」の航空写真を掲載し、白石太一郎『古墳とヤマト政権』を引用して前期・中期・後期の「時代別の最大規模の前方後円墳」を図示するなど、考古学的な記述はかなりていねいなものとなっている。また、天皇の称号も七世紀になって使われ始めるものでそれ以前は「オオキミ」で漢字では「大王」と書くことを明記している。しかし、きわめて特徴的であるのは、「神話が語る国の始まり」と「国譲り神話と古代人」をそれぞれ見開きで計四ページ掲載していることである。そして、アマテラスの誕生からオオクニヌシへと神話を紹介し、天孫降臨を経てうまれたカムヤマトイワレヒコが大和に入り、「初代の神武天皇として即位した（神武東征伝承）。これが大和朝廷の始まりである」と言い切られるのである。もちろん、改行して、「神話・伝承は、日本の国の成り立ちを、このように語っている」との一行が付されてはいるのだが。

この二つの教科書とは対極をなすのが、学び舎の『ともに学ぶ人間の歴史　中学社会歴史的分野』であろう。ここでは、「古墳を見上げるムラ」という表題で群馬県榛名《はるな》山麓の火山噴火で埋まったムラを取りあげ、地方の側から古墳時代をとらえようとしている。そこに葬られた王がこの地を支配し、大和の勢力や朝鮮半島との関係を深めていったとし、大和政権の力が強くなると、各地の王の一族が大王につかえたり、命じられて戦争に参加したりしたと論じている。古墳時代に関する記述においては、天皇という用語をいっさい使わず、仁徳陵古墳についても、「大仙古墳」とのみ記しているのが特徴的である。

文部科学省の中学校学習指導要領解説社会編（二〇〇八年七月、二〇一四年一月一部改訂）では、「大和朝廷による統一と東アジアとのかかわり」について、「古墳の広まりに触れるとともに、大陸から移住してきた人々の我が国の社会に果たした役割に気付かせるようにすること」と記されている。もちろん、「神話・伝承などの学習を通して、当時の人々の信仰やものの見方などに気付かせる」という記載があるとはいえ、自由社の教科書の記述は学習指導要領とはやや距離があるように思われる。しかし、採択率の面では自由社より育鵬社が大きく伸びてきているので、神話重視から「愛国」的な方向へと舵が切られている様相をみることができるのかもしれない。

ちなみに、学習指導要領では「大和朝廷」という用語が使われているが、教科書では「大和政権」、「ヤマト政権」、「ヤマト王権」と多様であり、「大和朝廷」という用語を用いるのは、育鵬社と自由社に限られる。自由民主党が作成した「新教育基本法が示す愛国心、道徳心を育む教科書を子供たちへ」という文書では、「学習指導要領の示すとおり「大和朝廷」と表記されているか」というチェック項目で、育鵬社と自由社のものに二点満点の評価が与えられている。

以上のように政治的な動きは激しいのであるが、実際に教科書で用いられている天皇陵古墳の呼称はさまざまであり、八社の教科書の仁徳陵古墳の呼称については、その組み合わせにおいて完全に同じものがまったくないということにむしろ驚かされるのである。

(3) 寡占化が進む高等学校日本史

高等学校になると、日本史Bの教科書に登場する天皇陵古墳に応神陵古墳が加わる。

この二〇年ほどの教科書を点検してみると、仁徳陵古墳の呼称は、「大仙古墳」、「大山古墳」、「大仙陵古墳」、「伝仁徳陵」、「伝仁徳天皇陵」、「現、仁徳陵」、「現、仁徳天皇陵」、「仁徳陵」、「仁徳天皇陵」、「仁徳天皇陵古墳」と、ざっと列挙するだけでも一〇種に達する。そのなかで最も多くの高校生が接しているのは、二〇一五年度に六三・六％の採択率を獲得した山川出版社『詳説日本史B』の「大仙陵古墳（仁徳天皇陵古墳）」であろう。

応神陵古墳の呼称には、それほど大きな開きはない。以前は「誉田山《こんだやま》古墳」が多かったが、最近は「誉田御廟山《ごびょうやま》古墳」に統一されてきている。「伝応神陵」、「伝応神天皇陵」、「現、応神陵」「現、応神天皇陵」、「応神陵」、「応神天皇陵」、「応神天皇陵古墳」というさまざまな呼称が使われてきたのは仁徳陵古墳の場合と同じである。

最近はふれられることが少なくなってきた履中《りちゅう》陵古墳の場合、表記には大きな開きが存在していた。「百舌鳥《もず》陵《みささぎ》山《やま》古墳」、「石津丘《いしづがおか》古墳」、「ミサンザイ古墳」というまったく異なった呼称があり、「伝履中陵」、「伝履中陵古墳」、「伝履中天皇陵」、「現履中陵」、「現、履中天皇陵」を組み合わせると、

表3　高等学校教科書の天皇陵古墳呼称(2014年度から使用)

出版社・教科書名	呼称等
実教出版 高校日本史B	大仙古墳(伝仁徳陵) 誉田御廟山古墳(伝応神陵)
実教出版 日本史B	大仙陵古墳(伝仁徳陵) 誉田御廟山古墳(伝応神陵)
清水書院 高等学校日本史B最新版	大山古墳　仁徳天皇陵と伝えられ… 誉田御廟山古墳(応神天皇陵)
東京書籍 新選日本史B	大仙陵古墳(伝仁徳陵) 誉田御廟山古墳(伝応神陵)
明成社 最新日本史	仁徳天皇陵(大仙陵古墳) 応神天皇陵(誉田御廟山古墳)
山川出版社 高校日本史	大仙陵古墳(仁徳天皇陵古墳)
山川出版社 詳説日本史	大仙陵古墳(仁徳天皇陵古墳) 誉田御廟山古墳(応神天皇陵古墳)
山川出版社 新日本史	大仙陵古墳(仁徳陵) 誉田御廟山古墳(応神陵)

開きはきわめて大きい。履中陵古墳にふれない教科書が増えてきている理由は、用語を精選するという方向に従ったためであろうが、名称の不安定さが嫌われた可能性もあるのかもしれない。

以上のように、陵墓の呼称は一般名称でも数種類があり、陵墓名称の記載方法も主要なものでも七種類ほどが用いられてきた。教科書の執筆者は、一般名称としてどれがより市民権を得ているかアンテナを伸ばし、「陵」という文字を入れるか否かを考え、陵墓名称の場合は被葬者が確定していないことを示すために、「現」、「伝」、「〜天皇陵古墳」という用語を選択するかどうか、天皇号が未成立であることにこだわるか否かなど、実に多くのことに頭を悩ませてきたのである。しかし、大きな流れで見ると「陵」や「天皇」という用語の使用が増え、「現」や「伝」が減少する傾向にあることは否めないようである。大学に入学して間もない学生に質問すると、歴史を専攻しようとする場合であっても、天皇陵古墳の被葬者が正しくない可能性があるということを知らないケースがほとんどである。

二　教科書をめぐるいくつかの論点

(1)「大和朝廷」をめぐって

私自身は、大和朝廷という用語を使うことはほぼ皆無である。それどころか、大和政権という用語すら、ほとんど使っていない。それほど確固たる信念にもとづいてというわけではないが、大和政権というのも、いささか古風だと感じている。もちろんそれだけではなく、かつての畿内中心主義的な大和政権論と一線を画したいという気持ちはある。たとえ学術用語であっても、その言葉のもつ純粋な意味だけではなく、そこから連想される歴史観などのイメージが、言葉の選択に大きく影響しているのだ。近年の学術書で、「大和朝廷」という言葉を見る機会は、かなり減ってきており、うかつながら学習指導要領でいまだに「大和朝廷」が採用されているとは思ってもいなかった。用語は時代とともに変化していくはずであるが。

いま、古墳時代の政治的な権力を表す用語は、かなり多様である。古代史や考古学の主要な学術文献から拾ってみると、「大和朝廷」はともかく、「大和政権」のほかに、「ヤマト政権」、「ヤマト王権」、「倭王権」、「畿内政権」などの用語が使われていることがわかる。そのなかで、最も多いのは「ヤマト政権」だろうか。「大和」か「ヤマト」か「倭」か。「朝廷」か「政権」か「王権」か。その組み合わせが、それぞれを採用する研究者の歴史観や好みの微妙な違いを反映しているのである。

漢字を用いる「大和」という表記にはいくつかの問題がある。そもそも古墳時代には「大和」という表記は存在していなかった。八世紀になって編纂された『古事記』・『日本書紀』にも「大和」は用いられておらず、「倭」の文字をヤマトの音にあてていたのである。また、「大和」というと奈良に限定されたイメージがあるのも、多少の違和感がある。そこで、「ヤマト」や「倭」という表現が好まれるようになってきたのであろうが、日本史の研究者は概して片仮名の表記を避ける傾向にあるようで、「倭」については、文字から感じられるかすかに差別的、あるいは屈辱的なニュアンスを嫌う人もいるかもしれない。

「朝廷」、「政権」、「王権」の違いは、その言葉によって表される権力機構のイメージが微妙に異なっていることと関係しているのであろう。「朝廷」は天皇または大王による支配を基本とするもので、一元的でいささか専制的な面をもっているように感じられる。戦前の皇国史観ともつながるところがあり、古墳時代の権力機構をどのように捉えるかという姿勢と密接にリンクしているといわざるをえないものと思う。「政権」は政治権力であるから用語的には最もニュートラルに思えるが、「連合政権」や「政権交替」などの用語からうかがえるように、やや多元的で流動的なあり方を含むものとして用いられているかもしれない。「王権」という用語は、「王」をキミと読むならば、オオキミ―キミという古墳時代の権力構造を的確に表現しているのかもしれないが、概して大王権力と同義に捉えられることが多いようであり、やや一元的な性格が強いようにも感じられる。

この他にも、「畿内政権」や、「河内王権」などの用語も使用され、「吉備政権」というような表現も用いられたことがある。また、古墳時代が国家段階であることを重視して「ヤマト国家」というような表現も用いられている。いずれにしても、学術の世界では「大和朝廷」という言葉はほぼ過去のものとなっており、「大和政権」ですら、もはや支持者が多いとはいえない状況にある。政治的な力に訴えて「大和朝廷」という用語にしがみつくことが、本当の意味で「国を愛する心情」につながるのか、立場を超えて考えてみる必要があるように思う。

(2) 天皇陵古墳の被葬者

高等学校の日本史教科書に登場する応神陵古墳、仁徳陵古墳、履中陵古墳の三基について、その被葬者の指定がすべて正しいということは、学術的成果を重んじる立場に立つのであれば、ほぼ一〇〇%ありえないといわなければならないだろう。これは、政治的立場などとは別の事実であって、それを否定するのはある種の信仰の域といわなければならない。古墳の年代研究によれば、この三基のなかでいちばん古いのは、履中陵古墳である。たとえ暦年代に意見の相違はあるとしても、研究者の間で履中陵古墳がいちばん古いという順番に異論を唱える人はほぼいないだろう。根拠となっているのは、主として埴輪の型式であり、墳丘の形態もそれを支持している。埴輪や墳丘を研究している専門家の間で、これを否定する見解を聞いたことはなく、将来にわたってこの考え方が否定される可能性はほぼ皆無といえるであろう。記紀に残されている、応神、仁徳、履中という即位順序と、古墳の編年とは両立しないのである。

もちろん、陵墓の被葬者の指定がすべて誤っているというわけではない。陵墓の問題に早くから取り組んだ森浩一は、天皇陵古墳四二基のうち正しいと思われるのは天武・持統合葬陵と、天智、応神、舒明の四基の天皇陵だけだろうとしている。森によれば、先に述べた教科書に登場する三基の天皇陵古墳うち、応神陵古墳の指定は間違っていないことになるのである。近年の調査によって確実に指定が誤っていることが明らかになったのは、大阪府茨木市の継体陵古墳で、高槻市今城塚《いましろづか》古墳のほうが継体大王の墓である可能性はきわめて高いとされる（第六章参照）。埴輪の編年に照らして現在の継体陵古墳は継体大王の時代より五〇年以上古くなるのである。ほかにも、近年発掘調査が実施された、奈良県高市郡明日香村の牽牛子《けんご》塚《しづか》古墳と、それに近接する越塚御門《こしつかごもん》古墳は、宮内庁の治定に反して真の斉明天皇陵と大田《おおた》皇女の墓である可能性が高い。

天皇陵の指定が正しくないものを含むという状況をふまえ、森浩一は天皇陵古墳の名称を通常の遺跡名称に従って、地名などに基づいた一般的名称で呼ぼうと提唱した（第一章参照）。森の主張は徹底していて、陵墓名称と一般名称の対照表を作成する際にも、配列の順番を天皇の即位順序ではなく自治体順としている場合もある。天皇の即位順序も学術的には客観化する必要があると考えたからである。

では、指定に誤りがあるという知識を、学校教育でどう伝えるべきであろうか。私はやはり誤りを含むということを正確に教える必要があると思う。たとえ誤りを含んでいても、古墳のもつ重要性には何の変わりもない。卓越した力をもった人物が、社会の統合に大きな役割を果たしたことは、日本列島の歴史のなかで大きな意味をもっているはずだ。誤りを覆い隠しながら歴史を論じることは、何か姑息なところが感じられ、本当の意味での「国を愛する心情」とはなっていないように思う。

(3) 天皇陵古墳の呼称

森浩一によって提唱された天皇陵古墳の一般名称は、当初は覚えにくさもあって普及が進まないかもしれないと感じられたが、いまではほとんどの教科書に採用されるまでに定着した。学術論文においても、何らかの形で一般名称が用いられているのが通常である。

しかし、実際に使用する立場からすると、一般名称はひとつの天皇陵古墳でも種類が多く、とまどうことが少なくない。たとえば、履中陵古墳の場合は、すりばち山に始まり、石津丘、石津ケ丘、百舌鳥陵山、上石津《かみいしづ》ミサンザイ、百舌鳥ミサンザイなど、ざっと列挙しただけでも六種類に及んでいる。筆者がカウントしたところによると、四三基の天皇陵古墳等において、このほかに四種類の名称があるもの三基、三種類のもの一〇基、二種類のもの一六基、一種類のもの一三基となっている。種類は多くなくても、箸墓古墳と箸中山古墳や、大仙古墳と大山古墳のように、それぞれに主張があって一本化が難しいものも存在している。大きな違いがないのは、渋谷向山《しぶたにむこうやま》古墳（景行《けいこう》陵古墳）、五社神《ごさし》古墳（神功《じんぐう》陵古墳）、田出井山《たでいやま》古墳（反正《はんぜい》陵古墳）、太田茶臼山《おおだちゃうすやま》古墳（継体陵古墳）、西殿塚《にしとのづか》古墳（手白香《たしらか》皇女陵古墳）、春日向山《かすがむかいやま》古墳（用明陵古墳）、山田高塚《やまだたかつか》古墳（推古陵古墳）など一七基である。

　多様な呼称が生じる原因のひとつに、江戸時代以降の文書や絵図などにおける表記の違いがある。たとえば、奈良市日葉酢媛命《ひばすひめのみこと》陵古墳は佐紀陵山《さきみささぎやま》古墳と呼ばれることが多いが、古記録に頻出度が高いという理由で「佐紀御陵山」を採用する研究者も存在している。また、古墳のある場所の地名をどのように考えるかという点でも変わってくることがある。奈良県橿原市の丸山古墳はかつて「見瀬《みせ》丸山古墳」と呼ばれていたが、見瀬の地名は古墳の中心的な場所ではないということで、最近は「五条野《ごじょうの》丸山古墳」と呼ばれるようになった。

　しかし、名称が乱立する状況は、あまり好ましいとは思えない。天皇陵古墳の名称が研究者だけのものであるならば、さまざまに自説を展開することもよいかもしれないが、名称が教科書にも採用され、多くの人びとが将来にわたって天皇陵古墳に触れていくことを考えると、ある程度の統一は必要であろう。その場合に、私は研究者の視点からではなく将来にわたって遺跡に接する多くの人びとのニーズを尊重して名称が淘汰されていくことを希望している。その条件は、第一に他の古墳との混同がなく明快であること。第二は覚えやすいこと。私は二文字からせいぜい五文字までがよいと思っている。第三は、過度に歴史にこだわりすぎないこと。古い記録といってもせいぜい江戸時代以降であり、その時代の人びとの認識に必要以上にとらわれる必要はないように思う。

もし一般名称を本当に定着させようという強い熱意があるのならば、以上のような条件を念頭に置きながら、一度、名称の根拠を徹底して議論すべきであるように思う。そのうえで、何を選ぶかは多くの研究者や世論にまかせればよいのではないか。現状は、根拠が多くの人びとに共有されないまま、名称の乱立が続いているということになると思う。

おわりに

天皇陵古墳は、政治的対立のために不幸な位置に置かれてきている。

ここ数年、私は巨大古墳の三次元計測にもとづく設計原理の研究を進めてきた。そこでわかったのは、すべてではないが天皇陵古墳の保存状況が驚くほどすばらしいことだ。宮内庁が公開を拒んできたことへの批判はあるが、結果として残された古墳の形を、このままの状態で未来に継承していってほしいと切に願う。天皇陵古墳を除いて、これほどよく残った墳丘は、大型古墳では皆無に近いと思うからである。

もうひとつわかってきたのは、これらの古墳が一基ごとに、長さの単位や傾斜の比を考え抜いて周到な設計にもとづいてつくられていることだ。それは、この時代の人びとの驚くべき叡智の産物で、今後の解明で世界の注目を集めるに違いないと思っている。

そんな可能性を秘めた古墳について、未来をになう若い世代に、学校教育の場でもっと客観的にもっと新しいセンスで接してもらいたい。天皇陵古墳の被葬者にはまだ謎が少なくないことを、古墳の築造方法には今後の研究の〈伸びしろ〉が大きいことを、そして貴重な文化遺産を未来に伝えていくノウハウを開拓していってほしいということを伝えていきたいのである。

〔参考文献〕
谷口　榮　二〇一二「教科書のなかの陵墓」『「陵墓」を考える——陵墓公開運動の30年——』（新泉社）

第9章　陵墓公開運動と今後のあり方

茂木雅博

一　限定公開に向けて

我が国の古代陵墓の学会連合による保存・公開に関する運動は、その牽引者の一人である甘粕健《あまかすけん》が一九九八年に天理大学で開催した『陵墓限定公開20回記念シンポジュウム』のなかで、一九七六年から開始されたと明言されている〔甘粕二〇〇〇〕。甘粕によるとその発端は一九五五年に起きたイタスケ古墳の周濠破壊に対する保存運動であったという。

これ以前には、堺臨海工業地帯の戦後の復興の過程で、百舌鳥古墳群では「天皇陵」「陵墓参考地」を除いて、大前方後円墳の百舌鳥大塚古墳だとか、あるいは石津ケ丘《いしづがおか》古墳（履中陵）の陪塚《ばいちょう》七観《しちかん》古墳、陵墓参考地御廟山《ごびょうやま》古墳の陪塚カトンボ山古墳等が次々とつぶされて行くという事があって、全国の若い考古学者が青年考古学協議会（青考協）に結集して、保存を訴え、始めて歯止めをかける事が出来た。一九七〇年代に入り陵墓治定古墳の周辺の開発と同時に管理者である宮内庁が墳丘裾部の隍水《こうすい》による崩落防止布団駕籠《かご》の設置や周堤《しゅうてい》や濠《ほり》或は外堤《がいてい》部に柵を張り巡らす工事を実施するようになった。

そこで一九七一年に文化財保存全国協議会の全国委員会が初めて「陵墓古墳の保存を訴える」アピールを出したという。

こうしたいわゆる団体交渉的な行動に対して、森浩一のように研究者が個人的に発言するようになってきたことも事実である。特に一九六五年に森が著した『古墳の発掘』（中公新書）は陵墓問題を整理するうえで忘れてはならない成果である〔森一九六五〕。

一九七二年にはこの運動の牽引者の一人である石部正志《いしべまさし》が中心となって、日本考古学協会第三八回総会において、「陵墓」指定古墳の文化財保護法適用を要望する決議を行っている。この決議は陵墓公開運動に対する極めて重要なものであるので紹介しておきたい〔石部一九七二、茂木二〇一二a〕。

「陵墓」指定古墳の文化財保護法適用を要望する決議

畿内地方にもっとも集中的に存在する超大形の前方後円墳や方墳などの主要なものは、その多くが、明治時代に「陵墓」「陵墓参考地」および「陪塚」に指定（治定）された。

それらは、現在も、宮内庁書陵部によって管理されている。これ等の古墳は日本考古学の研究や歴史教育の資料として無視できないものであるが、従来、文化財保護法の適用から除外されてきた。

近年、宮内庁はこれらの「陵墓」等の整備工事を大規模に行っており、それに関連して、各「陵墓」内の発掘も行われているが、一般には公開されていない。他方、「陵墓」等をふくむ著名古墳群等においては、宮内庁管理外の諸古墳の荒廃がいちじるしいばかりでなく、「陵墓」等に指定されている古墳でも、「陵域」から洩れている周堀・外堤・周庭帯・陪塚等の部分は、かえって破壊が激しく進行している。

古墳時代の考古学的研究の進展によって、超大形古墳や、それをふくむ古墳群研究の重要性と、研究の方法論が深化してきているときである。研究資料としての活用が十分になされるためには、当面、宮内庁管理の「陵墓」等についても、文化財保護法を適用し、万全の保存が全うされることが不可欠である。

関係当局は、すみやかに次の諸点について善処されたい。
1、宮内庁と文化庁は、「陵墓」等に指定されている古墳も、ひとしく文化財であることを認め、文化財保護法にもとづき、史跡指定等の措置を十分に行うこと。
2、宮内庁保管の「陵墓」等に関する遺物や文書記録を公開すること。
3、文化庁は、「陵墓」等に指定された古墳を完全に保存するために必要な調査を、早期に実施し、周堀・外堤・周庭帯・陪塚等をふくむ全域を史跡に指定すること。
4、「陵墓」指定古墳をふくむ古墳群全体の面的な規模での保存計画も早期に立案し、万全の保護を行うこと。
5、当面、緊急性のない不必要な発掘や、現状を変更するおそれのある工事は行うべきでない。将来にわたって、古墳を大切に保護していくための諸体制を強化すること。
以上、決議する。
昭和四十七年五月二日
日本考古学協会

この問題に対する嚆矢は、開発にともなう古墳の保存であったことがこの決議文で理解される。特に注目されるのは宮内庁の営繕工事の事前調査が文化財保護法と無関係に実施されていた点である。宮内庁の意向は「天皇御物」同様、陵墓も文化財ではなく、天皇家の墓所であり静謐と安寧の聖処であるということであった。そうした折に陵墓域治定外の周濠が道路工事によって一部埋め立てられ（ニサンザイ古墳）、あるいは誉田御廟山古墳の外濠外堤が埋められ宅地化するという事態が発生した。こうした点を踏まえても文化財保護法で文化庁が保護するよりも宮内庁で直接管理した方が十分に保護されるという立場である。

宮内庁のこの主張は大変強行であり、関東地区と関西地区の歴史学会を加えた一〇学協会の連合が日本考古学協会を窓口に結成され、以後の運動を展開することになったのである。具体的には考古学研究会、古代学研究会、日本考古学協会、日本史研究会、文化財保存全国協議会、歴史科学協議会、史学会、地方史研究協議会、歴史学研究会、奈良歴史研究会である。

一〇学協会の最初の行動は以下の声明である（「埋文委在京幹事会活動報告」『日本考古学協会会報』五九、一九七六年七月）。

「陵墓」の保護と公開を要求する声明

畿内の大形古墳や、それをとりまく中小古墳の一部は、「皇室の祖先の墓」として「陵墓」・「陵墓参考地」・「陪塚」などの治定をうけている。この他、宮崎、岡山、兵庫、京都、滋賀、三重、東京などの諸府県にも「陵墓」や「陵墓参考地」は存在するが、それらはすべて宮内庁によって管理されている。

これらのうち古代の「陵墓」は八〜一〇世紀に編纂された『古事記』・『日本書紀』・『延喜式』などの記載を根拠に近世初期来の尊皇学者が考証したものを、近代天皇制国家があらためて治定したものである。そしてこれらは現在もなお宮内庁によって祭祀が行われている。しかしながら今日の考古学、古代史の成果からすれば、それらの多くはまつられている人物の実在性もふくめて「陵墓」としての科学的信憑性はきわめて乏しい。にもかかわらず、日本古代史の解明上欠くことの出来ない重要な遺跡であり、同時に国有財産であることだけは確かな事実である。

畿内の特に大形の前方後円墳は、墳丘の周囲に周濠がめぐらされているだけでなく、更にその外周に外堤や周庭帯などの施設が存在することが航空写真、測量図等の活用によって既に指摘されている。そして最近では、四〜六世紀段階の土木技術、時期的変化、古墳相互間の関係が問題にされている。更に大阪府下の古市、百舌鳥古墳群域においては、埴輪を焼いた窯址や当時の建物址も検出されつつあり、古墳造営期の社会関係や政治機構を有機的に解明しうる展望もひらけてきている。

ところが近年大都市近郊のいちじるしい都市化にともない、公共「開発」や宅地造成によって、「陵墓」の破壊も急速に進んでいる。というのは、宮内庁によって指定管理されている範囲は墳丘部分だけであったり、せいぜい内堀とその外堤をふくむ部分に限られているのが普通だからである。

そのいっぽう宮内庁は、指定区域を画する厳重なコンクリート柵列を各「陵墓」にめぐらす工事を数年来継続すると共に、陵域内においては、周濠の護岸、墳丘整備等の諸工事を、陵域外においては陵墓事務所の拡張、改築、参拝者用駐車場の新設等の諸工事を一斉に実施している。またこれらの工事に先行して、宮内庁は「陵墓」は通常の古墳とは異なるという見解のもと独自に非公開の発掘調査を実施している。

以上に述べたようなきわめて憂慮すべき事態を前にしてわれわれは当面次のことを関係当局が速やかに実行することを要望するとともに、これを広く声明する。

1、「陵墓」等に指定されている古墳で、宮内庁所管区域から外れている外域部分の完全保存を、国および地方公共団体は責任をもって直ちに実施すること。そのために土地買収が必要な場合の経費は国が全額負担すること。保存に際しては、地域住民の権利を十分に保障すること。

2、宮内庁は、非公開の発掘調査と「陵墓」整備工事をとりやめ、必要な調査や保存整備は文化財保護に責任をもつ文化庁にゆだねること。

3、宮内庁は「陵墓」に関する文書、記録、見取図、実測図、写真及び出土品を全面的に公開すること。「陵墓」の学術調査を許可し、一般国民の「陵墓」内見学についても便宜をはかること。

4、国及び地方公共団体は、「陵墓」をふくむ古墳群のすべての古墳と、古墳群域内の諸遺跡の完全保存のための抜本的措置を協力して直ちに講ずること。

一九七六年五月

考古学研究会　古代学研究会　日本考古学協会
日本史研究会　文化財保存全国協議会
歴史科学協議会　史学会　地方史研究協議会
歴史学研究会　奈良歴史研究会

以上二つの資料の時代背景を整理すると、一九六二年一〇月五日に閣議決定した「旧全国総合開発計画」（宮崎一九六九）にもとづく国土開発計画による工業立国化の推進のなかで、一九六〇年代後半から一九七〇年代は未曾有の遺跡破壊の津波が押し寄せてきた時期にあたり、我が国の考古学界は遺跡保存に奔走していた。その中心が日本考古学協会と文化財保存全国協議会である。こうした状況にあって、考古学研究の若手の一部研究者で東京の甘粕健・久保哲三《くぼてつぞう》・小出義治《こいでよしはる》・岩崎卓也《いわさきたくや》・桜井清彦《さくらいきよひこ》らと関西の石部正志・宮川徏《みやかわすすむ》・森浩一ら、および岡山の今井堯《いまいたかし》らが中心となって陵墓問題に発展していったといえるのである。このことは甘粕がすでに整理している。

ちなみにこの声明は、宮内庁管理の古代の陵墓を文化財として保存の対象にするという内容である。私は当時、文化財指定に対して、文化庁が示したいわゆる「ドーナツ指定」という聞きなれない用語が大変気になったのを記憶している。要するに墳丘のみが陵墓で、周囲の陵墓から外れている外堤や周庭帯および周濠の文化財保護法による指定をいうのであるが、文化庁は遺跡の外郭のみの指定は絶対に行わなかったのである。これはまさに我が国の縦割り行政の典型であり、真の「文化財の保存」よりも宮内庁と文化庁のメンツの対立であった。こうした背景のなかで研究者側は保護の一本化を両官庁に強く要望したのである。

しかし、行政の壁を破ることは不可能であった。そこで研究者側は国会質問に託すことにした。一九七七年四月二六日第八〇回国会、参議院内閣委員会で秦豊議員と河田賢治議員は天皇陵について多岐にわたる質問をし、宇佐美毅宮内庁長官と野本松彦書陵部長および角井宏文化庁文化財保護部長が答弁を行った（「「陵墓」問題をめぐって」『第八十回国会参議院内閣委員会会議録』八、一九七七年）。この出来事は以後の陵墓問題に対して大きな転機をもたらすこととなったのである。その内容のすべてを紹介する余裕はないので重点的なポイントを整理しておきたい。

●秦…宮内庁が管理している天皇陵あるいは古墳は幾つあるのですか。

○宇佐美…陵墓は近畿地方を中心に一都二府三十県にわたって四百五十四カ所です。歴代天皇御陵百十一陵、皇后陵及び歴代外の天皇陵七十五陵、それから皇族墓・皇族以外墓五百五十、分骨所・火葬塚・灰塚等四十二、歯髪爪塔《しはつそうとう》その他六十八、陵墓参考地四十六合計八百九十二カ所です。
●秦…天皇陵と決定したのはいつですか。
○野本…明治時代以後に確定されました天皇陵は二十陵でございます。それ以外は幕末までに確定されています。もちろん徳川時代に確定されていた陵墓もございます。元禄時代にはっきりしていた陵でも荒廃していたものを修復し、不分明なものを確定したりしています。
○秦…それはどのような機関でどのような構成メンバーで制定されたのですか。
●野本…明治以後においては、明治政府が徳川幕府の事業を引き継ぎ、陵墓を考証・確定・整備を実施しております。陵墓の確定は政府の責任に於いて行い、考証は政府に勤務した学者が携わっております。例えば谷森善臣《たにもりよしおみ》や砂川政教《すなかわまさのり》等が参画しています。
●秦…それは一〇〇パーセント絶対的な天皇主義者・神ながらの道こういう学者で網羅されている。そこで何を根拠に答申されているのですか。
○野本…これらの方々が確定された根拠は、文献・伝承・実地調査等と承知しています。
●秦…文化庁にお伺いいたします。……文化庁としては当然天皇陵古墳についても共有財産・重要文化財として、厳重に適格に保護したいでしょうね。
○角井…陵墓の場合は、宮内庁が陵墓として十分管理保護に当たっておられるのですから、現段階では史跡指定によって保存を図る必要はないと考えています。
●河田…歴史系研究十団体から陵墓に関する文献・記録・見取図・実測図・写真及出土品の公開を求められたと聞いておりますが、この要望に答える意思はありますか。
○野本…宮内庁が所蔵している陵墓に関する資料については、目録を公表して、専門研究に利用できるよう公開しております。出土品については専門の研究者の申請があれば応じております。また各地の博物館から要請があれば貸し出しておりますし、宮内庁独自でも資料の展示会を開催しております。宮内庁が資料を研究者に公開しないという事はありません。
●河田…陵墓への立ち入りについてお尋ねします。宮内庁管理の陵墓を歴史系研究団体から立ち入り見学の要望が出ているようですが、この要望に答える意思はありますか。
○野本…学術研究団体等による陵墓の外形調査ですね、立ち入り外形調査というのが以前に認めている例もありますので、今後も申し出があれば、学術研究のためであれば、具体的にその時に検討して、認めるべきものは認めたいと考えています。

以上のような国会審議によって、陵墓問題が大きく転換したことは事実である。しかし、この時期の記録は学会側には公的になく、詳細不詳であるが、『日本考古学協会会報』六五号〔補注〕に陵墓に関する宮内庁との交渉が実施されたことが甘粕によって報告されている。この内容については翌一九七九年四月発行の会報六七号に甘粕によって詳しい報告がある〔甘粕一九七九a〕。

この報告によると一九七九年二月五日に日本考古学協会（二名）・考古学研究会・文化財保存全国

協議会・歴史学研究会・歴史教育者協議会の各代表六名と宮内庁三名（書陵部長・陵墓課長・調査官）との間で次の四点について話し合いが行われた。

（1）東百舌鳥参考地（堺市土師《はぜ》ニサンザイ古墳）の全域史跡指定について

宮内庁管理外の外周部分について、文化庁にその意向があるなら、文化庁、府教委で史跡指定を行ってほしい。最近応神陵外周を史跡指定した実例があるので、ああいう形でやったらどうか。

（2）資料の展示と公開について

ⓐ一昨年は古鏡の展示を行ったが、本年秋には、玉類・装身具類の展示を行う。土器・埴輪の展示は整理・復原を進めているが、まだ展示は無理である。

（代表は土器・埴輪の復原以前のものでも、専門家を対象とした小展示を行ってほしいと要望。宮内庁側は具体的な申入れがあれば検討すると回答した。）

ⓑ古鏡展のカタログに載ったものについては整理済なので、個々に閲覧申請があればお見せできる。特別な書式はないが一週間前に出してもらえばよい。

ⓒ陵墓図の閲覧は図書閲覧と同様に扱う。コピーの実費頒布も可能である。陵墓図整備予算を取って年に二、三陵実測し直している。

ⓓ戦後、書陵部紀要に載った考古学・美術史関係の記事の合本を七九年五月に刊行する予定である。

（三五〇頁　四〇〇〇円　学生社）

ⓔ戸田家文書（山陵奉行、諸陵頭を歴任した戸田忠至関係資料――筆者注）の原本は存在しないが、陵墓

改修関係の文書資料の整理済のものについては利用に供する。学会関係者が出版することも申請があれば可能である。

（3）「整備」のための調査について

陵墓の護岸工事については文化庁と事前に協議しており、今後もそうする。調査の記録はなるべく早く書陵部紀要に公表する。

（代表は整備のための年間の調査予定を日本考古学協会に通知し、専門研究者の見学を受け入れるよう要望した。）

これに対して宮内庁側は、協会を窓口として計画が決まり次第連絡してよい。あまり人数が多かったり、そのために調査がのびたりしたら困るが、当面少数の専門家の受け入れは可能。希望があればその都度、日時、名簿を出してほしい。申し込みは口答でよいと回答した。

（4）墳丘への立入調査について

要望に対して慎重に検討して来たが、周濠の堤上（二重周濠の場合は内堤を含む）からの見学でお願いしたい。墳丘上への立入りは遠慮してほしい。

（代表はこの回答を不満として再考をもとめたが、宮内庁側は現段階ではこれ以上は無理で、内堤に入れるだけでも大きいことではないですかという対応でこの点ではあゆみよりは見られなかった。たしかに一歩前進の面はあるが、陵墓の学術公開の問題が、堤までの立入りと言うことで固定化されるのでは困るという代表の発言に対して宮内庁側は、今まで経験したことがないので実際やって見なければなんとも言えない。今の所はこれで出発して様子を見ることだ。という見解を述べた。）

これを受けて、一九七九年五月七日に石田茂輔調査官と日本考古学協会小出義治・久保哲三両委員が第一回会談を開催し、三点を確認した（「陵墓問題に関する交渉」『日本考古学協会会報』六八、日本考古学協会、一九七九年七月）。

（a）本年度の宮内庁陵墓調査関係リストの明示について

石田…年度初めに文化庁に一括した届書を提出してあるので文化庁で調べてほしい。また協会より公文書があれば返答する。

（b）調査時の見学について具体案はどうであるか

石田…平時に立入り調査、見学はお断りする。宮内庁の調査時に合わせて、調査部分を見学することについては、リストを提出して頂ければ見学は可能である。但し人数については一〇数名程度にして欲しい。

（c）陵墓周辺のフェンス工事については今後全陵墓について実施する意向か

石田…宮内庁としては好んでフェンス工事をしているのではない。陵墓所在地の住民より安全対策としてフェンス工事をしてほしいとの強い要望によるものである。研究者が住民達を説得して呉れるならば宮内庁としては工事をすすめる意志はない。

（d）陵墓の実測測量図の公開について

石田…従前から公開し、必要に応じて閲覧、実費頒布をしている。本年発行した書陵部紀要第三〇号に陵墓実測測量図のリストを載せてあるので利用いただければ幸いである。なお、陵墓関係実測図の頒布については必要事項を記載の上、宮内庁書陵部長宛申込むこと。

頒布価格は一部につき　（L）　¥一六〇

（M）　¥八〇

（S）　¥四〇

但し基本料金は申込み一件につき¥一、〇〇〇とのことである。

以上の記録を整理すると、学協会側の宮内庁に対する要望は多岐に分かれているが、考古学研究上は以下の三点に集約される。

(1)陵墓古墳への立ち入り調査

(2)陵墓古墳の宮内庁所蔵実測図の公開

(3)宮内庁所蔵出土品の公開

二　陵墓限定公開の実現と経過

前節の経過を踏まえて一九七九年八月二一日付で宮内庁から窓口学会日本考古学協会に対して「昭和五二年度陵墓関係調査一覧」が送付された。そのなかから白髪山《しらがやま》古墳（清寧《せいねい》天皇陵）の調査を選定して見学を申入れ、記念すべき初の陵墓のいわゆる限定公開が一〇月二六日午後三時から実施された。参加する団体は考古学研究四団体一一名であった。具体的には日本考古学協会（三名）、考古学研究

表1　限定公開の実施された陵墓および陵墓参考地

回数	公開日	公開陵墓名	参加数
1	1979・10・26	白髪山古墳(清寧天皇陵)	11名
2	1980・9・17	田出井山古墳(反正天皇陵)	16名
3	1981・10・23	軽里前之山古墳(白鳥陵)	24名
4	1982・9・11	誉田山古墳(応神天皇陵)	20名
5	1983・9・8	淡輪ニサンザイ古墳(五十瓊敷入彦命宇度墓)	24名
6	1984・9・8	野中ボケ山古墳(仁賢天皇陵)	23名
7	1985・10・4	佐紀陵山古墳(日葉酢媛命陵)	21名
8	1986・5・19	太田茶臼山古墳(継体天皇陵)	19名
9	1986・10・23	河内大塚山古墳(大塚陵墓参考地)	
非公式	1987・9・29	春日向山古墳(用明天皇陵)	
10	1989・1・26	鳥屋ミサンザイ古墳(宣化天皇陵)	22名
非公式	1989・11・29	春日向山古墳(用明天皇陵)	10名
非公式	1990・8・9	小田中親王塚古墳(大入杵命墓)	
11	1990・12・26	佐紀陵山古墳(日葉酢媛命陵)	17名
非公式	1991・11・22	山田高塚古墳(推古天皇陵)	
12	1991・11・27	野中ボケ山古墳(仁賢天皇陵)	16名
13	1992・9・14	五条野丸山古墳(畝傍陵墓参考地)	28名
14	1992・12・3	高屋築山古墳(安閑天皇陵)	21名
15	1993・12・1	渋谷向山古墳(景行天皇陵)	23名
16	1994・12・2	ヒシャゲ古墳(磐之媛陵)	25名
17	1995・11・25	佐紀石塚山古墳(成務天皇陵)	38名
非公式	1996・10・24	高田築山古墳(磐園陵墓参考地)	33名
18	1996・11・22	岡ミサンザイ古墳(仲哀天皇陵)	36名
19	1997・11・27	平田梅山古墳(欽明天皇陵)	39名
20	1998・10・7	宝来城跡(安康天皇陵)	37名
21	1999・11・26	高田築山古墳(磐園陵墓参考地)	44名

22	2000・10・20	吉田王塚古墳(玉津陵墓参考地)	41名
23	2001・11・23	軽里前之山古墳(白鳥陵)	45名
非公式	2002・11・4	叡福寺北古墳(聖徳太子墓)	10名
24	2002・11・22	太田茶臼山古墳(継体天皇陵)	38名
25	2003・12・5	五社神古墳(神功皇后陵)	39名
非公式	2004・9・10	黄金塚古墳(黄金塚陵墓参考地)	21名
26	2004・11・12	雲部車塚古墳(雲部陵墓参考地)	39名
27	2005・12・2	北花内大塚古墳(飯豊天皇陵)	38名
立会見学	2007・12・20	白髪山古墳(清寧天皇陵)	
28	2008・11・28	百舌鳥御廟山古墳(百舌鳥陵墓参考地)	43名
立会見学	2008・12・10	河内大塚山古墳(大塚陵墓参考地)	15名
立会見学	2008・12・11	坂上山古墳(開化天皇陵)	13名
立会見学	2008・12・18	長慶陵天皇事務所改築	9名
立会見学	2009・1・9	百舌鳥陵山古墳(履中天皇陵)	16名
立会見学	2009・1・16	河内大塚山古墳(大塚陵墓参考地)	9名
29	2009・12・4	コナベ古墳 (小奈辺陵墓参考地)	37名
立会調査	2009・12・18	宇治墓	15名
立会調査	2010・1・22	後二条天皇陵	9名
立会見学	2010・2・11	後鳥羽天皇火葬塚	7名
30	2010・11・12	新木山古墳(三吉陵墓参考地)	38名
立会見学	2011・1・13	高鷲丸山古墳(雄略天皇陵)	22名
31	2011・11・11	新木山古墳(郡山陵墓参考地)	38名
32	2011・12・20	大仙古墳(仁徳天皇陵)外堤	21名
工事施工見学	2011・12・20	コナベ古墳(小奈辺陵墓参考地)護岸整備工事視察	
立会見学	2012・1・13	百舌鳥陵山古墳(履中天皇陵)	15名
立会見学	2012・1・17	新木山古墳(三吉陵墓参考地)	15名
33	2012・1・23	向墓山古墳(応神天皇陵飛地に号墳)	5名
34	2012・11・30	土師ニサンザイ古墳(東百舌鳥陵墓参考地)	

立会見学	2013・9・18	小白髪山古墳（清寧天皇陵飛地い号墳）	15名
35	2013・10・2	深草北陵（十二陵）	
立会見学	2013・10・10	新木山古墳（郡山陵墓参考地）	12名
36	2013・11・22	能褒野古墳（日本武尊能褒野墓）	37名
37	2014・6・9	佐紀陵山古墳（日葉酢媛命陵）	22名
立会見学	2014・9・4	男狭穂塚古墳（男狭穂塚女狭穂塚陵墓参考地）	11名
38	2014・12・5	淡輪ニサンザイ古墳（五十瓊敷入彦命宇度墓）	32名
39	2015・12・4	渋谷向山古墳（景行天皇陵）	36名
立会見学	2016・1・27	野口王墓古墳（天武・持統合葬陵）	

注：（ ）内は宮内庁による現陵墓の呼称。

会（三名）、古代学研究会（三名）、文化財保存全国協議会（二名）である。なお限定公開の実施された陵墓および陵墓参考地については表1を参照いただきたい。以下、筆者が参加した場合の一部成果を紹介する。

○一九七九年一〇月二六日　白髪山古墳（清寧天皇陵）〔笠野一九八二〕

第一回限定公開の公式な記録として甘粕は次のように報告している〔甘粕一九七九b〕。その要約を掲げる。

今回の発掘調査は周濠の堤の護岸工事にともなう事前調査で周濠の水を落として、前方部南北両側に取り付く渡り土手の東縁に各一、周堤の南北両辺に内側に各四カ所、計一〇カ所のトレンチ（幅二メートル、長さ四メートル、深さ四〇～八〇センチ）が掘り上げられていた。周堤のトレンチは内側の壇状部から周濠外縁部にかけて設定され、この調査範囲では古墳本来の外堤の痕跡や周濠外縁の遺構は検出されていない。周堤基部から埴輪片・いぶし瓦・瓦器《がき》片《へん》等が混入されている。埴輪片は今次調査で段ボール箱一箱採集したが、すべて二次堆積である。また第二・第三トレンチに上層で水田床土の断面を確認する。これによって現在の堤が後世の築造としても、水田床土層以前と以後に分かれることになり、水田を切断して現在の周濠プランがいつ掘削されたかは複雑な問題である。またトレンチ底の土層を観察しても地点によって異なりシルト層・黒褐色有機土層・くされ礫層等さまざまである。

見学した印象は元来周堤が存在せず、周濠も狭かったものと思われた。

第一回限定公開には私も日本考古学協会代表（小出義治の代理）として参加したので、観察記録を紹介して置きたい。

◇筆者所見

今回の宮内庁の調査は、隍水による浸蝕防止の護岸工事と陵前整備の集水桝設置工事の事前調査で、周濠内一〇カ所（詳しくは渡り土手北側各一、周濠側東西各四）、陵前四カ所（遥拝所東側）を発掘調査した。

私にとっては大変大きな成果であった。以下に整理すると、

第一は現周濠が築造当時のものではなく、近世の掘削によって整備されていたこと。

第二は渡り土手が周濠掘削後も通路として利用されていた可能性が高いこと。

第三は宮内庁の調査が文化財保護法による学術的調査とは異なり、陵墓の営繕工事による徹底した事前調査であること。

第四は限定公開とはいえ研究者を墳丘上には一歩たりとも踏み入らせない体制であること。

第五は周濠内に多くの塵が投棄されていること。

終了後、日本考古学協会と古代学研究会の代表が記者会見に応じ、近くの飛鳥レストランで一時間ほど限定公開の総括を行い解散した。

その主な話題は、次のようであった。

①限定公開が実施されたことを評価する意見が多く出された

②中・近世の文献による陵墓研究の必要性

③地質・植生等も含めた学際的研究の必要性

④墳丘の原形復原調査の可能性

⑤宮内庁側の調査範囲の再検討の要請

以上で第一回限定公開は終了した。

○一九九〇年一二月二六日　佐紀陵山古墳（日葉酢媛命陵）〔鐘方二〇〇一、福尾・徳田一九九二、石部一九九一、茂木・今尾一九九二〕

今回の調査は一九二六年（大正一五）の護岸工事箇所が経年波浪により浸蝕が著しいので整備工事を実施するための事前調査で、墳丘西側から前方部先端部の裾部状態を理解するためである。なお前方部東渡り土手から後円部渡り土手までの東側は次年度工事であるため未調査である。調査区は後円部後方から前方部渡り土手まで一八カ所、後円部渡り土手二カ所計二〇カ所を発掘調査した。

◇筆者所見

以上の結果、私は以下の点を考古学的に確認した。
①現在の周濠は築造当初の掘削ではなく、後世のものであること。
②前方部と後円部の渡り土手は後世の築堤であること。
③前方部西側の濠内の小島は築造時に構築されたものであること。
④墳丘が全体的に縮小される可能性が強いこと。

○一九九二年九月一四日　五条野丸山古墳（畝傍陵墓参考地）〔竹田二〇〇一、福尾・徳田一九九四、水野一九九三、茂木一九九二〕

この古墳は北西に面する前方後円墳で、その規模は全長約三一〇メートル、後円部径約一五〇メートル、前方部先端幅約二一〇メートル、高さ後円部約二一メートル、前方部約一五メートル等で、周濠を含めた全長は約四一五メートルで我が国第六番目の規模を誇る大前方後円墳である。古くは天武・持統天皇陵に治定されていたが一八八〇年（明治一三）に京都の高山寺より『阿不幾乃山陵記《あおきのさんりょうき》』が発見され、明日香村野口王墓古墳《のぐちおうのはか》に指定替えされ、陵墓参考地となり、今日にいたる。

◇筆者所見

横穴式石室は両袖式で羽子板状、主軸方位はN一九〇度W、石室全長二八・四メートル、玄室長八・三、奥壁幅四・一メートル、羨門側幅三・五メートル、高さ四メートル、羨道《えんどう》長二〇・一メートル、高さ一・四メートル。石室は東西両側ともに三段積で、奥壁は一枚石のようである。家型石棺が二基あり奥が直交し手前が東寄りに主軸に並行して置かれているという。奥は少し小さく長軸二四五センチ幅四五センチ、蓋の厚さ四二センチで棺身は全体が埋っている。手前は長軸一七六センチ、幅一四二センチ、蓋の厚さ六三センチで、棺身は二〇センチ程出ているとの説明である。この説明によると形式的には手前にある石棺が古いものと想定される。

いよいよ観察であるが、明治期に密閉した穴からの覗き込みである。しかし宮内庁側が明るい電気を引いてくれていたので覗き見しやすかった。そのうえ撮影可であったので私も二～三枚撮影した。短時間の覗き見であるので私は最後の頃に列び二点に絞って観察した。私の覗いた第一印象は石棺の置かれている「玄室が遠い」ということであった。それもその筈、このような規模の石室を寝そべって見学すること等前代未聞である。

①家形石棺の確認。三〇メートル近い距離であるので、明確には出来ないが明らかに手前の石棺が突起も蓋の構造も古手である。しかし双方ともに蓋が開けられた痕跡を残している。それにしても石室の床面から大量の土砂が堆積している。これには今回まったく手を付けていない。奥壁は大きな自然石の上に横位に上段石が積んであることが確認される。

②玄室は観察不能であるので、羨道の構築状況を私なりに観察した。これは玄室寄りと閉塞側では積石の大きさが明らかに異なって観察された。当時の私の日誌には「奥の方と前では石の積み方が大きく異なり、前室前にもう一部屋あるかのような感じである」と記録している。すなわち前室・羨道・閉塞と想定される。

従来であればこの調査現場は宮内庁の陵墓委員のみが研究者として見学を許されるのが通例である。

それが限定的とはいえ公開された意義は極めて大きな成果である。見学が終了して私は森浩一に②の疑問を問うと氏は丁寧に意見を述べてくださった。「あの石室は欽明天皇の第三子で、推古天皇の母親である蘇我《そが》の堅塩媛《きたしひめ》を梅山《うめやま》古墳から改葬して、欽明陵に追葬した時に石室の改築が実施された事を意味している」（『日本書紀』推古天皇二〇年二月辛亥朔庚午条）という卓見が返ってきたのである。私はこの時の森の学識に感銘したのを今でも覚えている。

○一九九五年一一月二五日　佐紀石塚山古墳（成務天皇　狭城盾列池後陵）〔西崎二〇〇一、福尾一九九七、伊藤一九九六〕

◇筆者所見

今回の成果としては、下記をあげることができる。

①参加者の数が一研究会につき三名に増加したこと。

②第七・一六・一八トレンチのような学術的成果を得るための調査が加わったこと。

③前方部南西側が後退し、規模が縮小されること。

④墳丘周濠の湧水に対して、墳丘の波浪経年崩落を防止する対策が、築造当初に実施されていたこと。

⑤現周濠、渡り土手は後世の修陵によること。

○一九九七年一一月二七日　平田梅山古墳（欽明天皇陵）〔河上二〇〇一、徳田・清喜一九九八、堀田一九九八〕

◇筆者所見

今回の成果は下記の通り。
①前方部先端の葺石《ふきいし》については古墳時代のそれとは異なり、推古天皇二〇年の改葬時のものである可能性が想定されること。
②造出《つくりだし》については、後世の庚申信仰を念頭に置く必要があるのではないか。
③墳丘から埴輪がまったく採集されないこと。
④築造当初は空隍であったが、文久の修陵の際に周濠に改修したこと。
⑤東西の渡り土手は修陵時に設置されたこと。

以上、紙幅の関係上限定公開については、この辺で筆を置く。継続は力である。陵墓公開運動の最初の一〇年間はまったく宮内庁側に学術調査という観念を認められず、ようやく実現した限定公開も進入禁止柵の設置と隍水波浪による墳丘崩落防止の布団篭籠設置のための工事用事前確認であり、調査とは程遠いものであった。それでも最初は考古学関係学協会が中心となり、根気強く管理者側である宮内庁に働きかけた。しかし考古学関係研究者だけの主張では前進が見えず、歴史学系の研究会や歴史教育者等も含めた運動に発展したことにより、今日大きな成果を得ることが出来るようになった。それが立会調査見学会であり、墳丘への立入観察である。その成果については、最後に整理したい。

三　墳丘立入観察実現と経過

定例化した学協会と宮内庁との懇談会は二〇〇五年七月八日が第二九回目であった。この席上、陵墓関係一五学協会は宮内庁に対して、立ち入り調査について以下の要望書を提出した〔菱田二〇〇六〕。

二〇〇五年七月八日

陵墓関係一五学・協会

代表幹事学会　日本考古学協会

宮内庁

書陵部長　田林均様

陵墓の立ち入りについて（お願い）

例年、陵墓に関する問題について、懇談に応じていただくなど、ご高配を賜り、厚く御礼申し上げます。

さて、別紙の一一陵墓（古墳・城跡）につきましては、次の観点から立ち入り調査をさせていただきたく要望いたします。

一、教科書に掲載されている陵墓について、実際に内容を確認するため

二、近年、陵墓課により表面調査が行われた陵墓について、その成果をご教示いただきたいため

三、城郭研究など、近年の著しく研究が進んだ分野の視点にもとづいた遺跡の観察を行うため

立ち入り調査の実施方法につきましたは、今後の話し合いによってつめさせていただきたいと考えております。どうかよろしくお願いいたします。

（別紙）

立ち入り要望陵墓・陵墓参考地一覧

1、誉田山古墳　　恵我藻伏岡陵
2、大仙古墳　　百舌鳥耳原中陵
3、百舌鳥陵山古墳　　百舌鳥耳原南陵
4、箸墓古墳　　太市墓
5、五社神古墳　　狭城盾列池上陵
6、西殿塚古墳　　衾田陵
7、佐紀陵山古墳　　狭木之寺間陵
8、河内大塚山古墳　　大塚陵墓参考地
9、山田高塚古墳　　磯長山田陵
10、多聞城　　佐保山南陵・佐保山東陵
11、伏見城　　伏見桃山陵・伏見桃山東陵

以上の研究者側の要望に対して、宮内庁は二〇〇七年七月七日に行われた第三〇回懇談会において本年度後半に立入観察の可能性が高くなった旨を報告した。そして一〇月三〇日、日本考古学協会に正式な回答が寄せられた。それは以下の通りである。

平成一八年一一月二七日起案
平成一八年一一月二九日宮内庁長官決裁

陵墓の立入りの取扱方針について

記

1　書陵部長は、この方針に基づき、管理上支障のない範囲において、陵墓の立入りを許可することができ

る。

2　書陵部長が立入りを許可することができる場所は、業務の遂行や安全に支障のない限りにおいて、次の各号に掲げる分類に応じ、当該各号に定めるところとする。

(1)古代高塚式陵墓

堤防その他の外周部から墳丘の最下段上面のテラスの巡回路まで（巡回路が無い場合は、墳丘裾に一番近い巡回路まで）

(2)前号以外の陵墓

書陵部長が定める外構囲障まで

3　書陵部長が立入を許可することができる者は、考古学などの歴史学又動物学、植物学などを専攻する次に掲げる者とする。

(1)大学、短期大学又は高等専門学校の教員

(2)都道府県又は市町村教育委員会に所属する者

(3)研究機関又は研究団体が主体となって行う研究に従事する者

(4)前三号に掲げる者のほか、書陵部長が適当と認める者

4　書陵部長は、立入りを希望する者が所属する、機関の長又は団体の代表者からの申請に基づき、立入りを許可するものとする。ただし、特別な理由があると書陵部長が認める場合及び立入りを申請する者が機関又は団体に属していない場合は、本人からの申請に基づき、立入りを許可するものとする。

5　許可する日時、人員、区域、その他立入りの実施に当たり必要な事項は、その都度、書陵部長が定める。

6　この方針に基づく立入りの実施は、書陵部職員の立合いの下に行うものとする。

7　この方針の実施について必要な事項は、書陵部長が定めることができる。

付則

1　この方針は、平成一九年一月一日から実施する。

2　当分の間、原則として、この方針に基づく立入りの許可の件数は、年間で数件とし、かつ一件当たりの人数を一六名以内とする。

なおこの時の一五学協会は以下の通りである。

大阪歴史学会・考古学研究会・古代学研究会・古代学協会・京都民科歴史部会・史学会・地方史研究協議会・奈良歴史研究会・日本史研究会・日本歴史学協会・文化財保存全国協議会・歴史科学協議会・歴史学研究会・歴史教育者協議会・日本考古学協会

以上の手続きを経て二〇〇七年度から念願の研究者による墳丘立ち入りが開始された。その第一回目は奈良県五社《ごさし》神古墳（神功皇后陵）である（表2）。

さらに二〇一四年八月二六日付で第二次リストとし七陵を追加申請した〔清家二〇一五〕。

御廟野古墳（天智天皇陵）、四条塚山（綏靖天皇陵）、白髪山古墳（清寧天皇陵）、高屋築山古墳（安閑天皇陵）、行燈山古墳（崇神天皇陵）、渋谷向山古墳（景行天皇陵）、安楽寿院南陵・深草十二帝陵（深草北陵）

○佐紀陵山古墳（二〇〇九年二月二〇日）

この古墳は限定公開で筆者も参加したので、すでに紹介しておいたが、第二回目の立入観察で墳丘内の最下段を見学する機会を得たので私も日本考古学協会の陵墓担当理事として参加した。私は管理者である宮内庁の行為に満腔の感謝を込めて至福の時間を持つことが出来た。そこで私は協会員の代表として以下の五点を確認する必要を感じていた〔茂木二〇〇九〕。

①墳丘の現状確認（特に最下段の状況と裾部に状況、墳丘規模）
②調査成果の確認（特に北渡り土手と参道の確認、中島の状況と東側の存否）
③墳丘復原の課題（文久の修陵より大きいか、小さいか）
④白色円礫の確認
⑤整備工事の在り方

その結果を次に略記する。

（A）墳丘裾部を一周すると、西渡り土手付近からクビレ部にかけてと後円部東側において、特に表面に凹凸が見られ、しかも水平で全体的に現在の裾部を墳丘とみなすことは不可能であると大半の参加者が確認

表2　墳丘立入観察

回数	立入調査日	古墳名	人数
1	2008・2・22	五社神古墳（神功皇后陵）	16名
2	2009・2・20	佐紀陵山古墳（日葉酢媛命陵）	16名
3	2009・2・20	伏見城（明治天皇陵）	16名
4	2010・2・18	河内大塚山古墳（大塚陵墓参考地）	16名
5	2011・2・14	誉田山古墳（応神天皇陵）	16名
6	2012・2・23	春日向山古墳（用明天皇陵）	16名
7	2012・2・23	山田高塚古墳（推古天皇陵）	16名
8	2013・2・20	箸墓古墳（倭迹迹日百襲姫命墓）	16名
9	2013・2・20	西殿塚古墳（手白香皇女墓）	16名
10	2014・2・21	野口王墓古墳（天武・持統合葬陵）	16名
11	2015・2・20	御廟野古墳（天智天皇陵）	16名

した。その結果、私の想定した墳丘規模は全長約一九三メートル、後円部径約一一七メートル、前方部先端幅約八七メートル等と想定した。

(B)西渡り土手から後円部頂に道跡が確認され、さらに北渡り土手から後円部墳頂に向かって参道跡の存在が確認された。我々はこれ以上墳丘に登ることは許されないので、同行の調査官により、後円部中段に平場の痕跡があり、巫女社が建立されていたことが確認された。我々の要望に応えて調査官がその場から指頭大の半透明の白色小石を採集し、それを見せていただいた。安産信仰の痕跡が確認された。クビレ部隍内の東西中島については、西側はすでに布団駕籠によって修復され、水中であるために検討不能、東側は湿地で葦が繁茂し、こちらも検討不能である。

(C)現在の墳丘は文久時の修陵によって周濠が築造時の墳丘より外側に掘削されており、築造時の墳丘は現在の規模より縮小するものと想定される。

(D)白色円礫は後世の安産信仰によるものと想定され、櫛山古墳の埋葬施設周辺から発見される乳白色の小石とは性格を異にするものと思われる。

(E)整備のあり方については、布団駕籠による修復工事には極めて問題がある。築造当時の巨大前方後円墳は周隍(空堀)であって、周濠(水堀)ではないので、満水状態を想定して設計していない。現在の宮内庁の濠水の水利権は大半の陵で三割である。それは、築造当時の湧水量を意味すると想定する。同隍も現在のように満水になるのは奈良時代末からで、灌漑用水としての機能を失った現在、周濠にする必要性は解消しているので、築造当時の姿に戻すべきである。

○山田高塚古墳（二〇一二年二月二三日）〔茂木二〇一二b〕

①東西に横長の矩形墳（長方形墳）で、明確に三段築成である。②墳丘表面に外護施設は確認出来ない。③墳丘はその傾斜角度からいわゆる版築《はんちく》によって構築されている。④埋葬施設は南面して並列する横穴式石室である。⑤修陵時に拝所・隍《ほり》・一段目テラス等は改修付設されたが、墳丘は旧状を残している。⑥この古墳は改葬された推古天皇陵としての蓋然性は高いと想定される。

○河内大塚山古墳（二〇〇九年一月一六日・二〇一〇年二月一八日）〔茂木二〇一〇〕

二〇〇九年の前方部東渡り土手の改修の際の立会調査見学（表1参照）と二〇一〇年の立入観察によって筆者は以下の点を確認した。

①従来の墳丘測量図は事実とかなり異なり、後円部は三段築成の可能性が想定されるが、それが丹《たん》下城《げじょう》遺構とどのような関係か再測量が必要であり、現在公開されている図面は信憑性に欠くものと思われる。

②見学者全員によって外護施設としての葺石・埴輪樹立は見られないことが確認された。

③丹下城の遺構と想定される施設が確認され、古墳として再検討が必要である。

④前方後円墳としては未完成として再検討が必要である。

⑤後円部上の巨石（通称ごぼ石）と墳丘の関係を十分調査する必要がある。

四　限定公開・立会調査見学・立入観察等による学術的成果

一九七九年一〇月に実施された第一回限定公開から今年は三七年目を迎える。白髪山古墳の公開に参加した一一名の考古学研究者の多くは鬼籍に入り、あるいは後期高齢者として研究から離れ、現在は若い世代がこの運動を引き継いで活躍している。

第一回の限定公開から参加した研究者の一人として、私は宮内庁管理の古墳から大変多くのことを学ばせていただいた。この点に関しては宮内庁の英断に対して最初に感謝申しあげたい。限定公開開始から約一〇年の間は、宮内庁当局はもちろんのこと、研究者の一部からも白眼視される肩身の狭い見学会であった。しかし時間が経つにつれて私たちの純粋な学問的で執拗な要求に対して、反対する研究者は少数となり、当事者側も理解を示し、歴史的に大きな成果が得られるまでに、あらゆる点で改善されてきている。

これから整理する成果はすべて宮内庁の調査であることを明記しなければならない。そして宮内庁の発掘区の設定は陵墓および陵墓参考地を管理するための施設建設にともなう事前確認のためである。そのために発掘区は以下の場所に限定される。

①外部からの侵入者を防止する柵を設置するための外堤上。外堤を有しない場合は墳丘裾部。
②周濠の汀線《ていせん》（水面と陸地の境）における墳丘および外堤の崩落防止のために両裾部。
③見張小屋および管理者用施設の基礎工事地区。

④陵墓前面の鳥居の改修地。

⑤その他

五条野丸山古墳のように埋葬施設を発掘することは絶対にありえず、おのずと成果は墳丘裾部と第一段テラス上の埴輪の状況、外堤についての情報が主体となる。そのために陵墓や陵墓参考地以外の古墳のような埋葬施設や副葬品に関する完全な情報を得ることは不可能である。私は日本の古墳時代研究者として二一回にわたり見学する機会を与えていただいたので、私の理解した新知見を整理しておきたい。

〈限定公開より〉

①周濠の隍水は古墳築造当初から存在せず、後世の農業用水であり、本来は三割ほどの湧水のみであった。火山灰は雨水に弱いので周隍である必要があった。

②渡り土手は文久修陵によるものと想定される。しかし、なかには里道としてそれ以前に整備されたものも想定される。

③現在の墳丘規模はすべて再検討が必要である。全体的に規模の縮小化が妥当である。

④二重以上の周濠はすべて再検討が必要である。文久修陵以降の可能性が想定される。

〈立会見学会より〉

①この発掘は工事に平行して行われることが多く、再検討が必要である。たとえば河内大塚山の渡り土手の改修では濠底にいわゆる古墳周隍の土砂が確認されず、集落が成立する段階に土手が構

築された可能性が考えられたので、改修前に本格的な調査が必要であった。

②坂上山古墳では、陵前の鳥居の改修であるため、基礎工事範囲という小発掘区であり、近世の民墓が検出されたが、周隍との関係は把握されなかった。

③高鷲丸山《たかわしまるやま》古墳では古墳の東側の平塚が古墳ではないことが判明した。

④後鳥羽天皇火葬塚では、陵園内の植樹孔の掘削であったため、成果は見られない。

〈立入観察より〉

墳丘最下段のみの立入であるが、裾部の状況観察によって多くのことが判明した。

①佐紀陵山古墳では文久修陵およびその後に周濠改修による土砂の置場に立入ることができ、異常な凹凸が確認された。さらに後円部の渡り土手から後世の安産信仰による参道の痕跡を確認した。

②山田高塚古墳では、埋葬施設の並列と墳丘の版築工法を想定した。

③河内大塚山古墳では未完成古墳の可能性を想定した。

以上一般の遺跡や古墳等の見学とは異なる大変な制約のなかで実施されるとはいえ、この限定公開・立会見学会・立入観察等は考古学研究はいうに及ばず歴史研究や歴史教育上多くの成果をもたらしてきた。

陵墓公開運動は純粋な学術的要求であり、二〇世紀までの保守的な考古学研究から脱皮し「あらゆる歴史は現代史である」をモットーとする歴史研究の仲間入りを目指す、日本考古学の新しい方向性を示すものでなくてはならない。その成果はすでに整理しておいたので、さらに各自が研究材料として整理するためには、『書陵部紀要』その他を参照していただきたい。

五　公開運動の今後のあり方

一九七九年度から開始された陵墓および陵墓参考地の宮内庁側の発掘を限定的に研究者が見学して、研究資料として記録した調査結果については、管理者である宮内庁側の協力において隔世の感があり、発掘区の設定や発掘面積についても研究者側の意見を忖度していただけるように改善されたことが大変ありがたい。さらに二〇〇七年度からは限定公開に加えて立会調査も見学することが加えられ、陵墓の観察数は急増した。そのうえ二〇〇六年度からは立入観察が認められ、二〇〇八年二月二二日には五社神古墳の墳丘への立ち入りが許された。私は第一回限定公開からこの運動に参加しているが一九七〇年代から一九八〇年代の限定公開は考古学研究四団体が中心で、考古学的な要求だけの狭い視点であったように思われたが、現在のように歴史研究や歴史教育に関係する学協会の参加により広くなり、大きく進展したと痛感している。

最後に考古学研究の立場から今後の公開のあり方を整理しておきたい。

(1)現在宮内庁が単独で実施している事前発掘に一六学協会から何人かの研究者が参加し、文化財保護法による共同の発掘調査とすることは可能か。

(2)文久の修陵以前の墳丘の旧状を追跡調査するよう、文化庁に働きかける。特に古墳の規模・周濠設置の時期・外堤の有無等築造当初の規模を把握する調査をして公開する。

(3)現在、宮内庁が所持している墳丘実測図を文化庁主導で再測量して公開する。
(4)現在実施している立ち入り調査の範囲を墳丘全体に拡大し、墳丘の現状を詳細に研究者の目で観察して記録する。
(5)墳丘外表の埴輪片等の採集を認め、参加した各研究会で検討して資料化後に宮内庁に返還する。

以上筆者には五点が考えられるが、私は主体部の発掘調査は現時点では想定しない。なぜなら発掘は一度だけ許される実験であり、それは破壊を意味する。現在は基礎資料を完全にすることが最重要である。現陵墓および陵墓参考地に治定された古代の巨大古墳はあまりにも基礎データが不完全である。それを整備することが先決であり、不確定な資料のまま一部行政機関によって進められているユネスコへの世界遺産への登録など問題外の話題である。

〔参考文献〕

甘粕　健一九七九a「「陵墓」の保存と学術公開に関する宮内庁との交渉」(『日本考古学協会会報』六七、日本考古学協会)
甘粕　健一九七九b「「清寧陵」調査の見学について」(『日本考古学協会会報』六九、日本考古学協会)
甘粕　健二〇〇〇「限定公開の発端と公開二〇年の学問的成果」(陵墓限定公開20回記念シンポジウム実行委員会編『日本の古墳と天皇陵』同成社)。
石部正志一九七二「「陵墓」指定古墳の文化財保護法適用を要望する決議」(『日本考古学協会彙報』四六、日本考古学協会)

石部正志一九九一「奈良市佐紀陵山古墳墳麓確認調査見学報告」(『日本考古学協会会報』一一二、日本考古学協会)
伊藤玄三一九九六「第17回陵墓調査見学会報告　佐紀石塚山古墳」(『日本考古学協会会報』一二八、日本考古学協会)
笠野　毅一九八一「河内坂門原陵外堤護岸工事区域及び陵前排水桝設置箇所の調査」(『書陵部紀要』三二、宮内庁書陵部)
鐘方正樹二〇〇一「佐紀陵山古墳」(『大和前方後円墳集成』奈良県立橿原考古学研究所)
河上邦彦二〇〇一「平田梅山古墳(石山・猿山)〔欽明天皇檜隈坂合陵〕」(『大和前方後円墳集成』奈良県立橿原考古学研究所)
清家　章二〇一五「陵墓の立入りについて「第2次リスト」の提出」(『日本考古学協会会報』一八五、日本考古学協会)
竹田正則二〇〇一「丸山古墳」(『大和前方後円墳集成』奈良県立橿原考古学研究所)
徳田誠志・清喜裕二一九九八「欽明天皇檜隈坂合陵整備工事区域の調査」(『書陵部紀要』五〇、宮内庁書陵部)
西崎卓哉二〇〇一「佐紀石塚山古墳」(『大和前方後円墳集成』奈良県立橿原考古学研究所)
菱田哲郎二〇〇六「宮内庁書陵部との陵墓に関する懇談会について(報告)」(『日本考古学協会会報』一五七、日本考古学協会)
福尾正彦一九九七「狭城盾列池後陵整備工事区域の事前調査」『書陵部紀要』四八、宮内庁書陵部)
福尾正彦・徳田誠志一九九二「狭木之寺間陵整備工事区域の調査」(『書陵部紀要』四三、宮内庁書陵部)
福尾正彦・徳田誠志一九九四「畝傍陵墓参考地石室内現況調査報告」(『書陵部紀要』四五、宮内庁書陵部)
堀田啓一一九九八「梅山(欽明陵)古墳の公開」(『日本考古学協会会報』一三三、日本考古学協会)

水野正好一九九三「陵墓参考地見瀬丸山古墳見学会（報告）」（『日本考古学協会会報』一二一、日本考古学協会）
宮崎仁編一九六九『昭和60年の日本列島　新全国総合開発計画の解説』（日本経済新聞社）
茂木雅博一九九二「陵墓見学会報告　見瀬丸山古墳」（『古代学研究』一二八、古代学研究会）
茂木雅博二〇〇九「佐紀陵山古墳の立入り調査」（『日本考古学協会会報』一六七、日本考古学協会）
茂木雅博二〇一〇「大阪府河内大塚山古墳の立入り調査」（『日本考古学協会会報』一七〇、日本考古学協会）
茂木雅博二〇一二a「陵墓公開運動三〇年の歩みと展望」（「陵墓限定公開」30周年記念シンポジウム実行委員会編『「陵墓」を考える——陵墓公開運動の30年——』新泉社）
茂木雅博二〇一二b「立入り観察　山田高塚古墳」（『日本考古学協会会報』一七六、日本考古学協会）
茂木雅博・今尾文昭一九九一「第11回陵墓見学会報告　佐紀陵山古墳」（『古代学研究』一二五、古代学研究会）
森　浩一一九六五『古墳の発掘』（中央公論社）

〔補注〕「委員会記録　一九七八年七月」（『日本考古学協会会報』六五号）に以下の記録が残されている。

一九七八年一月二八日（土）　在京委員会（於明治大学）
陵墓問題における宮内庁との交渉申入れについて（甘粕）
一九七八年二月一〇日（金）　在京委員会（於國學院大学）
陵墓問題における宮内庁との交渉経過報告（甘粕）
一九七八年三月一八日（土）　在京委員会（於國學院大学）
陵墓問題における宮内庁との交渉結果報告（甘粕）

第10章

世界遺産は陵墓を「開かせる」か
――報道の立場から――

今井邦彦

はじめに

筆者は朝日新聞大阪本社生活文化部の文化財担当記者として、二〇〇四年（平成一六）ごろから天皇・皇后や皇族の墓とされる陵墓や、その候補である陵墓参考地、そして陵墓に付属する陪冢《ばいちょう》として宮内庁が管理する「陵墓古墳」の研究や公開運動について取材してきた。

その間、宮内庁が考古学、歴史学系の学会代表とマスコミに「限定公開」する発掘調査はより学術的なものになり、時には地元自治体がその周辺を「同時調査」して、市民が陵墓の調査を間近に見られる機会も生まれた。学会側の要望による陵墓の立ち入り調査も始まり、陵墓古墳の出土品を地元の博物館、資料館で見られる機会も各段に増えた。こうして宮内庁による陵墓の情報公開が進むなかで、大阪府の百舌鳥・古市古墳群の地元から持ち上がったのが、過半数を陵墓古墳が占める両古墳群の世界文化遺産登録を求める運動だ。

筆者は考古学や文化財保護について専門的に研究する立場ではないが、市民が自由に入ることのできない陵墓古墳を多数含む百舌鳥・古市古墳群の世界遺産登録を目指すことの問題点とその意義について、取材で見聞きした情報をもとに、新聞記者の立場で日ごろ考えていることを述べてみたい。

一　陵墓古墳の呼称をめぐって

(1) わが社の陵墓「呼称問題」

私が勤務する朝日新聞には、紙面で使われる用語、用字や記事の定型について社内で定めたルールをまとめた『朝日新聞の用語と取り決め』、通称「赤本」という冊子がある。現行の二〇一五年版の「各分野の用語・表現」という章には「仁徳陵古墳」の項があり、大阪府の百舌鳥・古市古墳群最大の前方後円墳の名称は「仁徳天皇陵」とはせず、「仁徳陵古墳」「仁徳陵古墳（大山《だいせん》古墳）」「大山古墳（伝仁徳天皇陵）」などと表記すること、同古墳群のほかの「天皇陵」もこれに準ずることが決められている。

このルールは二〇一〇年（平成二二）六月、文化庁がユネスコ（国連教育科学文化機関）の世界文化遺産への推薦に向けた国内暫定リストに「百舌鳥・古市古墳群」を記載することを決定したのを受けてつくられた。それまで、紙面では「仁徳天皇陵」「大山古墳」「仁徳陵古墳」などの表記が混在し、社内ではルールの明確化を求める声が出ていた。「赤本」では「仁徳天皇の墳墓か検証する方法が現時点では無く、世界遺産国内暫定リストの提案書でも「仁徳陵古墳（大山古墳）」と表記されているため」としている。確かに、〇七年九月に大阪府と堺、羽曳野、藤井寺三市が文化庁に提出した提案書では、宮内庁が天皇陵に指定している古墳の名称はすべて「〇〇陵古墳」とされ、「大山古墳」のように古くからの地元での呼称を元にした「遺跡としての古墳名」がカッコ書きで併記されている。

文化庁は〇八年九月、両古墳群を暫定リストに記載する方針をすでに発表していた。だが提案書に名前があがった八七基の古墳のうち、国や府の史跡に指定されていたのは二一基（当時）だったのに対して、宮内庁が管理する陵墓古墳は四六基。特に二〇〇メートルを超える巨大古墳一〇基はすべて陵墓か陵墓参考地だった。文化庁は宮内庁との調整が必要だとしてリストへの即時記載を見送り、実現したのはそれから二年後になった。なお一六年四月現在、世界遺産登録の「構成資産」となる古墳は五九基まで絞り込まれており、そのうち陵墓古墳は三四基を占めている。

実は天皇陵に指定されている古墳の名称は、朝日新聞が用語の根拠とした「提案書」から、暫定リストへの記載時に微妙に変更されている。文化庁のホームページで、暫定リスト記載が決定した一〇年六月の世界文化遺産特別委員会の「配布資料」として公開されている「『百舌鳥・古市古墳群』暫定一覧表骨子（案）」には、主要な古墳として「仁徳天皇陵古墳」「履中天皇陵古墳」「応神天皇陵古墳」の名が記され、表記に「天皇」の二文字が加わっていることが分かる。

今のところわが社では、この変更に合わせて「赤本」のルールを修正しようという動きはない。単にこの変更がほとんど知られていないからなのだが、個人的にも「検証する方法が無い」天皇陵名をそのまま使うのは適切でないとした以上、あえて「天皇」の文字を加える必要はないと考えている。また、「天皇」の有無でニュアンスや客観性に違いが出るとも思えない。

ちなみに、筆者は天皇陵古墳の記事を書く際には単に「○○陵古墳」の形ではなく、煩雑で字数が増えることは承知で「大山古墳（仁徳陵古墳）」「誉田御廟山古墳《こんだごびょうやま》（応神陵古墳）」という書き方を心がけている。遺跡としての名前を優先しているのは、天皇陵古墳も一般の古墳と同じように遺跡名で呼ぶことを提唱してきた故・森浩一氏らへの敬意の表明でもある。

（2）なぜ名称は変更されたか

筆者は二〇〇九年（平成二一）秋から一三年春にかけての三年半、地方総局と本社のデスク（次長）を務めていたため、文化財の取材現場を離れていた。百舌鳥・古市古墳群の古墳名が「提案書」から変更されたことは、一五年春に高木博志氏から暫定リストの「○○天皇陵古墳」表記に対する批判意見を聞いた際に初めて気づいた。

この「○○天皇陵古墳」という名称が、なぜ採用されたのか。取材中に複数の関係者から聞いたのは、文化庁と宮内庁には過去に陵墓古墳の文化財としての呼称で合意したことがあり、今回もその前例を踏襲したという説明だった。その前例とは、一九七八年（昭和五三）に国史跡に指定された「応神天皇陵古墳外濠外堤《がいごうがいてい》」だ。

誉田御廟山古墳（応神陵古墳）は墳丘の本体と、その周りの内堀、そしてそれを囲む内堤までが陵墓として指定されている。築造当初は二重の堀とそれをかこむ堤を持っていたが、現在、外濠（外堀）と外堤は古墳の西側に一部が残るだけになっている。それが七〇年代に道路や住宅建設で破壊されそうになり、大阪府が史跡指定を進めた。

「応神天皇陵古墳」という史跡名が採用された背景について、文化庁の担当者は「当時としては十分に客観性を持った遺跡名と評価されたのだろう」という。一九六五年（昭和四〇）の著書『古墳の発掘』（中公新書）で宮内庁による天皇陵の指定に考古学的な見地から疑問を投げかけた森浩一は、七二年ごろから「〇〇陵古墳」という呼称を使い始め、多くの研究者らが追随した。森自身はさらに七六年以降、「遺跡としての古墳名」を使うことを提唱するようになるが、一般に知名度が高い陵墓名を元にした「〇〇陵古墳」はその後も多くの研究者によって使われ続けている。

文化庁がウェブで公表している世界文化遺産特別委員会の資料によると、暫定リストの「〇〇天皇陵古墳」という呼称については、同委員会にも「真正性の観点を踏まえた説明」が必要と指摘されたようだ。大阪府などが二〇一五年（平成二七）に同委員会に提出した「準備状況報告書」では、その指摘に対して「「〇〇天皇の陵」として宮内庁が祭祀を行い、管理をしているところの古墳という意味で「〇〇天皇陵古墳」の名称を採用する」と説明をしており、あくまで宮内庁の管理が前提になった名称であることを強調している。七八年に宮内庁が「応神天皇陵古墳外濠外堤」の史跡名を認めたのも、同庁による陵墓管理を前提とした呼称だったからだろう。

そして〇八年から一〇年の間に文化庁と宮内庁の間で調整が行われ、そこで暫定リスト記載に向けて古墳名に「天皇」の文字を加える修正が決まったこと、その際には宮内庁が天皇陵として各古墳を管理している現状の維持が再度確認されたことには、改めて注目しておきたい。

なお、「応神天皇陵古墳外濠外堤」以外にも、墳丘の一部または全体を宮内庁が管理している古墳が、文化庁所管の国史跡にもなっている「二重指定」のケースが四例ある。後円部の一部が陵墓参考地になっている城山《しろやま》古墳（津堂《つどう》城山古墳、大阪府藤井寺市）と丸山《まるやま》古墳（五条野《ごじょうの》丸山古墳、奈良県）、墳丘全体が応神天皇陵の陪冢になっている墓山《はかやま》古墳（大阪府羽曳野市）、後円部が仁徳天皇陵の陪冢になっている丸保山《まるほやま》古墳（堺市）だ。

これらは史跡名として、いわゆる「遺跡としての古墳名」が使われ、名称からは陵墓参考地や陪冢との二重指定であることは読み取れない。大阪府などが作る世界遺産関係の文書でも、六基の「天皇陵古墳」と、応神の皇后陵とされる「仲姫命《なかつひめのみこと》陵古墳」（仲津山古墳）、日本武尊《やまとたけるのみこと》の陵とされる「白鳥陵古墳」（前《まえ》の山《やま》古墳）だけが宮内庁の陵墓指定を前提とした古墳名になっており、陵墓参考地や陪冢にはすべて「遺跡としての古墳名」が使われている。宮内庁が天皇・皇后や皇族の陵墓として祭祀をしている古墳には、文化庁や自治体サイドが特別に配慮をしていることがうかがえる。

二　世界遺産と陵墓

(1) 陵墓古墳は文化財か

ここで、宮内庁が管理する陵墓古墳と、世界遺産条約にのっとって登録される世界遺産、そして文化財保護法によって指定される史跡がどのような関係になっているのか、あらためて整理してみたい。

宮内庁が管理する物件と世界遺産の関係が最初に注目されたのは、一九九八年（平成一〇）に日本で開かれた世界遺産委員会京都会議で世界文化遺産に登録された「古都奈良の文化財」での正倉院の扱いだ。世界遺産条約では、その文化遺産が加盟各国の国内法で適切に保護されていることを登録の条件としており、文化財保護法による文化財指定を受けていなかった正倉院は登録から漏れる可能性が指摘されていた。文化庁と宮内庁が協議をした結果、正倉院が明治時代までは東大寺によって管理されてきたという歴史的経緯もふまえて、正倉院を文化財保護法で「国宝」に指定したうえで世界遺産に登録するという措置が取られた。

一方で九四年に登録された「古都京都の文化財」では、歴史的に宮内庁が直接管理してきた京都御所や各離宮は対象とされなかった。二〇〇七年に国内候補の暫定リストに記載された「飛鳥・藤原の宮都とその関連資産群」では、石舞台《いしぶたい》古墳や高松塚《たかまつづか》古墳など特別史跡や史跡になっている古墳が構成資産とされる一方、天武・持統天皇合葬陵として宮内庁が管理する野口王墓《のぐちおうのはか》古墳などの陵墓古墳は、最初からリストアップされなかった。

宮内庁が管理する宮殿や美術品、陵墓などの「皇室用財産」は戦後、国有財産の一部となり、国有財産法に基づいて維持管理されている。正倉院の文化財指定が議論になった際には、文化財保護法第四条の「できるだけこれを公開する等その文化的活用に努めなければならない」という「公開と活用」の精神は宮内庁にとって受け入れがたいのでは、とみられていた。その一方、世界遺産条約では保護のための手立てが重視され、公開や活用は強く求められてはいない。実際に、陵墓の取材をしていて宮内庁の職員から「文化財保護法が求める公開や活用は、現在も皇室が祭祀を続けている陵墓の性格とは相いれない。むしろ、世界遺産の方が受け入れやすい」という見解を聞く機会もあった。

百舌鳥・古市古墳群を巡っては、まず堺市で〇六年四月の政令指定都市移行に際して百舌鳥古墳群の世界遺産登録を目指す動きが活発化した。同時期に羽曳野・藤井寺両市でも市民らから古市古墳群の「立候補」を求める声が高まったことから、文化庁が大阪府を通して統合を指導。〇七年九月に暫定リスト記載を目指して提案書が提出された。

当初から重要な構成資産の多くを陵墓が占めることが予想され、「国内法による適切な保護」という条件をどのようにクリアするのかが注目されていたが、大阪府などは「宮内庁による陵墓の保存管理を尊重し、史跡指定などの手続きを経ることなく、保存管理計画を策定する」として現状を追認する姿勢を示した。陵墓は皇室用財産であると同時に文化財保護法上の「周知の埋蔵文化財包蔵地」であり、同法によっても保護されていることが強調されている。

一方、宮内庁も近年、陵墓も古墳である以上、文化財保護法による保護の対象となることを認めるようになっている。今尾文昭によると、宮内庁は一九九九年以降、陵墓の修理にともなう事前の発掘調査の際に、文化財保護法に基づいて地元の教育委員会に発掘の届け出をするようになった。『書陵部紀要』掲載の発掘調査報告の序文にも、二〇〇四年度以降は「「周知の遺跡」となっている陵墓」という文言が入るようになったという。

大阪府などは、陵墓古墳は従来通りの宮内庁による管理を続け、その他の古墳や周辺の環境については文化財保護法に基づいて保存を図るという形で世界遺産登録に向けた「包括的管理計画」をまとめている。堺市は宮内庁が墳丘部分だけを陵墓参考地や陪冢として管理している古墳の周濠を市の指定史跡として保護する方針で、一六年四月にはニサンザイ古墳など三古墳の周濠を指定した。

これら一連の動きからは、陵墓を「周知の遺跡」と位置づけることで文化財保護法との矛盾の解消を図る一方、文化庁が監督官庁となって「保存と活用」を指導する国や自治体指定の史跡とはせずに、あくまで皇室用財産という位置づけで閉鎖的な管理を続けることが、宮内庁と文化庁の共通認識になっていることがうかがわれる。

(2) 陵墓古墳の公開・調査

陵墓古墳は宮内庁によって厳重に管理され、一般の研究者は発掘調査はもちろん、自由に立ち入ることもできない。ただ、考古学的にまったく閉ざされているわけではなく、墳丘の修理や管理用施設の工事などの際には、事前に発掘調査も行われる。宮内庁の書陵部陵墓課には大学で考古学を専攻した職員がおり、発掘調査の成果は翌年度末に刊行される『書陵部紀要』で報告されている。

『書陵部紀要』に掲載された一九七二年(昭和四七)度の陵墓の調査概要は一八ページ。それが三五年後の二〇〇七年(平成一九)度の調査報告は、個別の古墳の報告も含めて七二ページ(写真図版を除く)に増えている。内容は次第に詳細になり、最近では写真や図面も多用。発掘成果を元にした築造当時の墳丘の復元図も示されるなど、自治体の発掘調査報告書と遜色ない内容になっている。ページ数も増加したため、〇九年度からは紀要から「陵墓篇」が独立した冊子として刊行されるようになった。一〇年度の堺市のニサンザイ古墳（東百舌鳥陵墓参考地）の調査報告が掲載された一二年度の紀要陵墓篇は本文一一六ページ、写真図版四八ページというボリュームに達している。

そのほかに近年、増えているのが自治体刊行の発掘調査報告書に、宮内庁職員が同庁の保管する考古資料や、過去の陵墓での発掘調査の成果などについて詳細な論文を寄稿するケースだ。一〇年に兵庫県篠山市の雲部《くもべ》車塚《くるまづか》古墳（雲部陵墓参考地）、一三年に大阪府藤井寺市の津堂城山古墳（藤井寺陵墓参考地）の報告書で鉄刀や甲冑、銅鏡など宮内庁が所蔵している出土品について報告。「真の斉明天皇陵では」と話題になった一三年の奈良県明日香村・牽牛子塚《けんごしづか》古墳の報告書には、六世紀の天皇陵に限られていたとされる八角形墳である段ノ塚《だんのづか》古墳（舒明陵古墳）、御廟野《ごびょうの》古墳（天智陵古墳）、野口王墓古墳（天武・持統陵古墳）の宮内庁による一九五〇～七〇年代の調査結果が寄稿されているが、野口王墓古墳の調査成果についてはこれが初めての公式発表となった。

一方、庁外の研究者らが直接、陵墓に入ることができる機会も毎年、数回ある。

秋～冬には宮内庁の専門職員が墳丘の修理などのために発掘調査した現場をマスコミと学会の代表に限って公開する「限定公開」が行われる。きっかけは一九七二年（昭和四七）の高松塚古墳壁画の発見だった。皇族の墓ではないかという指摘が相次ぎ、国会でも陵墓の被葬者比定に疑問があるとして学術調査を求める声が高まった。日本考古学協会などの要求に対して、宮内庁は陵墓の管理のために実施している発掘調査の現場を、学会の代表とマスコミに限って公開することを決定。七九年一〇月、大阪府羽曳野市の白髪山《しらがやま》古墳（清寧天皇陵）で、宮内庁陵墓課による発掘の現場が初めて各学会の代表一一人に公開された（図1）。その後、現在まで毎年一〜二カ所の調査現場が限定公開されている（図2）。

もう一つの陵墓に入れる機会が、毎年二月に実施される学会側要望の「立ち入り調査」だ。限定公開が始まって二五年たった二〇〇四年（平成一六）、発掘をしていない陵墓でも、重要なものについては研究者が立ち入って現状を観察すべきだという議論が学会側で始まり、〇五年に大山古墳（仁徳陵古墳）、箸墓古墳など一一の陵墓（古墳以外も含む）への立ち入りを宮内庁へ要望。宮内庁はこれを認め、学術目的の場合は墳丘の最下段に見学者が立ち入れるよう内規を改定した。第一回は〇八年二月、

清寧陵古墳の発掘現場を調査する学者グループ（26日午後、羽曳野市西浦で）

考古学者に
初の「公開」

宮内庁は大阪府羽曳野市西浦の清寧陵（白髪山）古墳で行っている発掘調査現場を、二十六日午後三時から日本考古学協会に所属する学者たちに公開した。陵墓についてはこれまでも、発掘中に訪れた学者や府県教委の文化財保護担当者たちに見学を許可したケースはあったが、「公開」というかたちで見せたのはこれが初めてのことである。

見学に参加したのは大塚初重明治大教授、森浩一同志社大教授、甘粕健新潟大教授ら、考古学協会の代表者十一人。石田茂輔宮内庁陵墓調査官と、発掘を担当している笠野毅同庁書陵部陵墓課員の案内で、約一時間にわたって、外堤内側や渡り土手のすそに入れられた十カ所のトレンチ（試掘こう）を見た。

見学後、大塚教授は「この発掘結果を古墳研究にどう生かすかは、今後検討しなければならないが、宮内庁が公開したことに意義がある。将来は墳丘に入って調査できるよう、さらに努力してもらいたい」と語っていた。

図1　白髪山古墳（清寧陵古墳）の調査現場が初めて、考古学者らに公開されたことを伝える新聞記事（1979年10月27日朝日新聞大阪本社版朝刊）

図2　2013年11月、宮内庁が調査した能褒野王塚古墳(日本武尊能褒野墓、三重県亀山市)周辺の小古墳を見学する考古・歴史学系学協会の代表ら。
(筆者撮影、以下同)

奈良市の五社神《ごさし》古墳（神功《じんぐう》陵古墳）に一六人の研究者が立ち入り、周濠の底に現れた埴輪列などを観察した。一日に二カ所の立ち入りが認められることも多く、一三年までに〇五年要望の一一陵墓のうち八カ所への立ち入りが実現。翌年にはさらに八カ所の立ち入りを追加要望している。

これらはすべて研究者を対象にしたものだが、一般の人が陵墓古墳の墳丘や発掘調査現場を間近で見る機会も出てきた。〇八年、堺市の百舌鳥御廟山古墳で、陵墓参考地として管理されている墳丘を宮内庁書陵部、民有地である周囲の堀を地元の堺市が同時に発掘調査し、話題になった。共同調査ではなく、あくまで「同時調査」であることが強調されたが、双方のトレンチが連続する部分があったり、埴輪の破片が接合するものは合わせて復元されたりしたことで、将来的な共同調査の可能性を感じさせるものになった。そして特筆すべきは、堺市が一般向けに現地見学会を開催し、宮内庁の調査区も同時に見ることができたという点だ。墳丘の周囲には見学通路が設けられ、二日間で七〇〇〇人を超える見学者が陵墓古墳の墳丘や埴輪列などを目の前で見学した（図3）。こうした堺市と宮内庁の同時調査は一二年のニサンザイ古墳でも実施され、やはり一般向けの見学会が開かれている。

　こうした陵墓古墳そのものを見る機会のほかに、その出土品を見る機会は二一世紀に入って確実に増えている。〇四年に奈良県立橿原考古学研究所附属博物館（橿原市）で、奈良市・佐紀《さき》古墳群の五社神古墳（神功陵古墳）、佐紀石塚山古墳（成務陵古墳）などの陵墓の埴輪が展示されたのを皮切りに、特に多くの巨大陵墓古墳が所在する奈良県と大阪府では公立博物館の古墳や弥生墳丘墓をテーマにした特別展で、宮内庁が所蔵する陵墓古墳の出土品が実物、またはレプリカとして頻繁に展示されるようになった。一三年には文化庁主催で毎年、全国を巡回している「発掘された日本列島」展に宮内庁も共催として加わり、大山古墳出土の巫女形、馬形の埴輪など陵墓出土の埴輪一三点が公開された（図4）。

　さらに、宮内庁も〇一年に施行された情報公開法の対象になったことで、考古学や近代史の研究者が、書陵部が陵墓の指定のために収集したさまざまな絵図や古文書、旧宮内省から現在までの公文書を公開請求できるようになり、江戸時代以降、陵墓がどのように管理・修理され、現在の姿になったかについての研究が急速に進んだことも特筆される。

図3　2008年に宮内庁と堺市が同時調査した百舌鳥御廟山古墳では、堺市開催の現場見学会で宮内庁の調査現場も間近に見ることができた。

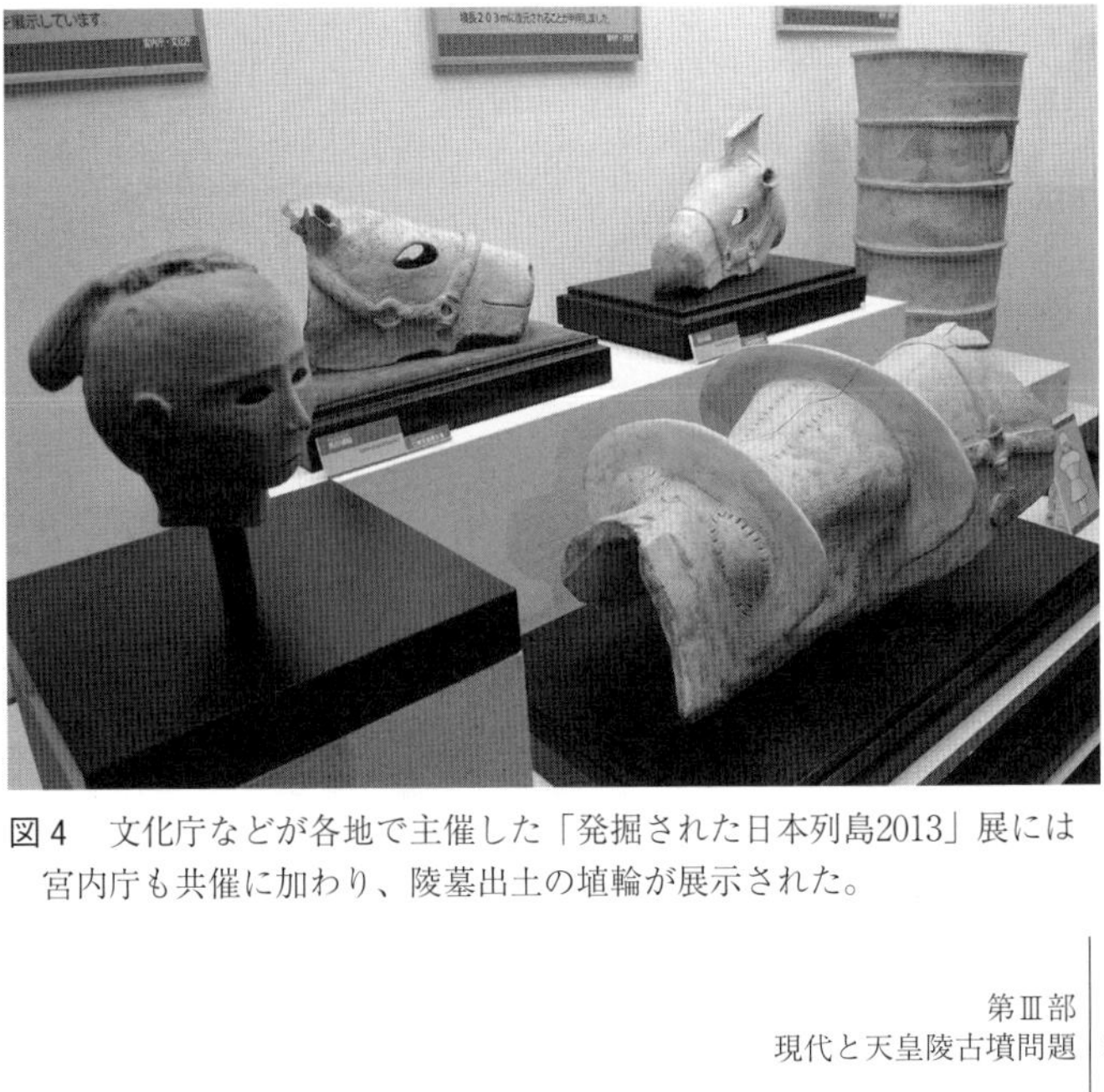

図4　文化庁などが各地で主催した「発掘された日本列島2013」展には宮内庁も共催に加わり、陵墓出土の埴輪が展示された。

そのなかには報道機関による情報公開請求もある。朝日新聞社は一二年、箸墓古墳と野口王墓古墳の公表されていなかった発掘調査記録を相次いで入手し、箸墓古墳の最上段が石積みの円壇であることや、八角形の野口王墓古墳の裾部分に張られた石材が良好に残っている状況などを写真とともに公表した。「「宝探し」的な報道ではないか」との批判も受けたが、古墳時代の始まりと終わりに位置する代表的な古墳の実像が分かる資料を公表したことには、社会的な意義があるということを改めて強調しておきたい。

三　陵墓を「人類の文化遺産」とするには

(1)「真実性」と「完全性」

文化審議会は二〇一六年（平成二八）七月、一八年に日本政府がユネスコの世界遺産委員会に推薦する文化遺産の候補に「長崎の教会群とキリスト教関連遺産」を選んだ。「北海道・北東北を中心とした縄文遺跡群」、「金を中心とする佐渡鉱山の遺産群」とともに選から漏れた百舌鳥・古市古墳群は、一九年以降の推薦を目指すことになる。最大の古墳である大山古墳の国内での知名度は抜群だが、世界遺産への登録を実現するためには、その価値を海外の人たちに理解してもらう必要がある。

両古墳群は世界遺産に求められる「普遍的価値」の評価基準ⅰ～ⅹのうち、「ⅲ　現存するか消滅しているかにかかわらず、ある文化的伝統又は文明の存在を伝承する物証として無二の存在（少なくとも希有な存在）である」と、「.iv　歴史上の重要な段階を物語る建築物、その集合体、科学技術の集合体、あるいは景観を代表する顕著な見本である」という二つの基準を満たしているという。確かに、一人ないし数人の被葬者のために造られた、墳丘長が四〇〇メートルを超える大山、誉田御廟山両古墳をはじめとする巨大古墳と、階層性を示すさまざまな大きさの古墳が集中する古墳群は、日本の古墳文化を十分に理解していない人にもその「顕著さ」が伝わるだけの威容を誇っている。

一方で、世界遺産には「真実性」と「完全性」も求められる。「真実性」とは、その遺産が作られてから現在までの間に「本物」としての価値を失っていないことを指す。「完全性」とは、その遺産の価値を生み出している構成要素がすべて失われずに含まれていることを意味する。文化遺産の詳細な現状報告と、それを守り続けるための十分な保存管理計画を世界遺産委員会に示せなければ、登録は難しいことになる。

ここで思い出されるのが、二〇一三年にユネスコの諮問機関として世界遺産の登録を勧告する国際記念物遺跡会議（イコモス）に「不登録」を勧告され、当面の登録を断念した「武家の古都・鎌倉」の例だ。イコモスは鎌倉幕府の中枢となる施設の調査が十分進んでいないことを指摘し、「武家政権が存在した物的証拠がない」と「真実性」に疑問を示した。大阪府などは、百舌鳥・古市古墳群の巨大な前方後円墳を頂点とする大小の古墳の序列が、当時の政治構造や社会階層を示していると説明するが、それについて、考古学的な証拠をどれだけ示せるかが課題になる。

(2)「真実性」をめぐる課題

百舌鳥・古市古墳群では多くの古墳が発掘されているが、正式な発掘調査で古墳の中枢部が調査された例は少ない。戦前には明治五年(一八七二)に大山古墳(前方部石室)、一九一二年(明治四五)には津堂城山古墳や塚廻《つかまわり》古墳(大山古墳の陪冢か)の主体部が発掘されているが、副葬品の入手が主な目的だったため、埋葬施設などの詳しい記録は残っていない。戦後は戦災復興の宅地造成や採土のために多くの古墳が破壊され、若手の考古学者や学生らが重機に追われるようにして可能な限り緊急調査を進めた。一九七〇年代以降は文化財保護行政の整備で大型古墳が破壊されるケースはなくなり、本格的な発掘調査は道路や住宅の開発などで姿を消す古墳にほとんど限られてきた。

そのなかで、羽曳野市が八七年(昭和六二)から史跡整備のために継続して発掘調査している全長約九六メートルの峯《みね》ケ《が》塚《づか》古墳では、石室も含めて古墳の全体像が分かる貴重な成果をあげた。堺市も二〇〇七年(平成一九)から文化庁の補助事業で百舌鳥の未調査古墳の範囲確認調査に乗り出し、宮内庁と「同時調査」した百舌鳥御廟山古墳も含めて報告書を次々刊行している。

しかし、陵墓古墳のほとんどに本格的な発掘調査がされていないこともあり、百舌鳥・古市古墳群の調査成果は断片的で全体像をつかむのは難しい。過去の調査成果を総合し、各古墳の年代や古墳群の形成過程、副葬品の供給体制などを明らかにするための共同研究が必要ではないだろうか。〇五〜〇七年度に白石太一郎を中心に進められた科学研究費補助金による研究「近畿地方における大型古墳群の基礎的研究」はその先駆的な試みだったが、その後はこうした視野の広い共同研究を取材する機会がない。百舌鳥・古市古墳群が、日本の古墳文化を代表し、「顕著な普遍的価値」を持つ存在であることを、外国人の委員からなる世界遺産委員会に納得させられるだろうか。

「真正性」をめぐっては、天皇陵古墳の呼称についても、史実性の評価が定まっておらず、しかも古墳の被葬者かどうかに議論がある人物の名前が冠されていることに説明を求める声が、国内の世界文化遺産特別委員会からも出た。世界遺産委員会でも、この点が問題にされる可能性は大いにある。

こうした課題は、古墳群の世界文化遺産登録を目指している行政サイドだけに投げかけられたものではない。世界遺産の問題を別にしても、百舌鳥・古市古墳群の全体像を明らかにすることは考古学界全体にとって重要なはずだ。特に宮内庁が天皇陵や陵墓参考地に指定している巨大古墳については、被葬者像の議論を積極的にすべきではないか。

四〜五世紀の歴代天皇（大王）の墓をめぐっては、宮内庁の陵墓治定に近い見解の研究者も、まったく異なる見方の研究者もいるが、それについての議論はあまり活発ではないように見える。しかし文化財を取材していて感じるのは、普通の市民が古墳に対して最も関心を持つのは「ここにどんな人物が眠っているのか」ということだ。その疑問に、考古・歴史学者は真剣に答える必要がある。

記紀に記述された歴代の天皇や、中国の歴史書に登場する「倭の五王」と、考古学者が「大王墓クラス」と評する巨大古墳の被葬者はどう対応するのか。日本史、東洋史の文献史学者も交えて議論すれば、少なくとも現在の研究ではどこまでいえるのか、その先に進むためには何が鍵になるのかが明確になってくるだろう。そして宮内庁の陵墓治定の矛盾に対しても、学界としてより強く意見できるようになるのではないか。

（3）「完全性」をめぐる課題

世界遺産で求められる「完全性」を左右することになる古墳の史跡整備と保存の問題についても、宮内庁と文化庁、地元自治体による協力が焦点になる。従来、陵墓古墳については古墳研究の権威である考古学者や文化財保存、歴史、土木などの専門家による「陵墓管理委員会」が宮内庁の委嘱を受け、陵墓の調査や修理工事について助言をしてきた。

しかし二〇一六年（平成二八）三月、河野太郎・行政改革担当相（当時）は陵墓について「適切な管理ができていないものがみられた」と指摘し、宮内庁が地元自治体や外部の研究者と協力して「修復、保全のための調査」に当たるという方針を明らかにした。これを「発掘調査での協力」と報じたマスコミもあったが、実際には育ちすぎて根が墳丘を傷めかねない樹木や、都市化で農業用水として使われなくなり、水質が悪化している濠の水への対応など、あくまで環境管理のための調査のようだ。だが宮内庁が今後、自治体の担当者や大学研究者に助言を求めるのであれば、宮内庁に対するカウンターパートとして、文化庁がより積極的に関与すべきではないだろうか。

高松塚古墳、キトラ古墳の壁画など文化財の保存のため、考古学や保存科学、土木工学、微生物学など他分野の専門家を集めた検討会を運営してきたノウハウが文化庁にはある。宮内庁も、これまでに奈良や大阪で二〇〇〜三〇〇メートル級の陵墓古墳の修理を終えたが、大山古墳と誉田御廟山古墳という四〇〇メートル以上の破格の墳丘と多重の濠を持つ巨大古墳を発掘調査し、修理するには、これまでの陵墓管理委員会と陵墓課の専門職員の体制だけでは難しいだろう。文化庁が奈良文化財研究所や東京文化財研究所とともに宮内庁に協力する形で、考古学や歴史学、植物生態学、土木、造園などの専門家をより広く集めて対応する必要があると考える。

陵墓以外の古墳の史跡整備も大きな課題だ。世界遺産で重視される「顕著な普遍的価値」を見る人に感じてもらうには、やはり上に上ってその大きさや形を実感できる古墳が必要になる。一六年春現在で世界文化遺産の構成資産とされる五九古墳は一基を除き、宮内庁管理の陵墓古墳か国指定史跡の「百舌鳥古墳群」「古市古墳群」として保護されているが、史跡としての整備はまだ不十分だ。特に墳丘に上がることができる大型の前方後円墳は、古市古墳群には藤井寺市の津堂城山古墳（後円部頂は陵墓参考地で立ち入り禁止、約二〇八メートル）や古室山《こむろやま》古墳（約一五〇メートル）があるが、発掘調査もされた羽曳野市の峯ケ塚古墳（約九六メートル）は未整備。堺市の百舌鳥古墳群には一カ所もなく、市民の保存運動で一九五六年（昭和三一）に国史跡に指定され、文化財保護のシンボルにもなったいたすけ古墳（約一四六メートル）の整備・公開を求める声は少なくない。

出土品などを公開する展示施設は、百舌鳥古墳群の中心部に堺市博物館があるのに対して、古市古墳群には藤井寺市生涯学習センターの歴史展示室と、羽曳野市役所近くの向墓山《むこうはかやま》古墳展示室があるものの、古墳群全体のガイダンス的な施設はない。羽曳野市に近い河南町には大阪府下の古墳を総合的に紹介する府立近《ちか》つ飛鳥博物館があるが、古市古墳群との公共交通機関によるアクセスはよくない。

世界文化遺産への登録と切り離しても、両古墳群を史跡として活用するために、博物館や資料館との連携は課題になるだろう。

おわりに

以上、取材を通じて多くの陵墓古墳を含む百舌鳥・古市古墳群の世界遺産指定について考えてきたことを述べてみた。「仁徳天皇陵古墳」など天皇陵古墳の呼称については、宮内庁による陵墓管理が今後も継続することを前提にして議論が進んできたが、世界遺産委員会でその真正性を問われる可能性もある。一方、研究者の側にも「○○陵古墳」の呼称を使う研究者がいるのは、たとえばいわゆる仁徳陵古墳の呼び方が、「大山古墳」「大仙古墳」「大山陵古墳」などさまざまであるように、研究者の間でも「遺跡としての古墳名」が統一されていないからでもある。その「呼称問題」も今後の課題になるだろう。

陵墓古墳の維持管理については、文化財保護法上の「周知の遺跡」に位置づけて同法との整合性を図りつつ、実際には皇室用財産として国有財産法に基づいて宮内庁が管理することが文化庁、宮内庁の共通見解となっていることをみてきた。国の観光政策上の要請によって皇居や京都御所の公開が拡充される方向になったように、百舌鳥・古市古墳群の世界遺産登録が現実味を帯びてくれば、陵墓についても公開範囲の拡大を求める声が高まるだろう。

従来通りに宮内庁による陵墓の管理を前提として申請の準備が進んでいることや、世界遺産条約が目指す自然や文化遺産の保護より、観光振興や地域の活性化を期待する声が大きいことに批判もある。しかし、世界遺産を目指すことで国や地元自治体がその文化遺産の価値について真剣に議論し、周辺の建築規制も含めた保存管理計画を立てることの意義は大きい。昨今の世界遺産をめぐる状況から、百舌鳥・古市古墳群がこれまで日本から登録された各物件のようにスムーズに登録にいたるかどうかは不透明だが、地元の人たちが両古墳群の価値について真剣に考える機会になれば、たとえ不調に終わっても、準備は決して無駄にはならないのではないだろうか。

〔参考文献〕

大阪府・堺市・羽曳野市・藤井寺市二〇〇七『世界遺産暫定一覧表記載資産候補提案書　百舌鳥・古市古墳群――仁徳陵古墳をはじめとする巨大古墳群――』

堺市文化財課二〇一四『堺の文化財　百舌鳥古墳群』

高木博志二〇一〇『陵墓と文化財の近代』（山川出版社）

高木博志・山田邦和編二〇一〇『歴史のなかの天皇陵』（思文閣出版）

外池昇二〇〇七『天皇陵論　聖域か文化財か』（新人物往来社）

福尾正彦二〇一四「陵墓古墳――資料公開の現状――」（『考古調査ハンドブック一〇　古墳の見方』ニューサイエンス社）

古市古墳群世界文化遺産登録推進連絡会議二〇一〇『古市古墳群を歩く』

森　浩一一九六五『古墳の発掘』（中公新書）

森　浩一二〇一一『天皇陵古墳への招待』（筑摩選書）
「陵墓限定公開」30周年記念シンポジウム実行委員会編二〇一二『「陵墓」を考える　陵墓公開運動の30年』（新泉社）
陵墓限定公開20回記念シンポジウム実行委員会編二〇〇〇『日本の古墳と天皇陵』（同成社）

まとめ

世界文化遺産登録の大切

今尾文昭

一九六〇年代後半以降の世論調査では、象徴天皇制への国民の支持はおよそ八割にのぼる。陵墓制度も天皇制を構成する要素であるから、陵墓も文化財のひとつだと発言する場合には、この点に留意することは当然である。それだけに、研究領域からの発言であっても丁寧な解説が求められよう。陵墓が長く非公開であり、「菊のカーテン」に包まれてきたという印象から、宮内庁が陵墓における学術調査を一切、排除してきたかと思われがちだが、それは必ずしも正確ではない。

一九五一年刊行の小川省三「書陵部官制の変遷」(『書陵部紀要』第一号)には「(前略)又古代の陵墓は考古学上からも注目をされるものであって、これらの管理には相当の苦心を要する。昭和二十四年八月、日本考古学協会が文部省科学研究費により古墳の全国綜合研究調査を行ふに当り陵墓もその一環に加へたい旨の願出があり、一切現状に変化を及ぼさないという条件でこれを許可したこともある」と記されている。つまり、宮内庁では新憲法下における組織発足の初期に、古代の陵墓が考古学の対象であるとして、条件付きの学術調査を許可したという。陵墓も文化財としての側面があるという認識を示したものと理解されよう。

しかし、それから六〇年余を経ても、この認識を基に考古学・歴史学研究者、さらに文化財に知的関心を向ける市民の要望をつないで、二一世紀の具体的な「陵墓像」を創り出すことに、現代の日本社会はまだ到達していないのではないだろうか。

陵墓も文化財である。この当然のことを考古学・歴史学の研究成果に即して、ふつうに述べるための一書として本書を編んだ。なぜ、いま出版する必要があるのか。

最近、次のような場面に遭遇した。大阪府下の博物館でのことだが、仁徳天皇陵と履中天皇陵について解説員が説明している。天皇の歴代に即すと仁徳天皇が第一六代、ついで履中天皇が第一七代となるが、近年の考古学成果にもとづく築造順位は「仁徳天皇陵」が新しく、「履中天皇陵」が古くなると来館者に説かれた。学術成果に即して現行の陵墓比定と実際との矛盾にも誠実に言及された。これが世界文化遺産国内推薦のための暫定リストにあがる「仁徳天皇陵古墳」と「履中天皇陵古墳」の現況であって、これが大山《だいせん》古墳と百舌鳥《もず》陵《みささぎ》山《やま》古墳（百舌鳥ミサンザイ古墳・石津ヶ岡古墳などと呼ばれることもある）の真の現実である。

次のようなことも知った。二〇一五年、百舌鳥・古市古墳群世界文化遺産登録推進本部会議では、構成資産となる天皇陵古墳を含んだ「百舌鳥・古市古墳群」の最新の測量図を作成し、それを公表した。レーザー測量による精緻な図は、新たな情報をもたらした。なにより将来的な保全に向けた基礎資料となる。作成にあたった関係部局に敬意を表することはもちろんだが、気になる点がある。測量図集成の冒頭の例言に「百舌鳥・古市古墳群航空レーザ測量図の利用承認取扱要綱」が明記されている。要綱の第三条(2)をみると、「特定の政治、思想、宗教等に利用されるおそれのある場合」には、これを承認しないとある。行政関連施設の使用許可条件には似たような規則があり、時に規則が適用されて行事が中止に追い込まれて社会問題となることがあるが、文化財の専門的領域に帰属する世界遺産の構成資産の測量図面の許可条件に政治等の理由が記されたのは、どのような場合を想定されてのことだろうか。利用承認の判断基準を「特定」とする曖昧性において、当局の政治判断にもとづく恣意的運用がなされることはないだろうか。言い得ぬ圧迫感を感じる。

陵墓が政治性を帯びた構築物であることは、過去の歴史に照らして当然のことであり、近代日本が歴代陵墓を確定して、祭祀と管理を再編成したのも欧米諸国に伍するための国家施策であったことは、近代史の分野において説かれてきた。誤解をおそれずに述べると、大山古墳などと呼称することに一切の政治性がないとはいわないし、べつに仁徳天皇陵と呼称することに政治性を帯びる場合がある。当然のことである。

百舌鳥・古市古墳群の世界文化遺産登録推薦の暫定リスト記載に際して、新たに浮上した「仁徳天皇陵古墳」などの呼び名は、政治的中立性が保たれた適正な呼称だと説明されるのだろうか。それよりも登録推進の当事者においては、情報発信する際に世界の市民に誤まった歴史的理解を導くことがないよう最大限に注意を払うべきではなかったか。予断を抱かせない名称を使うことが大切である。拙文で紹介したように、考古学者の森浩一はその立場をまもり、適正な呼称を追究した。

大山古墳などの呼称は、現代の考古学・歴史学が到達した成果や限界性を実直に示した結果であり、現行の陵墓制と現実的な整合化を図ろうとする文脈においても、これまでふつうに用いられてきた。本書で新納泉論文が示した歴史教科書への定着はその現われであり、政治的な文脈の用法に限定された用語ではない。

王統譜の成立と古墳時代の最高首長墓の抽出は、別々のことであって仁徳天皇陵などの存在がその桎梏《しっこく》になると、一九八〇年代はじめに日本古代史からの発言がある（川口勝康「五世紀の大王と王統譜を探る」『巨大古墳と倭の五王』青木書店、一九八一年）。私も、奈良盆地東南部の巨大前方後円墳の営みと、それに導かれる首長墓の存在が『古事記』『日本書紀』にまとめられた皇統譜に適合せず矛盾があることから、元となる系譜成立を古墳時代前半に適用させることへの疑問を呈したことがある（今尾文昭「律令期陵墓と大形古墳の相関」『歴史学研究』八五七号、二〇〇九年）。

仁藤敦史論文は、『日本書紀』『古事記』を経て『延喜式』にまとまる陵墓歴名の体系と、現実の巨大前方後円墳のあり方から導かれた王墓の体系は、そもそも異なる体系にあるとした。祭祀の非連続性を含めて時代的にも、ふたつの体系は断絶したもので、とくに継体から天智にいたる血縁継承が重視されるなか、持統期において母方を含めた継承の整理が行われたことを、陵墓配置や制度面から強調した。岸本直文論文は、現陵墓となる巨大前方後円墳の墳丘の設計原理に主副二系列があり、それぞれ時系上に配置して陶質土器、須恵器、馬具の諸研究から年代観を導き、それにもとづき五世紀の倭国王となる被葬者を特定した。大山古墳（岸本論文では大仙古墳）の被葬者を『日本書紀』の「允いる。

恭」に、誉田御廟山《こんだごびょうやま》古墳を「仁徳」にあてるなど現在の陵墓比定との不整合について明快に論じて

八木奘三郎《やぎしょうざぶろう》や喜田貞吉《きださだきち》の著作によれば、近代国家による陵墓制の初期からすでに陵墓の具体的比定に問題があることは示唆されていた。しかし、それに対応しないままの現行の陵墓制度がある。陵墓は、皇室典範第二十七条に規定されるが、これには附則③として「現在の陵及び墓は、これを第二十七条の陵及び墓とする」がともなう。附則は、帝国日本の歴代陵墓が現憲法下においても実質的に不変となる根拠となった（今尾文昭「陵墓問題の過去と現代」『古墳時代の考古学10　古墳と現代社会』同成社、二〇一四年）。べつに述べたが、考古学や歴史学の研究成果により被葬者となる王族にふさわしい古墳が特定された場合、また現行の陵墓が古墳編年に照らして明らかに帰属年代から遊離した場合にも、変更手続きの規定がない（今尾文昭「考古学からみた律令期陵墓の実像」『日本史研究』五二一号、二〇〇六年）。したがって、現陵墓について再評価する具体的検討が、宮内庁や文化財行政を指導監督する文化庁、また当該の地方自治体において着手されたとは聞かない。これでは、学術成果と行政行為との乖離は埋まらないままである。

もっとも、学問上の成果を陵墓比定に反映させる法的整備は、いわば「手続き論」の範疇に属することであり、それが市民社会に受け容れられる環境を整えることこそが肝要である。だから、陵墓をどのように呼ぶかは、些細なことではなく、そのためにも、おろそかにできない。

では、当面の呼称をどうするか。私は、古墳名と陵墓名の便宜的呼称の双方を表記することに現実

味があるものと判断している。大山古墳などを第一とするが、宮内庁において管理される現実を踏まえて大山古墳(現、仁徳天皇陵)などと括弧内に併記せざるを得ないのではないだろうか。久世仁士論文は、近世における「仁徳天皇陵」としての伝承の存在にふれながらも特定固有の人名を冠して「仁徳天皇陵」と呼んだ過去がないことを明らかにした。被葬者名を陵墓の通称名に冠することは、前近代の日本の伝統においても憚られたものとみるが、この点でも「仁徳天皇陵古墳」などの構成資産名称の新たな提唱が、歴史的普遍性を考慮した結果だとは思えない。

最後に、陵墓公開の問題に触れておきたい。茂木雅博論文がその経過について触れているが、学問的理由にもとづく陵墓への立ち入りに対する対応を規定した内規が、二〇〇六年に改定(施行は二〇〇七年)された。内規変更により陵墓の墳丘内は原則非公開だが、宮内庁の許可にもとづいた条件付き公開となった。また、都市防災上の行政課題に対しての陵墓への立ち入りについても検討されると聞く。だが、考古学、歴史学への知的関心をもつ市民にむけて開かれた状況からはなお遠い。

律令国家による公的管理が崩壊した以降においても陵墓が維持されたのは、地域社会との関係性が保たれたからであり、用水確保や里山としての再生産、在地信仰の場所となった事例はいくつもある。宮内庁では陵墓の管理は、「静安と尊厳」を保持することだと説明されるが、長い歴史的経緯に照らした時に、市民への公開が陵墓の未来に向けての課題となることもまた明らかだ。

百舌鳥・古市古墳群などの世界文化遺産登録は、それを具体化する絶好の機会であり、そのためのさまざまな立場に配慮した合意形成が時間を掛けても図られることこそが大切である。

「世界遺産と天皇陵古墳」を考える

高木博志

本書の「天皇陵古墳」というタイトルには、天皇陵は文化財である古墳として考えるべき、との含意がある。

文久期から本格的に始まる治定の作業のなかで、一八八九年までに、一二〇代を越える天皇陵が決められた。最後に残ったのは一九四四年に治定された南朝の長慶天皇陵である（高木論文）。一八八〇年代に、日本の文化財は二つの系統に別れてゆく。①陵墓や御物・御所・離宮などの「秘匿された」皇室財産系の宝物（資産）と、②古社寺や古墳一般を含む史跡や名勝、国宝（一八九七年古社寺保存法でのカテゴリー）などの国民に開かれた文化財、の二系統である。後者は一九五〇年の文化財保護法の定める文化財につながる。同じ古墳でありながら、①宮内省管轄の天皇陵（陵墓）と、②全国に存在する一般の古墳、二つに別れてゆく。

この文化財の、①皇室による「秘匿性」「聖域化」、②国民向けの「公開性」「活用化」との二つの体系が、近代天皇制の日本の特質である。そして基本的に①の陵墓や御物が、②の古墳一般や国宝よりも、価値が高いとする通念が、一八九〇年代より一九八〇年代まで、日本の社会に存続した。

そうした日本の国内で完結していた、①皇室財産系の宝物（資産）と②文化財の複合体制に動揺を来したのが、一九九二年の世界遺産条約の批准という新たな事態である。

世界遺産に登録されるには、国内法での保護が必要である。すなわち国内法である文化財保護法の国宝なり史跡なりに指定されてはじめて、世界遺産登録が可能である。それは宇治平等院鳳凰堂、姫路城、琉球王国のグスクをみてもわかる。

一九九八年に「古都奈良の文化財」が、面として、東の天然記念物・春日山原生林から西の特別史跡・平城京まで、複合遺産の世界遺産に登録された。その際、文化庁は東大寺の正倉院正倉を、皇室用財産（国有財産）に加えて、国宝にも指定した。正倉院正倉は、東大寺大仏殿の北側に隣接し、もし文化財保護法の国宝に指定しなければ、面としての「古都奈良の文化財」に、未指定の空白を残す恐れがあったからである。世界遺産になるには文化財保護法による指定を必要とするため、明治期以来の皇室財産系の宝物（資産）のもつアプリオリな権威が揺らぐ可能性を秘めていた。

こうした事態のなかで、私は一九九九年に「「仁徳天皇陵」を世界遺産に！」（『歴史学研究』七二五号）という論文を著した。「仁徳天皇陵」と括弧付きで表記したのは宮内庁の治定による呼称という含意であったが、今から考えれば大山古墳と書くべきであった。何よりもこの論文には、大山古墳が仮に世界遺産登録されるならば、必然的に文化財保護法の特別史跡に指定され、そのことにより文化財保護法にうたう「保存」「公開」「文化的活用」が進むだろうという意図があった。

ところが、文化庁（大阪府や堺市などの地元自治体も同様）は、二〇一〇年六月の百舌鳥・古市古墳群の世界遺産暫定リストへの記載に際し、文化財保護法の史跡に指定するのではなく、実質的な文化財保護施策とはいえない「周知の埋蔵文化財包蔵地」にあたり、国内法は国有財産法の皇室用財産により、宮内庁の管理で守られているとする立場である（今井邦彦論文）。世界遺産登録という課題優先のために、文化財保護という本来の使命を忘れた文化庁は宮内庁と妥協した。これでは大山古墳が世界遺産になることによって、宮内庁の現状の管理に、お墨付きを与え、「秘匿化」がかえって継続する恐れがある。

もう一つの問題は、文化庁や大阪府などの関連自治体が、「仁徳天皇陵古墳」「応神天皇陵古墳」などの「〇〇天皇陵古墳」という呼称で、世界遺産に登録しようとすることである。大山古墳や誉田山古墳といった、普通の遺跡名称ではない。この名称では、大山古墳には仁徳天皇が、誉田山古墳には応神天皇が埋葬されていることになる。大正期の津田左右吉の『古事記』『日本書紀』批判以降、今日の歴史学・考古学からすれば、そもそも天皇号が定着するのは七世紀後半以降であり、学問的にはこれらは倭国の王墓の一つであるといえる段階であろう。森浩一が一九七〇年代から、「普通の遺跡の命名法」で呼ぶべきとした提案が、「大山古墳」「誉田山古墳」として中学・高等学校の教科書に四〇年間かかって定着している（今尾文昭論文、久世仁士論文、新納泉論文）。仁徳天皇陵や応神天皇陵との呼称は、古代国家の後知恵《あとぢえ》であろう。ふたたび教科書には、「仁徳天皇陵古墳」の呼称が世界標準となり、竈《かまど》の煙に民の生活を想う仁徳天皇の神話イメージを振りまくのだろうか（図）。世界遺産に「仁徳天皇陵古墳」の呼称を推進する政府や自治体の世界遺産関連委員をつとめる、ある考古学者は、過去の著作においては大山古墳などと使い分ける。そうしたなかで「〇〇天皇陵古墳」の無批判な用例は、インターネットの世界で一定の定着も見せている（後藤真論文）。

近年、顕著なのは、「〇〇天皇陵古墳」として世界遺産を登録することへの考古学界の無批判な対

図　戦前の国定教科書の仁徳天皇（『尋常小学国史　上巻』文部省、1935年）

応と、歴史学界のこの事態への無知である。かつて市民への陵墓公開を主張していた有力な古墳研究者は宮内庁の陵墓管理委員として、「保全」の名目で、墳丘内に特権的に立ち入ることができる。戦後の歴史学・考古学は、皇国史観を批判し、『古事記』や『日本書紀』には五世紀から七世紀の政治思想が反映していると史料批判をした。現在の一部の考古学者の常識は、戦後歴史学からすれば非常識である。

いくつか今日の陵墓問題の論点を提示したい。

第一に、二〇〇七年から墳丘最下段への「立入り観察」が許され、五社神《ごさし》古墳（現神功皇后陵）の「立入り観察」から、考古学・歴史学関係の一六学協会においては、九回の観察がおこなわれた（茂木雅博論文）。最初の五社神古墳の立入り観察から、新たな造りだしとそこに並んだ円筒埴輪が発見された。それからの九年間には誉田山古墳（現応神陵）の仏堂撤去の跡、佐紀陵山《さきみささぎやま》古墳（現日葉酢媛命陵）の墳頂の旧神功皇后社への参道跡、桃山御料地（明治天皇陵）における伏見城址、あるいは多くの墳丘でみられた近世の耕作の跡や墳丘の形状の改変の痕跡などを観察し、豊かな成果がもたらされた。

第二に、先に述べたように、天皇陵は、戦前の皇室財産とは違って、一九四八年の国有財産法のなかの「皇室用財産」というカテゴリーになっている。京都御所や桂離宮や正倉院御物なども、戦後は国有財産である。戦後改革のなかで、天皇代替わりの相続で陵墓などの財産が目減りしないように、かつ戦前と同じ「秘匿」した運用をするために、国有財産のなかの「皇室用財産」というカテゴリーを生み出した。実は、天皇陵などは、法律上は「国民」、すなわち市民の財産なのである。国有財産としての天皇陵のあり方を、市民も考えるべきではないか。

第三に、宮内庁の天皇陵の「保全整備」の方針は現状の維持であり、その現状とは、幕末から明治期に修陵された天皇陵の一九世紀の空間を丸ごと「凍結」しようとするものである。たとえば百舌鳥古墳群でいえば、宮内庁は決して五世紀の倭国王墓の本来の姿に戻そうとするのではない。すでに述べたように、一九世紀の陵墓の形状の改変は、立入りからも多くの事例が観察された。そして陵墓は、『古事記』『日本書紀』などの無批判な考証と、現地調査による「口碑流伝」の採集という「一九世紀の学知」で治定された（上田長生論文、高木博志『陵墓と文化財の近代』山川出版社、二〇一〇年）。いわば保全される天皇陵は、「近代化遺産」といえよう。

第四に、「〇〇天皇陵古墳」との陵墓の呼称や、それが史跡に登録されない問題は、文化財をめぐる二一世紀の政治の問題と不可分である。現状では、世界遺産登録そのものが世界の国民国家間のナショナリズム発揚にかかわっている。安倍晋三内閣が文化庁を介さずトップダウンで決めた「富岡製糸場と絹産業遺産群」（二〇一四年）、「明治日本の産業革命遺産——製鉄・鉄鋼、造船、石炭産業」（二〇一五年）の「近代化遺産」は、明治維新以来、急激な産業革命、富国強兵をすすめた日本の「近代」

のバラ色の評価であり、一九六〇年代のエドウィン・ライシャワーなどによる、冷戦下の「近代化」論のアナロジーである。「近代化」には常に、劣悪な労働条件や植民地の問題など負の側面があり、そうしたものも含み込んだ複合的な視点が必要であろう。

第五に、一方で、宮内庁書陵部の情報公開の方向性に可能性を感じる点である。二一世紀にはいって、「立入り観察」や、宮内庁書陵部が所蔵する諸陵寮時代以来の収集史料の公開が始まった。二〇一六年に宮内庁は、地元教育委員会や研究者と調査などを実施する方針を出した。今までのように宮内庁所管の墳丘部と、自治体所管の周濠部で、別々に調査をするのではなく、陵墓を築造時、本来の姿のままに「保存」しようとする動向がでてきた。いかにさらなる「公開」「文化的活用」をしてゆくか、が今後の課題であろう。

最後に、私は文化財としての百舌鳥・古市古墳群が、真の「保存」「公開」「文化的活用」されるには、大山古墳という呼称で、史跡に指定したうえで、世界遺産登録することが必要だと考える。

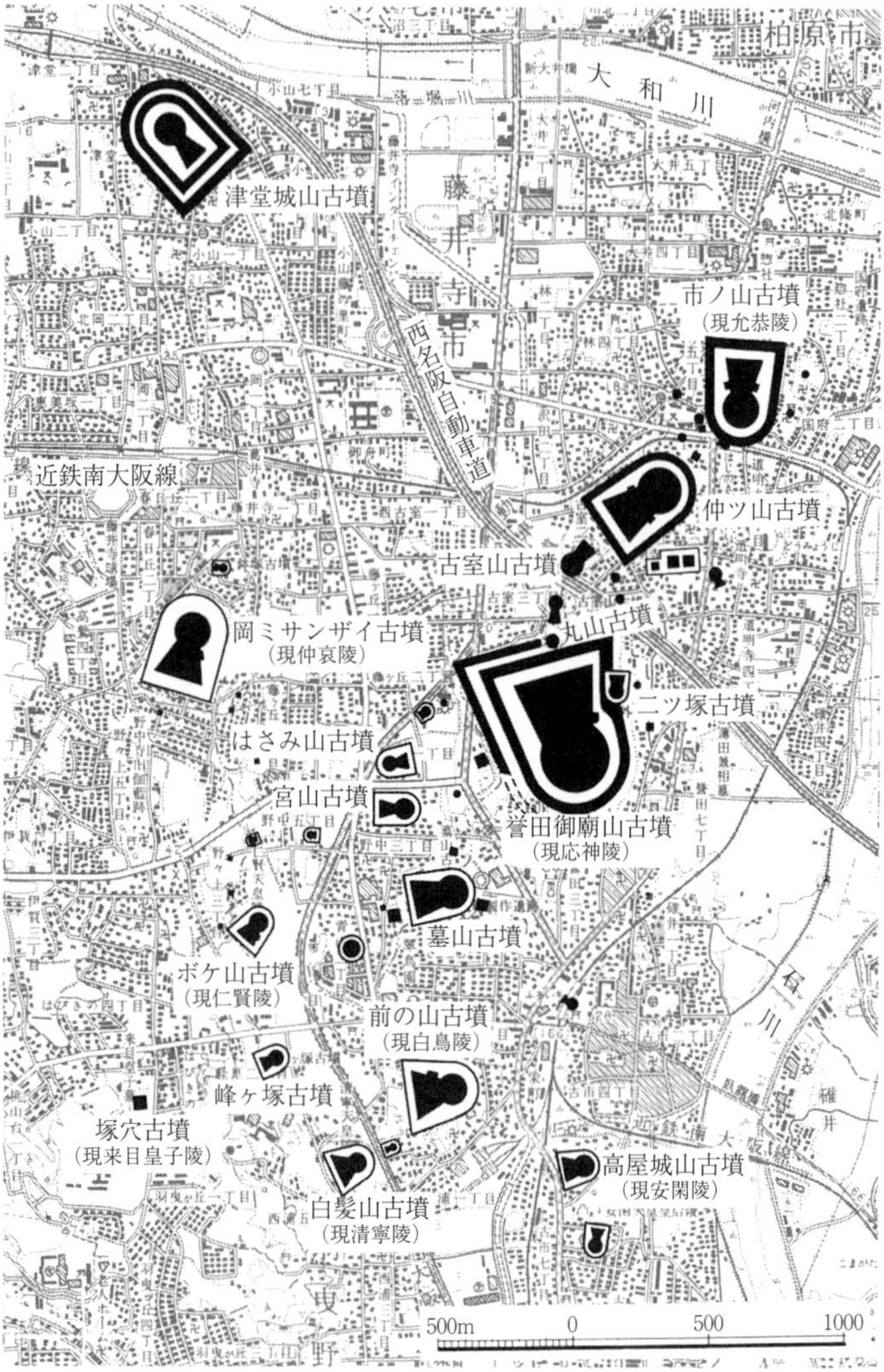

古市古墳群の主要古墳

白石太一郎編『古代を考える　古墳』（吉川弘文館、1989年）に加筆

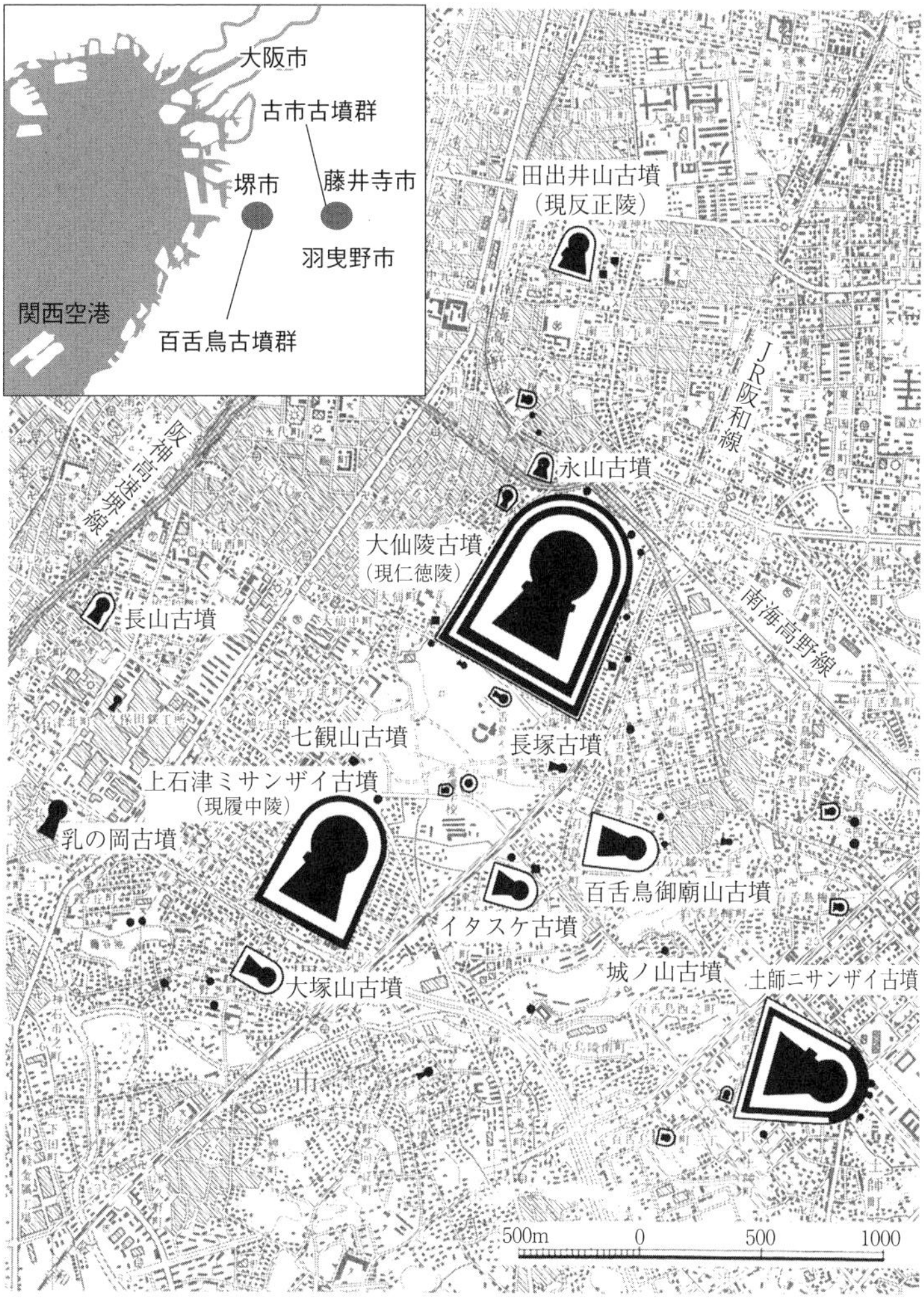

百舌鳥古墳群の主要古墳

（同前）

■執筆者紹介（掲載順，※印は編者）

※今尾文昭（いまお　ふみあき）

1955年生．同志社大学文学部文化学科文化史学専攻卒業．博士（文学）．関西大学非常勤講師．

『律令期陵墓の成立と都城』（古代日本の陵墓と古墳２，青木書店，2008年），『古墳文化の成立と社会』（古代日本の陵墓と古墳１，青木書店，2009年），『ヤマト政権の一大勢力　佐紀古墳群』（新泉社，2014年）．

久世仁士（くぜ　ひとし）

1947年生．法政大学文学部史学科卒業．文化財保存全国協議会常任委員．

『泉州の遺跡物語』（和泉出版印刷，2004年），『百舌鳥古墳群をあるく』（創元社，2014年），『古市古墳群をあるく』（創元社，2015年）．

岸本直文（きしもと　なおふみ）

1964年生．京都大学大学院文学研究科博士後期課程（考古学専攻）中退．大阪市立大学大学院文学研究科教授．

『史跡で読む日本の歴史２古墳の時代』（編著，吉川弘文館，2010年７月），「倭における国家形成と古墳時代開始のプロセス」（『国立歴史民俗博物館研究報告』185，国立歴史民俗博物館，2014年２月），「７世紀後半の条里施工と郷域」（『条里制・古代都市研究』30，条里制・古代都市研究会，2015年３月）．

仁藤敦史（にとう　あつし）

1960年生．早稲田大学大学院文学研究科満期退学．博士（文学）．国立歴史民俗博物館研究部教授・総合研究大学院大学文化科学研究科教授（併任）．

『卑弥呼と台与』（山川出版社，2009年），『古代王権と都城』（吉川弘文館，1998年），『古代王権と支配構造』（同前，2012年）．

上田長生（うえだ　ひさお）

1978年生．大阪大学大学院文学研究科博士後期課程修了．博士（文学）．金沢大学人間社会研究域准教授．

『幕末維新期の陵墓と社会』（思文閣出版，2012年），「近代陵墓体系の形成——明治初年の陵墓探索・治定と考証家——」（『日本史研究』600，2012年），「陵墓と朝廷権威——幕末維新期の泉涌寺御陵衛士の検討から——」（『歴史評論』771，2014年）．

※高 木 博 志（たかぎ　ひろし）

1959年生．立命館大学大学院文学研究科博士後期課程修了．京都大学人文科学研究所教授．

『近代天皇制の文化史的研究――天皇就任儀礼・年中行事・文化財』（校倉書房，1997年），『近代天皇制と古都』（岩波書店，2006年），『陵墓と文化財の近代』（山川出版社，2010年）．

後 藤　　真（ごとう　まこと）

1976年生．大阪市立大学大学院文学研究科後期博士課程修了．国立歴史民俗博物館准教授．

『写真経験の社会史』（編著，岩田書院，2012年），『アーカイブのつくりかた』（分担執筆，勉誠出版，2012年），「人文社会系大規模データベースへのLinked Dataの適用――推論による知識処理――」（『情報知識学会誌』25－4，2015年）．

新 納　　泉（にいろ　いずみ）

1952年生．京都大学大学院文学研究科博士課程学修退学．岡山大学大学院社会文化科学研究科教授．

「前方後円墳廃絶期の暦年代」（『考古学研究』56－3，2009年），「６世紀前半の環境変動を考える」（『考古学研究』60－4，2014年），「誉田御廟山古墳の設計原理」（日本考古学協会編『日本考古学』39，2015年）．

茂 木 雅 博（もぎ　まさひろ）

1941年生．國學院大學文学部卒業．博士（歴史学）．茨城大学名誉教授．土浦市立博物館館長・奈良県立橿原考古学研究所特別指導研究員．

『常陸国風土記の世界』（同成社，2011年），『箱式石棺』（同成社，2015年），『楽石雑筆（補）』（書写・解説，博古研究会，2016年）．

今 井 邦 彦（いまい　くにひこ）

1967年生．京都大学文学部（考古学専攻）卒業．朝日新聞編集委員．

「百舌鳥・古市古墳群、世界遺産暫定リスト記載決定」（『歴史のなかの天皇陵』思文閣出版，2010年）．

索　引

＊本索引は、本文中の人名・事項について重要度の高いものを検索するために作成した。したがって網羅的な索引とはなっていない。
＊採録語句が章・節・項の見出しに出てくる頁は太字にした。

【人　名】

あ

い

う・え

お

【事　項】

The World Heritage List and the *Tennōryō kofun* Imperial Burial Mounds: *Nintoku ryō* or *Daisen kofun*?

Edited by Imao Fumiaki and Takagi Hiroshi

Synopsis

In the post Asia-Pacific War period, archaeologists and historians have followed the footsteps of Tsuda Sōkichi in finding fault with the historical records presented in the *Kojiki* and *Nihonshoki* ('Records of Ancient Matters' and 'Chronicles of Japan'), and in taking a view of the emperor's tombs as cultural assets. A movement to open up the *ryōbo* (imperial tombs) was started in 1976 by sixteen different archaeological and historical associations. The purpose of the movement was to reclaim the enormous *kofun* (burial mounds) or *tennōryō kofun* (imperial burial mounds) as they were determined by the Imperial Household Agency as part of the imperial estate, and open them up to the people as cultural assets. To symbolise this movement, the tombs were no longer to be called *ryōbo* (imperial tombs) but *kofun* (burial mounds) in accordance with the prevailing Law on the Nomenclature of Ancient Remains from within Japanese archaeology. This change came about after Mori Kōichi questioned the present system of imperial tomb identification based on post-war archaeology. Mori fundamentally challenged the use of the *ryōbo* system in the post-war era, since it was premised on the existence of *ryōbo* in the genealogical records of the *Kojiki* and *Nihonshoki* and comprised the adoption and systemisation of the names for

the *ryōbo* found in the *Engi shiki* ('The Protocols of the Engi Era'). Mori proposed using geographical names for the tombs: hence, the *Nintoku ryō* (the tomb of Emperor Nintoku) as named by the Imperial Household Agency would be re-styled *Daisen kofun* (the Daisen burial mound), while the *Ōjin ryō* (the tomb of Emperor Ōjin) would be renamed the *Kondayama kofun* (the Kondayama burial mound). This was accepted instantly by the academic world and by the population at large as a rational position, based on a scholarly examination of archaeology and history; it came to be reflected in the accounts given in textbooks.

In the 21st century, however, there has been a push for the incorporation of *tennōryō kofun* (imperial burial mounds) in the World Heritage List. Without considering the suitability of the naming system proposed by Mori Kōichi or examining the current situation, the organisations concerned made the unilateral decision to name the tombs '*Nintoku tennōryō kofun*' (the imperial burial mound of Emperor Nintoku), '*Ōjin tennōryō kofun*' (the imperial burial mound of Emperor Ōjin), and so forth. The concern was not to register the *ryōbo* (or rather *tennōryō kofun*) on the World Heritage by first taking measures to protect them as sites of historical interest under the Law for the Protection of Cultural Properties; the only concern was that they have permanent protection within existing measures administered by the Imperial Household Agency (as Imperial estate under the National Property Act).

The argument was that the imperial tombs were cultural assets solely in the sense that they were 'land that holds buried cultural properties' or 'remains' under the Law for the Protection of Cultural Properties. One has to say that there was little faith in the ability of the Agency for Cultural Affairs or local governments to preserve and use 'land that holds buried cultural properties'. These were

among the problems in the background to the use of the names '*Nintoku tennōryō kofun*' and '*Ōjin tennōryō kofun*'.

The inclusion of the *Mozu-Furuichi Kofungun* Ancient Tumulus clusters in the World Heritage List was premised on the existence of Emperor Wakoku tombs from the 5th century. The use of a naming system akin to the existing system of *ryōbo* identification not only contradicted archaeological and historical knowledge acquired in the post-war period, but actually leads to people being given false information. The liability for distorting the history of state formation in Japan must be constantly questioned. This issue is also linked to the preservation of "secrecy" regarding the *ryōbo* that under the jurisdiction of the Department of the Imperial Household (now, the Imperial Household Agency) since the Meiji era. The *ryōbo* system was tangible evidence of the unbroken line of Emperors presented in the *Kojiki* and *Nihonshoki*, and even the names '*Nintoku tennōryō kofun*' and '*Ōjin tennōryō kofun*' resonate with the '*Nintoku ryō*' and '*Ōjin ryō*' found in the *Kojiki* and *Nihonshoki*. Surely, this is the same issue faced when deciding whether to use the term 'Asia-Pacific War' or 'Greater East Asia War', the former so named as to demonstrate Japan's willingness to align its historical views with the peoples of Asia having reflected on our nation's aggression and colonisation in the Asia-Pacific region; the latter so named as to depict the crusade to defend Japan from the nations of Europe and America as part of the construction of the Great East Asia Co-prosperity Sphere.

As modern-day archaeologists and historians, our purpose in publishing this book is to tackle the issues regarding the naming of the imperial burial mounds that came to the fore as part of the push for inclusion on the World Heritage List: to identify the issues and to question how we may now move ahead into the future. In this book, we problematise the naming of *tennōryō kofun* that seeks to evade

criticism of the genealogical records in the *Kojiki* and *Nihonshoki*, and we consider how the *tennōryō kofun* may now be viewed from an archaeological, historical and journalistic perspective.

世界遺産《せかいいさん》と天皇陵《てんのうりょう》古墳《こふん》を問《と》う

2017(平成29)年1月7日発行

編　者　今尾文昭・高木博志

発行者　田中　大

発行所　株式会社　思文閣出版

〒605-0089 京都市東山区元町355

電話 075-533-6860(代表)

装　幀　井上二三夫

印　刷
製　本　西濃印刷株式会社

　ISBN978-4-7842-1872-1　C1021